156. Klip-vifchje. *Petit poiſſon des Roches dont il eſt parlé amplement à la Remarque N.º 5. et 7.*

157. *Gros Poupou Indien bigarré. Voyez N.º 136.*

158. Saag-vifch La Scie. *Eſpece de Perche du Mont rouge très-bonne. Il y a Nombre de ces poiſſons armés de Scie de differentes manieres.*

159. Keyfers Krabbe ou Krabbe Imperiale de la Rique, *peu commune mais dont il y a pourtant pluſieurs en Hollande où elles ont été envoyées d'Amboine par curioſité.*

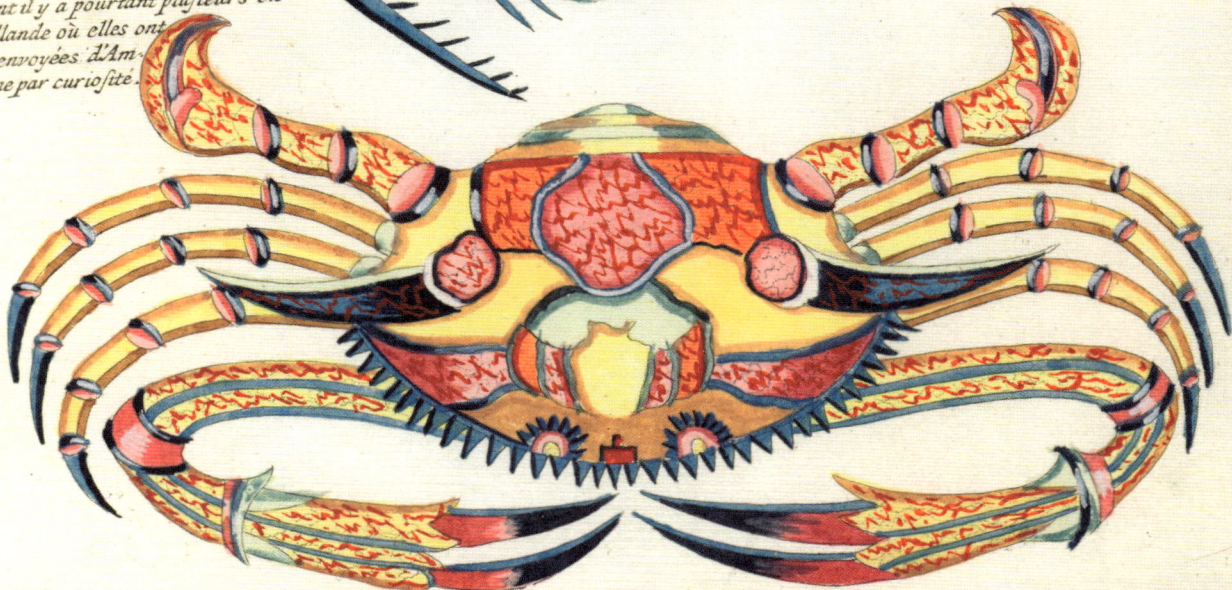

◆ 作者简介 ◆

爱德华·布鲁克–希钦
（Edward Brooke-Hitching）

爱德华·布鲁克-希钦，英国作家、获奖纪录片导演，父亲是古董书商。毕业于英国埃克塞特大学电影学系，之后进入独立纪录片制作领域，是英国国家广播公司电视台知名节目《QI》的撰稿人，也是皇家地理学会的研究员。著有多本畅销书，包括《星空5500年》(*The Sky Atlas*)、《黄金地图》(*The Golden Atlas*)（入围"爱德华·斯坦福写作奖"短名单）、《世界奇幻地图》(*The Phantom Atlas*)。

◆ 译者简介 ◆

盛 钰

北京外国语大学英语语言文学博士，现就职于中国科学院大学外语系。

狂人
图书馆

KEY·可以文化

图书在版编目（CIP）数据

狂人图书馆：人类历史上最奇特的书和手稿，以及
与书相关的奇思妙想 / (英) 爱德华布鲁克-希钦著；
盛钰译. -- 杭州：浙江文艺出版社，2025. 5. -- ISBN
978-7-5339-7891-4

Ⅰ. G256

中国国家版本馆CIP数据核字第2025VP2423号

统　　筹	曹元勇	校　　对	李子涵
策划编辑	睢静静	责任印制	吴春娟
责任编辑	睢静静	装帧设计	徐然然　北　鱼
营销编辑	耿德加　胡凤凡	数字编辑	姜梦冉　诸婧琦

狂人图书馆：人类历史上最奇特的书和手稿，以及与书相关的奇思妙想

[英] 爱德华·布鲁克-希钦 著　　盛钰 译

出版发行　浙江文艺出版社
地　　址　杭州市环城北路177号
邮　　编　310003
电　　话　0571-85176953（总编办）　0571-85152727（市场部）
印　　刷　上海盛通时代印刷有限公司
开　　本　787毫米×1092毫米 1/16
字　　数　121千字
印　　张　16
插　　页　4
版　　次　2025年5月第1版
印　　次　2025年5月第1次印刷
书　　号　ISBN 978-7-5339-7891-4
定　　价　198.00元（精装）

上架建议：人文社科

ISBN 978-7-5339-7891-4

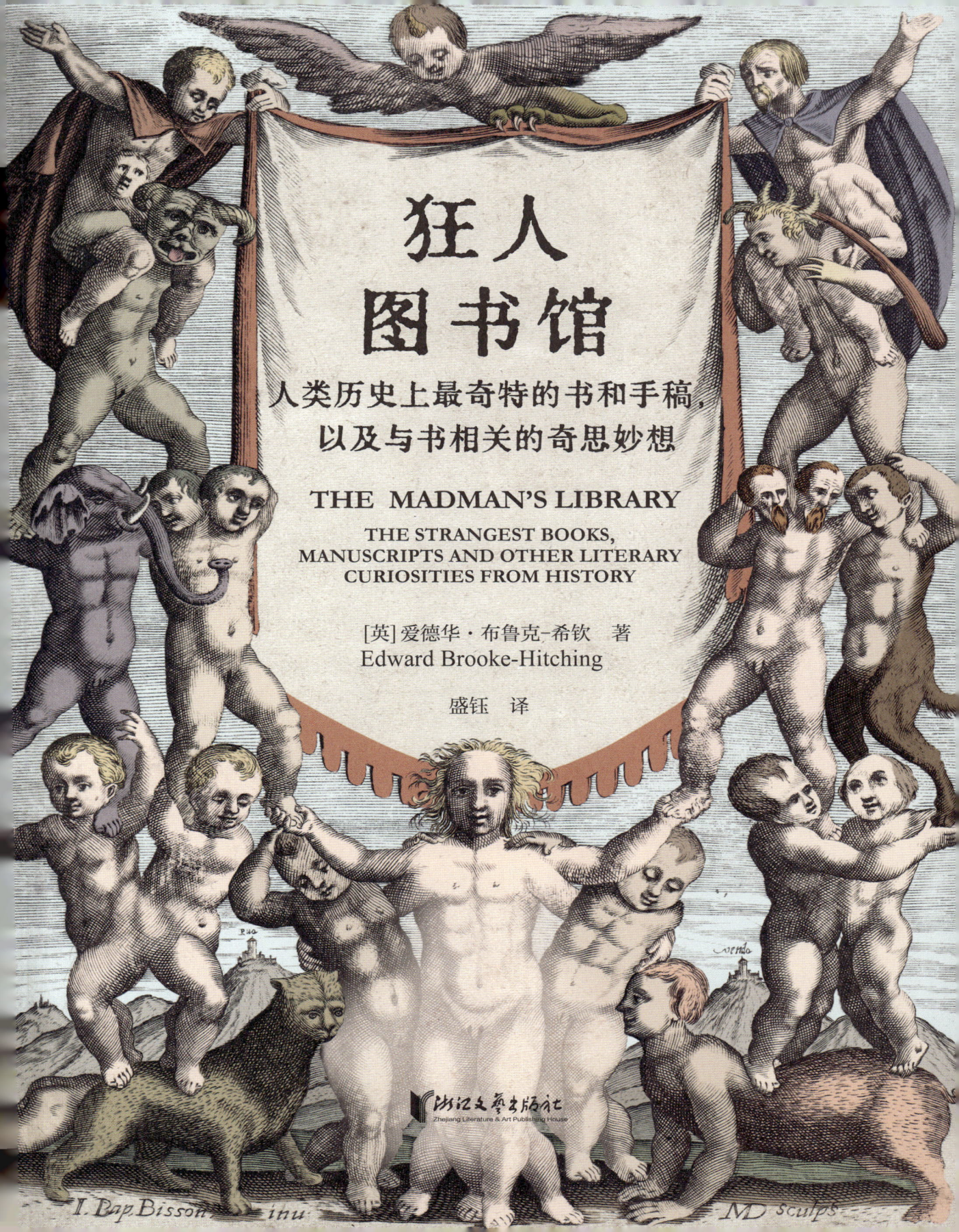

狂人
图书馆

人类历史上最奇特的书和手稿，
以及与书相关的奇思妙想

THE MADMAN'S LIBRARY

THE STRANGEST BOOKS, MANUSCRIPTS AND OTHER LITERARY CURIOSITIES FROM HISTORY

[英] 爱德华·布鲁克-希钦 著
Edward Brooke-Hitching

盛钰 译

浙江文艺出版社
Zhejiang Literature & Art Publishing House

I. Pap Bisson itu   MD sculps

写给富兰克林和埃玛
一对装帧精美的"上帝的复制品"

目 录

So erscheinet Asmodai.

Sein Rauch ist: Cicuta, Ambra. und Eisen &c.

插图选自伦敦惠康图书馆馆藏1775年本，神秘超自然手稿《魔鬼学和魔法汇编》（*Compendium of Demonology and Magic*），更多信息请参见本书第144页。

序 言

"书籍是矗立在浩瀚时间海洋中的灯塔。"
[美]埃德温·珀西·惠普尔

当父亲第一次在拍卖会上把我当作竞拍号码板举起来的时候,我刚满1岁。我的父母都是古董书商,家对我而言,无论是从比喻的层面还是从结构的层面来看,都是一幢用书籍建造的房子。家中几乎每寸墙壁都被书架填满了,上面堆满了色彩明艳的各式皮装书:浓郁的摩洛哥红(山羊皮)、犊皮纸的纯白(优质小牛皮)、海军蓝、丛林绿、纯金色,以及更加古朴和神秘的古董棕,所有的书封都因不同程度的烫金压花工艺而闪闪发光。

书籍也是会"呼吸"的,它们散发出陈旧纸张和皮革的香气,那是穿越了几个世纪而来的味道,因产地和时代不同而有所不同。当然,一个孩子哪里能领悟这浪漫的氛围,至少在他还很小的时候是绝对领悟不了的。直到10岁,我都无法想象世间还能有比旧书更无趣的东西。18岁时,我开始在一家伦敦的拍卖公司工作,几乎没日没夜地泡在公司里;如今,25岁的我已经无可救药地爱上了书籍,甚至不断地从食物、房租等相对非必需的花销中抽出一部分资金来填补我自己的小小书架。("我认识一些人倾其身家,"美国伟大的珍本收藏家A.S.W.罗森巴赫在1927年曾这样写道,"他们几乎跨越半个地球,长途跋涉,舍弃友情,甚至是用上了撒谎、欺骗和偷窃的招数,一切都只是为了获得一本书。")

大约在同一时期,在大西洋的另一端,一个来自谷歌的团队正在完成一项从没有人尝试过的计算。这项代号为"海洋计划"的谷歌图书计划早在2002年,也就是在8年前就秘密启动了,其职责是收集现存所有的印刷版书籍,将它们进行数字化处理。为了做到这一点,团队成员觉得他们首先需要明确一下这项计划究竟将会涉及多大数量的书籍。因此,他们从美国国会图书馆、WorldCat资源共享网络,以及全球其他各种书籍编目系统中搜集能找到的每一条记录,直到他们收集的条目超过了10亿条。随后，电脑算法帮助他们削减了这个数字，删除了其中的重复版本、缩微胶片、地图、视频，甚至还有一个很久以前作为愚人节笑话，添加到借书卡上的测量肉类温度的温度计的记录。他们最终得到了一个大致的数字，并宣布现存的图书数量为129 864 880本——他们打算将这些书全部进行扫描。

当然，倘若算上历史中所有已经佚失的书籍，比如那些被翻阅至散架的、在自然灾害中损毁的【莎士比亚的《第三对开本》（*Third Folio*）实际比《第一对开本》（*First Folio*）更加稀有，因为书商存货中的大部分都在1666年的伦敦大火中被烧毁了】，当然这其中还包括蓄意的毁坏——无论是被烧毁（有时甚至是作者本人干的），还是更甚者。2003年，为了黏合沥青，米尔斯-布恩出版社出版的近250万本小说被剁碎并混合进了16英里长的英格兰M6收费公路的地基中。

英国的政治家奥古斯丁·比勒尔（1850—1933）就曾经因为觉得汉娜·莫尔的作品乏味无比而将其19卷的全集统统埋进了自己的花园里。有时，在被称为"食书癖"的行为中，文学作品还会被人们吞食（就是字面意义上的吞食）：古代中国人雕刻有文字的甲骨（见第14页），就经常被误认作龙骨而被磨碎，被人们炼成丹药服用；在1370年的意大利，愤怒的米兰领主贝尔纳波·维斯孔蒂命令两名教皇代表吃掉他们带来的将他逐出教会的文件，包括文件的丝绳、铅封等所有的配件；而17世纪德国的律师菲利普·安德烈亚斯·奥尔登伯格则不仅被判处要吃掉他极富争议的著作，还要一边吃一边被鞭打，直到他吃完最后一页。历史上最惊人的书籍灾难的受害人当属伦敦的豪华书籍装帧师阿尔贝托·桑格斯基和弗朗西斯·桑格斯基，他们俩花费了两年时间装订了一部"伟大的奥马尔"（"The Great Omar"），这是为美国富有的藏书家哈里·埃尔金斯·威德纳设计的豪华版手抄本《鲁拜集》，其装帧可谓精美绝伦，使用了超过1000颗名贵宝石。1912年，藏书家兴冲冲地登上了一艘船并想要带着这件宝物回家，可惜那艘船就是泰坦尼克号。[1]

这129 864 880本书中，包含了保存至今的所有伟大文学经典——它们不断地被研究、再版和重述，它们构成了过往文学史的焦点。但正如谷歌所选择的项目代号"海洋计划"所意味的，这些著名的作品也只是古老、无尽的文学海洋中的几滴水珠。而一直以来，我所感兴趣并一直在试图找寻的，是那些沉没进这片巨大的书海，并在不为人见的幽暗之处闪闪发光的"宝石"——那些默默无闻的奇书，因为过于怪诞而无法被归类。然而事实证明，这些书远比它们那些"著名的亲戚"更能引起人们的兴趣。我想知道，究竟哪些书会被不受空间、时间和预算限制的收藏家

---

1 要是桑格斯基兄弟能像意大利诗人加布里埃尔·邓南遮（1868—1938）一样有先见之明就好了。他曾命人将书籍印在橡胶上，这样他就可以在和金鱼共享的巨大嵌瓷浴缸中悠闲地阅读。

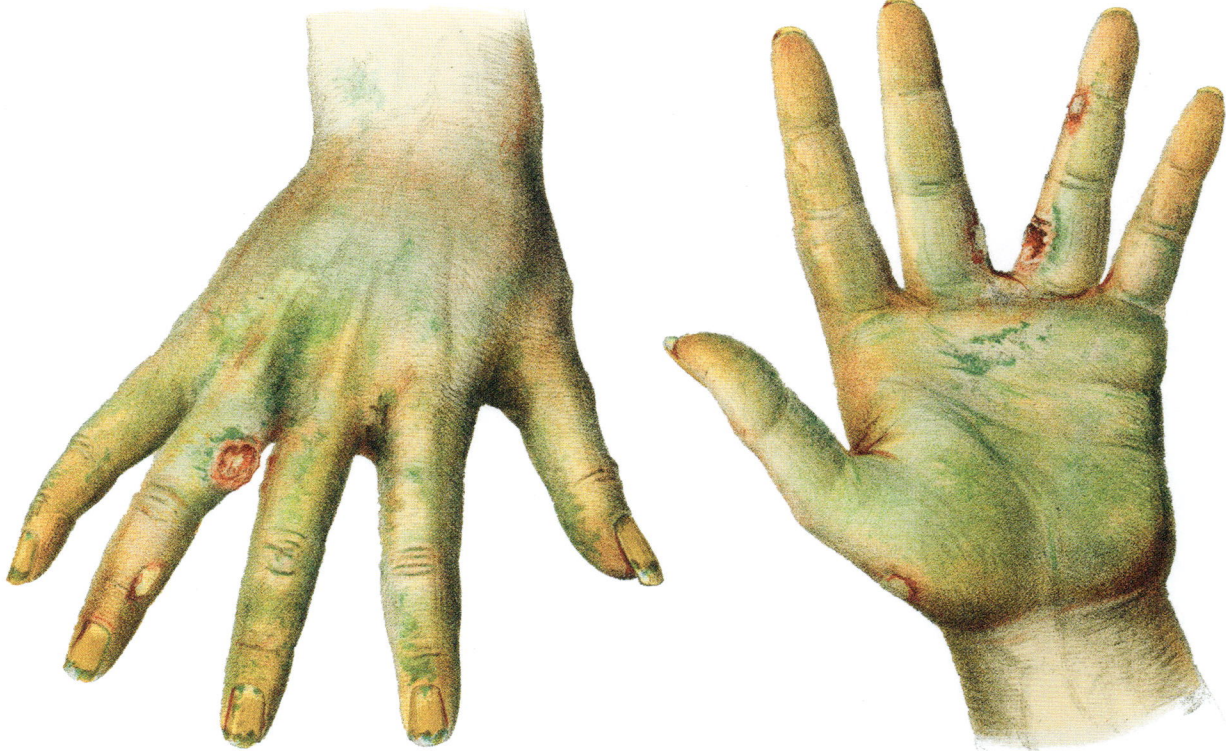

上图：接触含砷物品带来的危害，包括含砷的书籍封皮。图片来自期刊《公共卫生与法医学年鉴》（*Annales d'hygiène publique et de médecine légale*，1859）。负责上色的艺术家常常会舔笔头来捋顺笔刷的毛尖，也常常因此中毒。

右图：一个来自17世纪的致命封皮。它的绿色颜料里富含砷，装帧师使用这种颜料的目的，是去遮盖他们为了削减成本而偷偷用来包壳的旧的小牛皮纸手稿（后来也用来预防虫蛀）。有人认为，在世界各地的书籍藏品中还潜藏着许许多多类似的致命封皮。

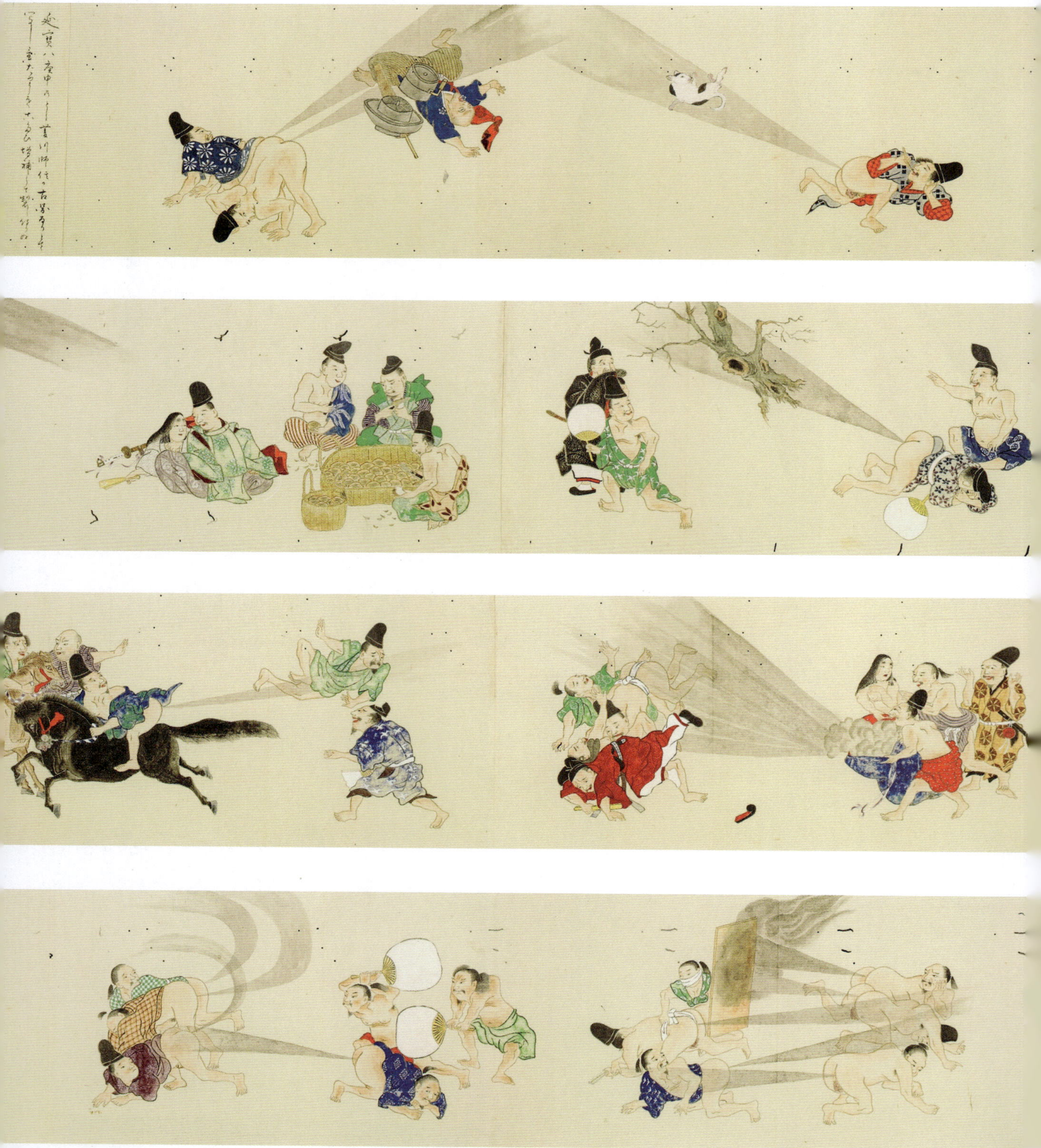

《屁合战》意为放屁比赛，是日本江户时代（1603—1868）的一幅绘画卷轴，由一位不知名的艺术家创作。画面中描绘了不同角色之间通过放屁来相互较量的场景，蕴含潜在的讽刺意味。

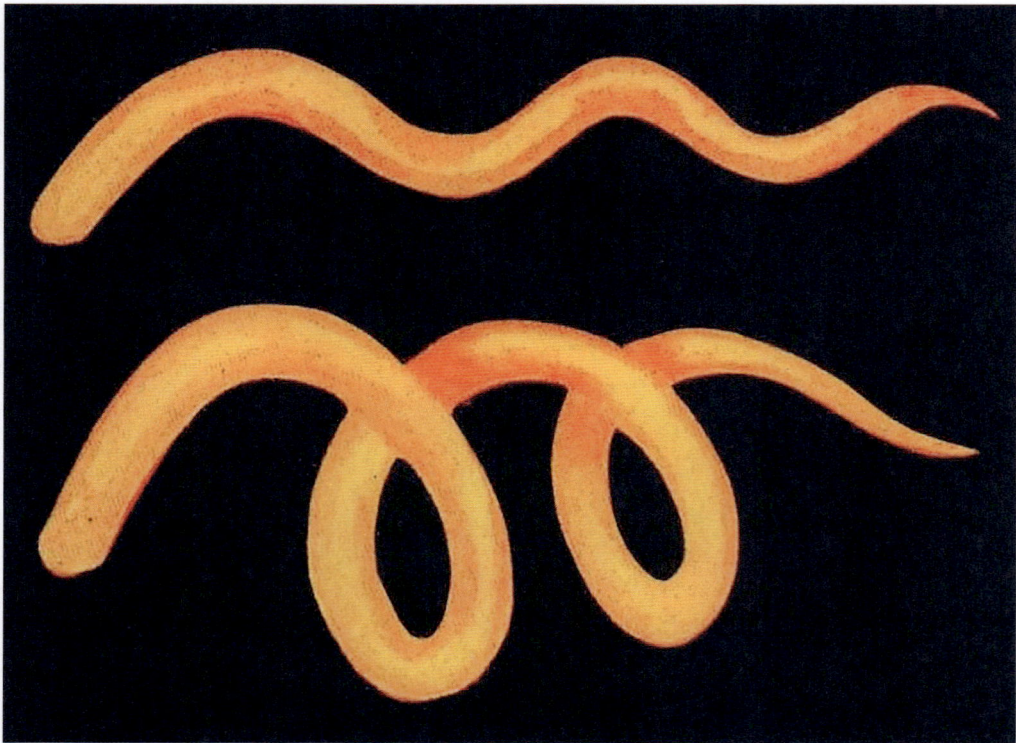

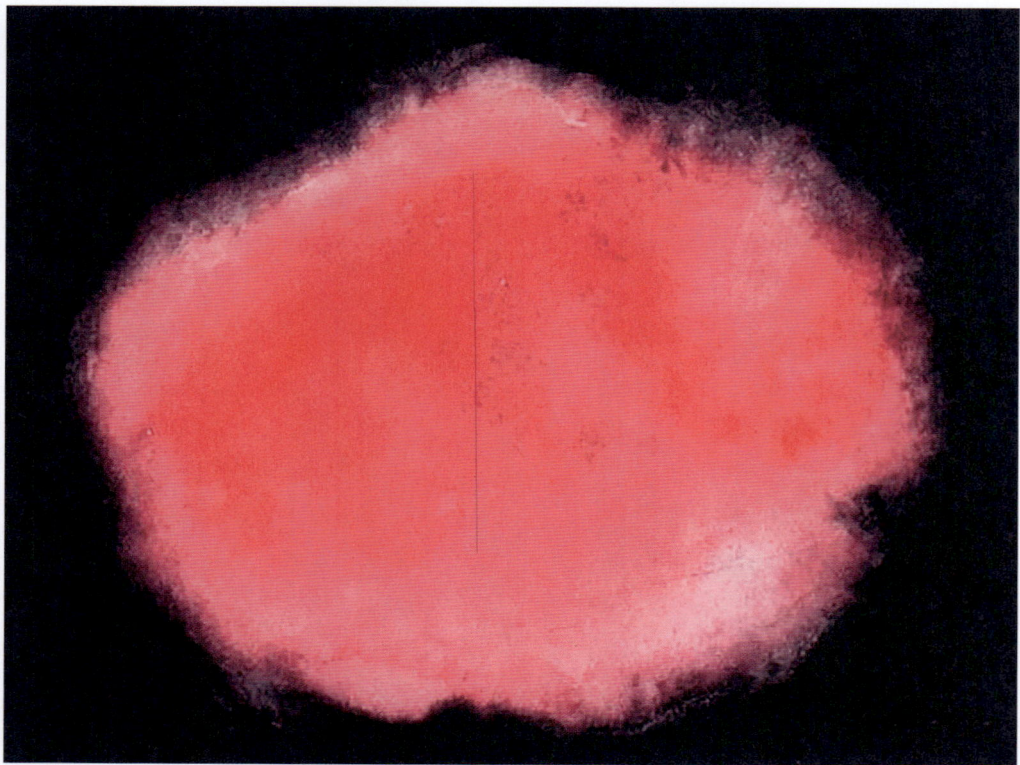

对页：《思想形态：一份灵视者调查记录》（*Thought-Forms: A Record of Clairvoyant Investigation*，1901），由两位来自伦敦神智学会的通灵者会员安妮·贝赞特和查尔斯·利德比特编撰。他们声称自己能够观察到并描绘出"思想的实体"以及其他无形的事物。在上图中我们看到的是"了解的意图"，也就是好奇心；下图则是"暧昧的纯情"。

右图：法国作曲家查尔斯·古诺的音乐。

看中，收藏到最大的珍奇文学图书馆的书架上？如果这些书能远比预期更深入地帮助我们了解创作它们的男人和女人，以及他们所处的时代呢？

因此，我们首先要问："奇异性究竟是什么？"当然，从某种程度上来说，这个问题的答案是主观的，奇异性存在于书籍持有者的眼睛里。经过在世界各地的图书馆、拍卖行和古书商目录中近10年的搜寻，在各种线索和人们依稀记得的奇闻逸事的指引下，那些无可争辩的怪异之作逐渐脱颖而出。每一部作品里边和这部作品的背后都藏着伟大的故事，并且，随着这类书籍的不断累积，一个个的主题也渐渐明晰了起来，从前那些无法被归类的作品逐渐找寻到了为它们量身定制的类型，构成本书的各个章节。例如"血肉之书"一章就考察了"人皮书"（用人皮装帧的书籍）的历史，也对其他的一些用人体素材制书的古怪方式进行了介绍。其实，这些做法并不像人们想象的那样久远，以萨达姆·侯赛因的"血书《古兰经》"（见第54页）为例，这本书是这位伊拉克独裁者于2000年委托制作的一本厚达605页的圣书副本，此书的编写花费了近两年的时间，使用了大约24升他自己的血液。

此外，在"超自然之书"这一章中，本书收集了一些罕见的男巫的魔法书（咒语书）样例和一些别的魔幻奥秘之作，所附的插图材料绝对令人惊叹。这其中就包含了灵媒们的无意识书写，通过这种写作方式，故去已久的作家便可以在死后进行创作。诗人W.B.叶芝便是灵媒写作的信徒，他的妻子乔治在他们结婚的前3年曾记录了4000页来自灵媒的口述。1925年，乔治的无意识写作被汇编为《幻象》（*A Vison*）出版，虽然经过了7次修订，封面上却只署了叶芝的名字。

数千年来，这个怪诞图书馆的书架在世界各地不断延伸。隐形的书、会杀人的书、高到需要电机翻页的书、长到足以毁灭宇宙的书。可以吃的书。可以穿的书。用皮肤、骨头、羽毛和头发做成的书。咒语之书、萨满手册、炼金术卷轴、罪恶之书和被称为"食人族赞美诗"的古老作品。与天使交流的书、召唤寻宝恶魔的书。由魔鬼提起的诉讼书，以及一份带有他签名的合同。被卷入战争的书、预知未来的书、在鱼腹内发现的书、与埃及木乃伊包裹在一起的书。水蛭书、通灵书、寻宝文本和隐藏在《圣经》里的密码写作。日本的老鼠数学手册、拇指《圣经》、有史以来最小的书和有史以来最短的剧本。关于虚构的鱼的书、奇形怪状的书、充满幻象的书、疯狂的书、写在小提琴上和卫生纸上的战争日记，还有一些书甚至更为诡异。

但最重要的是，这些书都有真实的故事要讲述。它们每一本都以自己的方式完善了"书"的定义；每一本都能让藏书家的心为之一颤，进而改写和扩充了我们热爱书籍的理由。虽然出于这样或那样的原因，这些书籍被放逐到了不见天日的深渊，然而它们仍会呼吸。这些书籍持有早已消逝的独一无二的思想、知识和幽默感。它们的故事——从某种程度上来说乃至它们的作者——超越了时间的暴力浩劫，并在我们翻开书页的时候得到重生。似乎只有寻求并找回它们才是正确的：将它们聚集在这本书的书页之间，打造一座专门收藏它们的图书馆。那些古怪的、异常的、长久离散失所的故事——那些被遗忘的，将会在此被重拾。

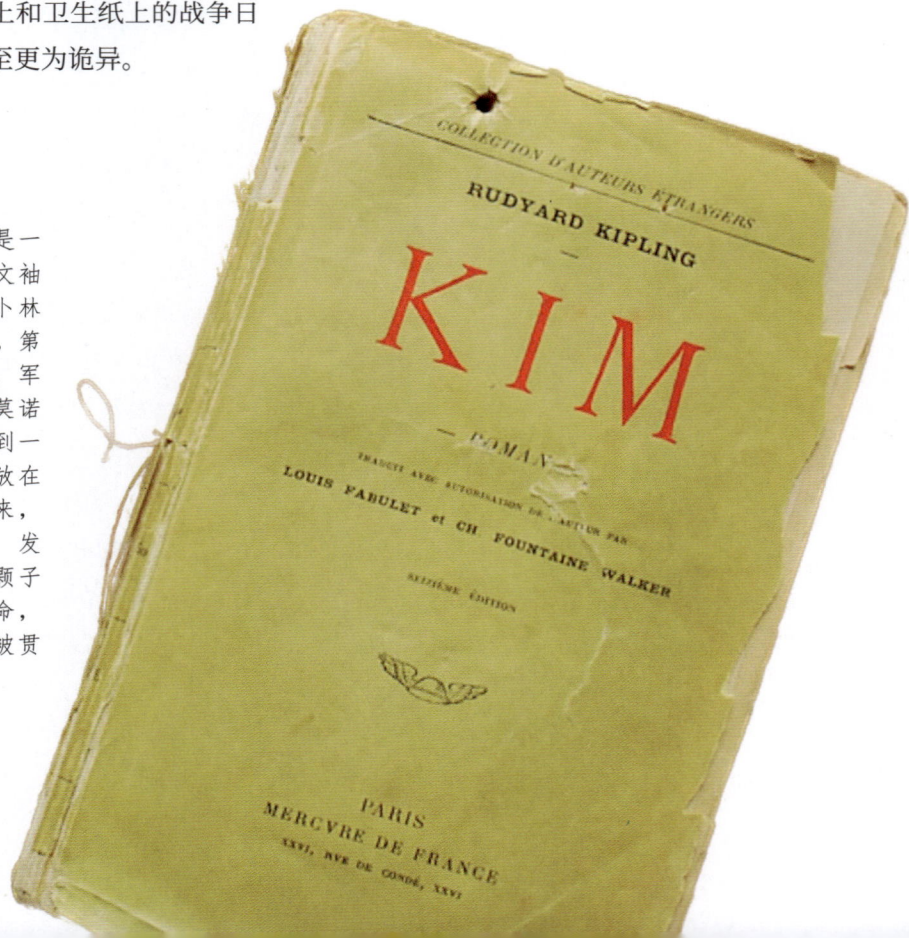

一本救命的书。这是一本1913年出版的法文袖珍版鲁德亚德·吉卜林的《基姆》（*Kim*），第一次世界大战期间，军团士兵莫里斯·阿莫诺在凡尔登市附近遭到一次袭击时恰好将其放在胸前的口袋里。后来，当他恢复了知觉，发现这本书挡住了一颗子弹，挽救了他的生命，尽管只差20页书就被贯穿了。

COLLECTION D'AUTEURS ÉTRANGERS

RUDYARD KIPLING

KIM

— ROMAN —

TRADUIT AVEC AUTORISATION DE L'AUTEUR PAR
LOUIS FABULET et CH. FOUNTAINE WALKER

SEIZIÈME ÉDITION

PARIS
MERCVRE DE FRANCE
XXVI, RVE DE CONDÉ, XXVI

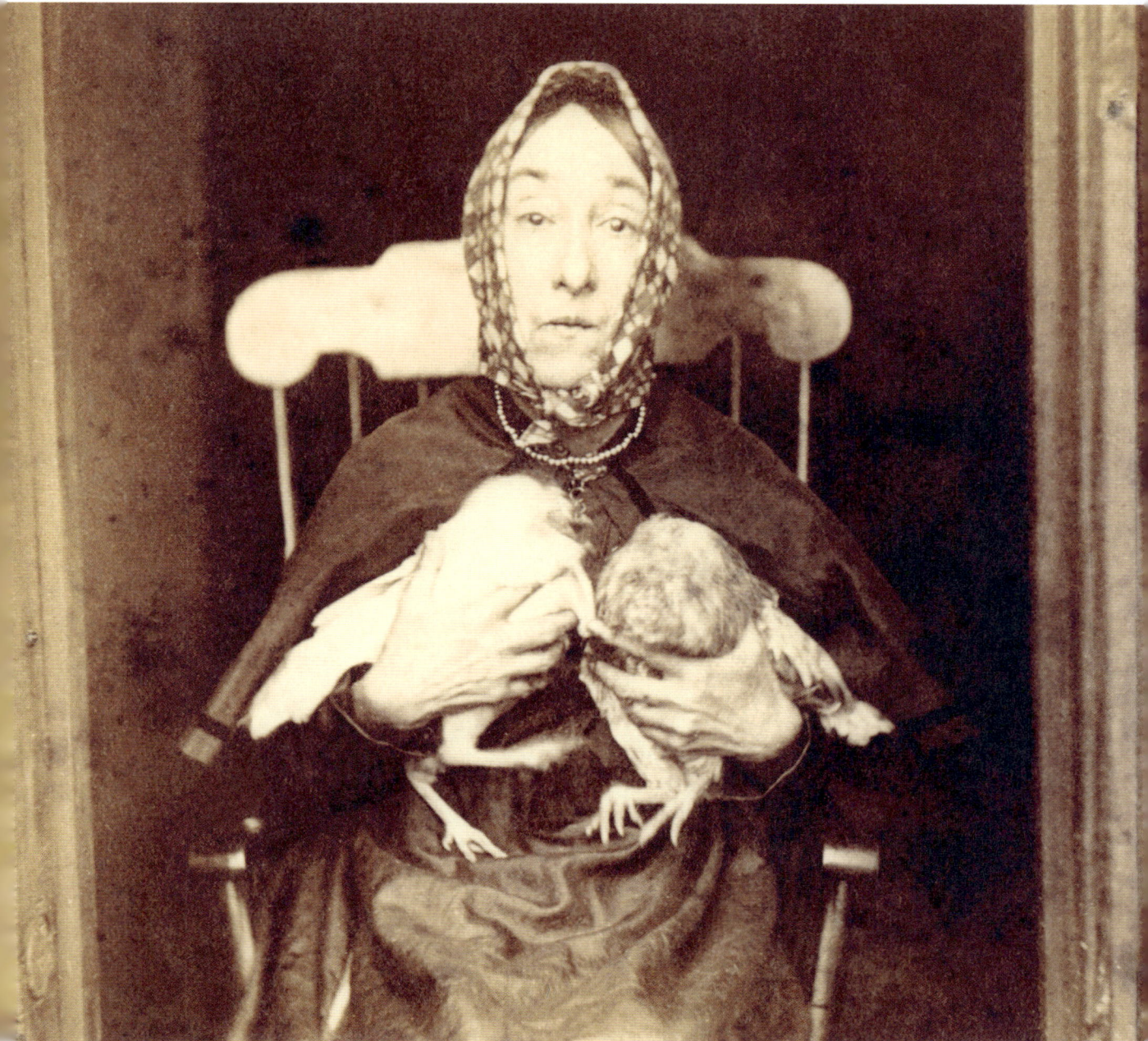

南希·卢斯（1814—1890），"马萨诸塞州的小鸡诗人"，图中的她抱着自己心爱的毛茸茸的小伙伴埃达·奎蒂和美人琳娜。卢斯曾经把这张照片、她的诗集《令人怜爱的小心脏》（*Poor Little Hearts*，1866）以及其他诗作一起卖给游客，诗中表达的无不是她对小鸡们的热爱。今天，这位"母鸡圣母"的坟墓已经成为了一处旅游景点，装饰着塑料小鸡。

上图：这个旋转书籍阅读器能够让人轻松地同时阅读多本厚重的大书。图片来自加斯帕尔·格罗利耶·德·瑟维埃的《数学和力学神奇作品集》（*Recueil d'Ouvrages Curieux de Mathematique et de Mecanique*，1719）。

左图：《未来主义的文字自由》（*Parole in Libertà Futuriste*，1932），这是20世纪早期意大利未来主义运动背景下书籍设计领域的一次激进实验，目的是歌颂科技的伟大。整本书由锡制成，书中印着菲利波·托马索·马里内蒂的文字。

下图：《南极光》（*Aurora Australis*），第一本在南极书写、印刷、配图并装订的书，由欧内斯特·沙克尔顿和英国尼姆罗德科考队（1908—1909）的成员们共同制作。他们使用物资供应箱的木板进行装订，总共不到70册流传下来。

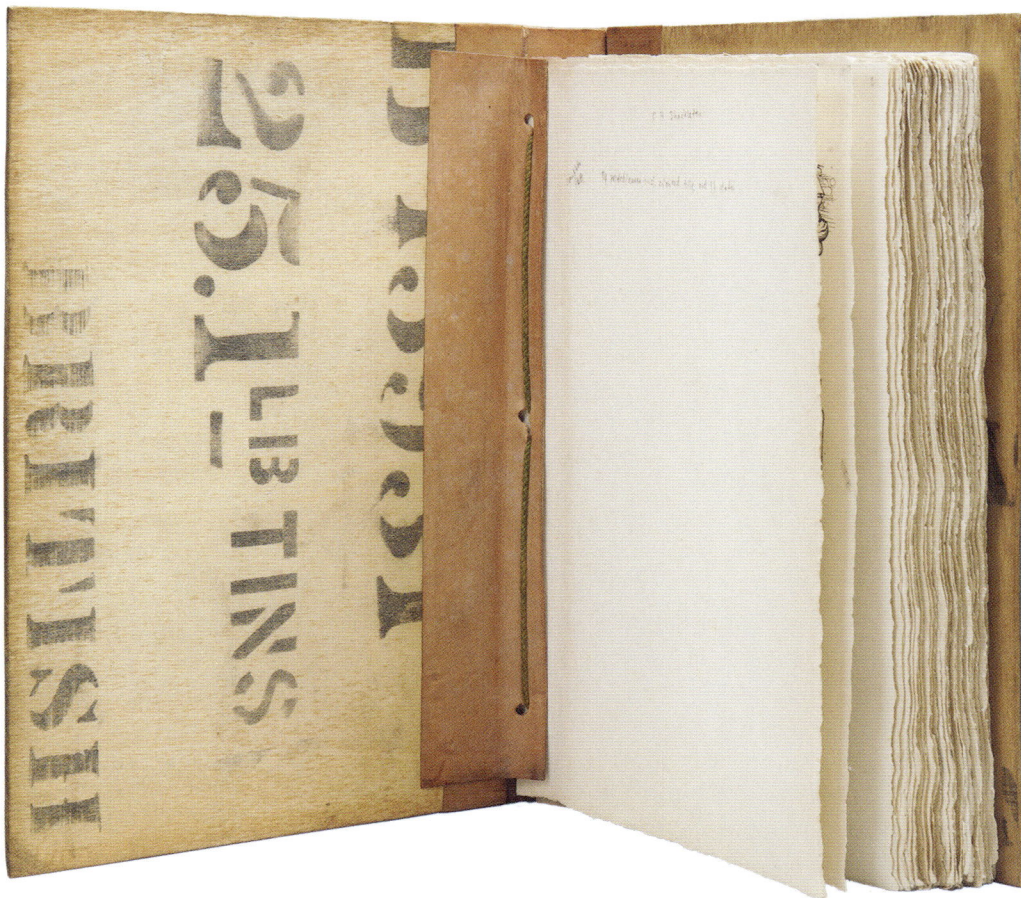

非书之书

希罗多德在《历史》（*The Histories*）一书中写道，公元前513年波斯国王大流士大帝入侵斯基泰族（现在的哈萨克斯坦和乌克兰南部），并向其统治者伊丹图苏斯发送讯息，要求他投降。作为回应，斯基泰人派一位使者送来了一只鸟、一只老鼠、一只青蛙和五支箭。波斯人询问这是什么意思，使者提醒他们必须自己去寻找答案，然后就离开了。波斯人想破了脑袋。最终，大流士大帝将其解释为，斯基泰人打算温顺地"将他们自己连同他们的土地以及水源全部敬献给他"。他的顾问们则琢磨，这是不是在诅咒大流士会像鸟儿一样飞走，像老鼠一样躲藏起来，抑或像青蛙一样逃进水里？箭是否暗示着战争的威胁？

事实证明，这确实是斯基泰人的反抗宣言，然而其中最有趣的是信息本身独特的传递形式。[1]当我们使用"书"这个词语时，特指册页书的那种装订形式，即将一沓叠起来的纸页装订在一起，并夹在某种起保护作用的封皮里边。本章则试图寻求更宽广的定义，在简单的册页书之外找寻更为稀奇古怪的文本形式，从伊丹图苏斯传递讯息的例子讲起，继而通过其他在灵光乍现下产生的作品，挑战我们此前对文本形式局限的认知。

---

1 我就不吊着大家的胃口了，希罗多德记录了不久后斯基泰战士们在战场上与大流士军队的相遇：双方布阵时，"一只兔子从两军之间跑了出来，每个看到兔子的斯基泰人都追了出去"。大流士问起这场骚乱的原因，得知敌人忽视了战斗，去追逐一只兔子。他觉得这种行为疯狂到令人担忧，以至于他对顾问们说："这些人对我们充满轻蔑……我们需要仔细考虑如何安全撤退。"

阿格尼斯·里克特（1844—1918）的刺绣亚麻夹克。她是一名裁缝，自1893年起被监禁在海德堡精神病医院，直到26年后在医院去世。她在布上纹绣了一些传记式的文字片段，例如："我不大""我想阅读""我一头扎进灾难中"。只是其余的大部分文字都已无法辨认。

早在册页书出现之前，我们就在古代人所使用的泥板和蜡板中找出了书的起源。它们逐渐演变成莎草制成的纸草书卷，后来又被羊皮和牛皮纸等取代。接着出现了册页书，然后是纸和印刷机等等。为了铺垫背景，我们将目光转向中国，探索早期珍奇文本。世界各地古代文明的众多文本记录已经佚失，但一些中国古代的文本完好无损地保存了数千年，这主要得益于书写的材料。"甲骨"指的是龟甲和兽骨，通常来自乌龟和牛。占卜师在上面用鲜血写下问题，再用炽热的棍棒烫灼兽骨直至其裂开，通过裂纹和符号预测未来。

历史学家对甲骨非常感兴趣，因为它们上边常常刻有各种记录和预测，涵盖天气和军事行动等等。留存下来的甲骨是非常罕见的，部分原因是人们发现它们时，常将其误认作龙骨，为了所谓的药用价值将其磨碎后服用。这里所展示的甲骨是大英图书馆中最古老的藏品，刻于公元前1600年至公元前1050年之间，正面的文字预言着未来10天将不会遭逢厄运，而反面则记载了一次月食。

古代美索不达米亚人也记录天体运行和迷信观念，不过他们使用的是不可食用的泥板。楔形文字是已知最古老的书写系统，由公元前3500年至公元前3000年的苏美尔人创造，并被美索不达米亚的其他文明所使用。楔形文字因其字形状似楔子（拉丁语，cuneus）而得名，这些字形首先被压刻在软陶土上，然后被烧制成坚固的泥板。这些文物为人们提供了无数宝贵的见解和发现，其中还有一种刻有楔形文字的物件特别有趣，以其神奇的方式起到了实际的作用。在古代苏美尔，建筑工人会在新建的地基中插入数以千计形似巨大钉子的泥锥，上边刻有祈祷文，以寻求众神的庇护。根据其年代和特性，人们可能会误以为它们和甲骨一样稀有，实际上每一次建筑工程中都会生产大量泥锥。因此在现代伊拉克、叙利亚东部以及土耳其东南部的考古遗址中，经常有大量刻着楔形文字的泥锥出土。

在地基中填满神符或许能够解决建造问题，但对于不断从地下冒出来捣乱的恶魔和恶灵，美索不达米亚百姓又该怎么办呢？刻上文字的物品又一次为人们提供了解决方案："咒语碗"，也叫"恶魔碗"或"恶魔陷阱碗"，是6到8世纪间的一种守护魔法，常在两河流域上游以及叙利亚地区的考古挖掘中发现。一连串犹太巴比伦阿拉姆语咒语从碗的边缘向碗底呈螺旋状延伸，其正中常刻着一些被缚恶魔的图案。简单来说，它们就是"恶灵捕鼠器"。人们将碗面朝下埋在房间角落（因为魔鬼通常会从墙壁和地板之间的缝隙中钻出来）、门廊、庭院和墓地里，所以任何从地里冒出来的恶灵都将被咒语捕获。

尽管大部分咒语碗上刻的是犹太阿拉姆语，但也有一些是曼达语、叙利亚语、阿拉伯语、波斯语。此外，还有大概10%的内容完全是胡编乱造，这些可能是铭文仿制者制作的廉价仿冒品，用于从不识货的客户那里骗钱。

当美索不达米亚人忙着在墙壁间塞满泥锥，并在客厅布置恶魔陷阱时，现存

左图：雕刻于公元前1600年至公元前1050年间的中国甲骨。

右图：一根澳大利亚原住民的传信棍，这是一种原始的书写形式，传统上用于在不同部族之间传递信息，通常是舞会、战斗或球类比赛的邀请。

下图：一个古老的藏传佛教转经筒，数以千计的祈祷文被放在一个银和象牙制成的圆盒里，能够绕着中心的轴转动。藏传佛教徒们相信，在念诵积极的咒语的同时转动这个经筒，能够释放出祈祷文的力量，对抗负面的事物。

上图：一个苏美尔人的地基锥，长14厘米，刻有纪念寺庙建造的楔形文字。出土于伊拉克的拉格什地区，可追溯到公元前2100年至公元前2000年间。

古代伊特鲁里亚文明（大约位于现代托斯卡纳地区，公元前900年左右兴起）的最长文本之谜正在逐渐形成。1798年至1801年间，拿破仑在埃及和叙利亚发动战争，欧洲人深受"埃及热"的感染，许多人都想亲眼看看这个国家的宝藏。其中有一位名叫米哈伊洛·巴里奇的克罗地亚年轻军官，他沉浸在这股旅行浪潮中不能自拔，1848年辞去了匈牙利皇家总理府的职务，只身前往埃及。抵达亚历山大港后，他发现了一个专门买卖文物宝藏的旅游市集，于是他购买了一具装在大石棺里的木乃伊女尸。

回到维也纳后，巴里奇将这具木乃伊放在起居室的角落，他拆下包裹木乃伊的亚麻布，将它们放在一个单独的柜子里展示。这具木乃伊一直矗立在那里，直到1859年巴里奇去世。他的牧师兄弟将其捐赠给了克罗地亚首都萨格勒布的"克罗地亚斯拉沃尼亚和达尔马提亚国家研究所"，现已更名为"萨格勒布考古博物馆"。一位博物馆员工在亚麻布上发现了许多奇怪的标记并做了笔记，但是直到1891年，这些标记才被一位名叫雅各布·克拉尔的专家准确识别为伊特鲁里亚语；此外，他还意识到，这些绷带条可以重新排列组合，形成一部未完成的手稿。

这件作品的历史可追溯至公元前250年，现在人们称之为《萨格勒布亚麻书》(Liber Linteus Zagrabiensis)。其实，它最初是一条约3.4米宽的长布，后来被折叠成了12页，上方文字用黑色和红色的墨水书写。

目前，尽管伊特鲁里亚语尚未被完全破译，但在这份手稿上可供辨识的1200个词语中，有许多是日期和一些神灵的名字，这表明这份手稿可能是一份宗教历法。由我们已知的一些相似的古罗马历法所知，它应该是用来记录宗教典礼和其他

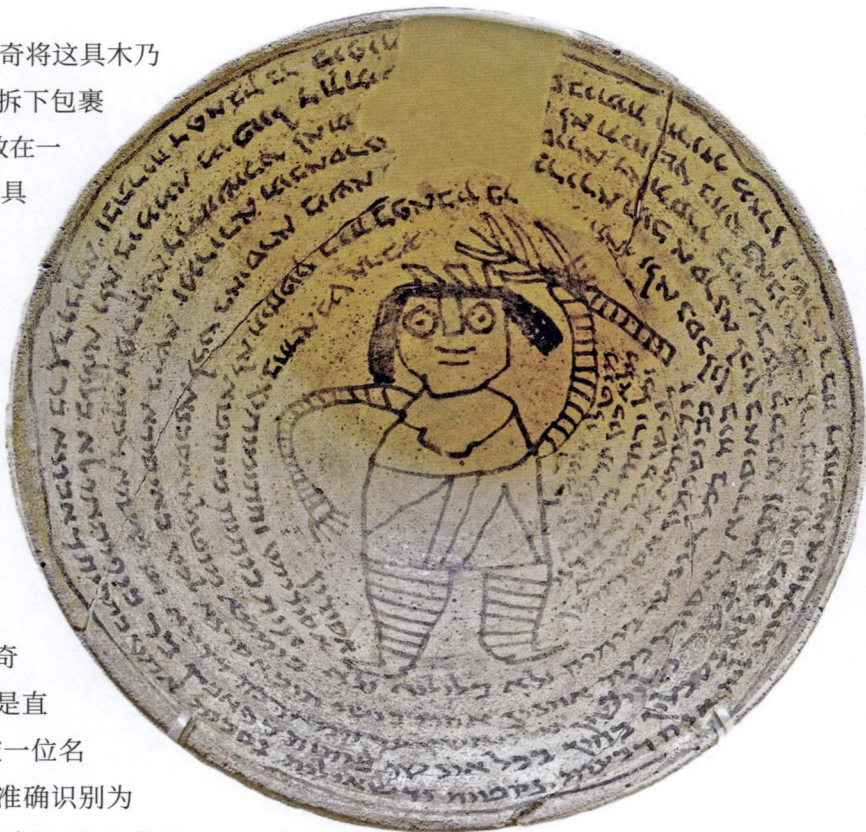

一个刻着阿拉姆语铭文的咒语碗，中央是一个恶魔图案，制作于6世纪至7世纪之间。

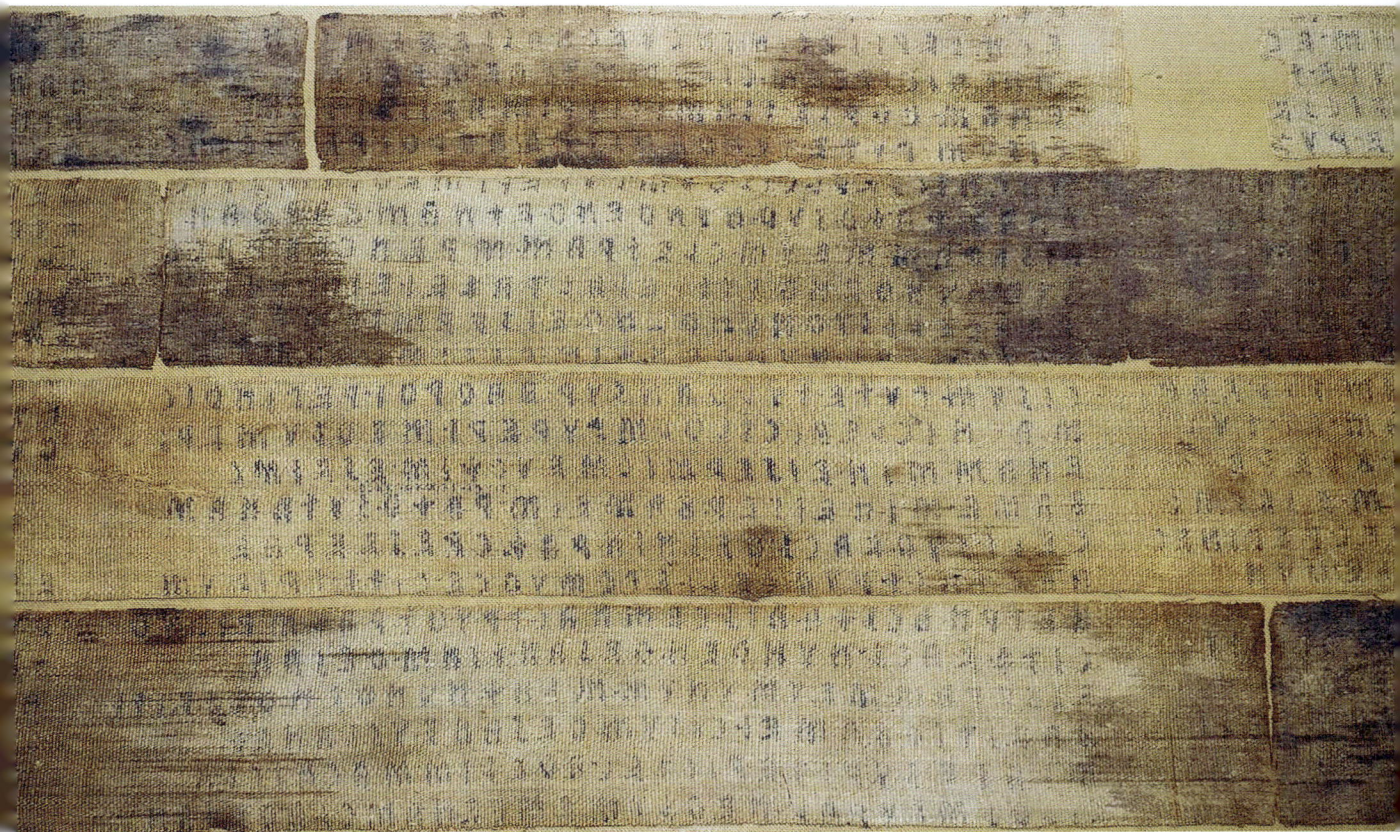

仪式的。但是，人们更想知道的是，为什么一具埃及木乃伊的裹尸布上会写满属于伊特鲁里亚文明的文字呢?要知道，它们可是有着迥然不同的地理起源的。从尸体边的一张莎草纸上，人们破解了这具女性木乃伊的身世之谜:她是埃及人，名为内西-亨苏，是底比斯裁缝帕荷-亨苏的妻子。她去世时正值木乃伊技术刚刚开始流行的时期，亚麻的需求量非常大，甚至到了严重短缺的程度。因此，埃及人只好使

《萨格勒布亚麻书》(*Liber Linteus Zagrabiensis*)，用来包裹一具埃及木乃伊的布条，上面写满了文字。

用他们手头能够找到的任何东西作为替代品，例如碎衣服、帆布条，甚至是外国商人进口的手稿。[2]

相比之下，一些伴随着古罗马和古希腊时期的古尸被发掘出来的文字材料，显得更具报复性与个人特质。有一种"诅咒板"，通常由铅板制成，上面刻着对神

2　埃及人早就在对书籍的创新中表现出了他们的聪明才智。公元前1200年左右，埃及法老拉美西斯二世在建造自己伟大的图书馆时，所搜集的作品除了由莎草纸和亚麻所制成的之外，还有陶土、石头、棕榈叶、树皮、象牙和骨头等材质的。

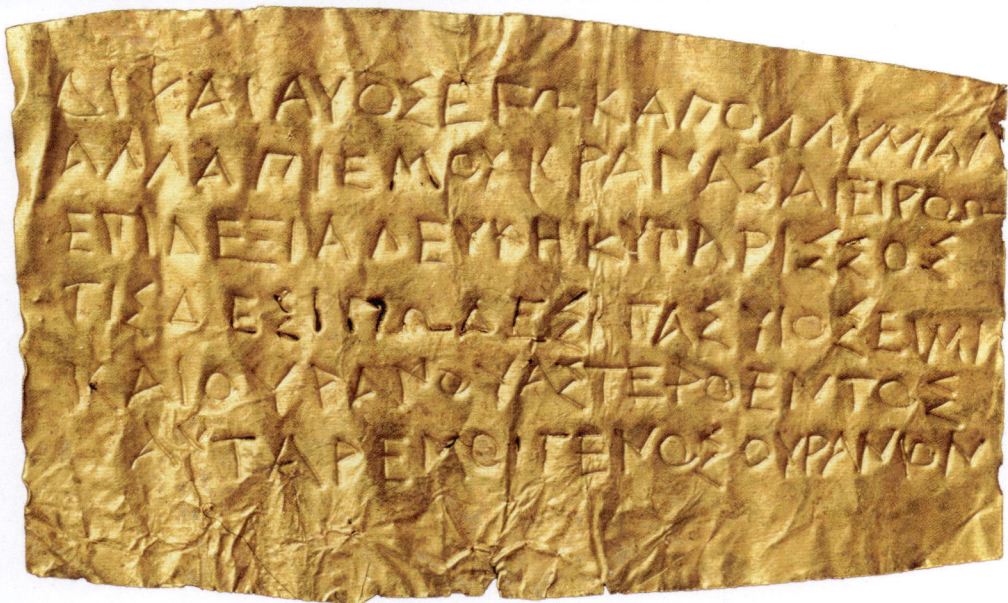

一块金制俄耳甫斯教的诅咒牌或"死者护照"，公元前4世纪下半叶。

祇的祈求，期望那些盗窃他人财产和抢走别人心上人的人遭受神罚，这些文字通常由一些相当愤怒的语言写就。存放在大英博物馆的一块诅咒板上的文字翻译出来如下："我诅咒特蕾蒂亚·玛丽亚，希望她的生命、思想、记忆、肝和肺全都搅合在一起，还有她的言语、思想和记忆，这样她就不能说出那些隐藏起来的事了，再也不能。"在英国巴斯市发现的130块诅咒板中，除了其中的一块，其他的内容全部都是人们祈求女神苏利斯·密涅瓦帮助他们找回被盗窃的宝物，并祈求她在那些盗贼身上降下诅咒。此外，有的诅咒板上刻着关于爱情的咒语，并且以渴望之人的头发缠绕；还有一些将本应刻写施咒对象名字的地方空出来，这样人们就可以批量购买诅咒板来报复多个敌人。然而，并非所有内容都可以被翻译——有一些刻着"神秘声音"——那是一些神秘深奥又无意义的字词（类似于"abracadabra"），这些字符是刻写铭文的人编造的，看起来就像是恶魔的语言一样。

在一些年轻死者和冤死之人的墓中也发现过诅咒板，它们显然是为了帮助这些早逝者的亡灵得以安息，在这种情况下，它们起着"死者护照"的用途。人们会将金子做的"死者护照"卷起来放进小瓶子里，挂在死者的脖子上，使它成为一种为死者准备的旅行指南，在死亡的旅程中为他们指引通向来世的最好的道路；上边也写着预先准备好的答案，帮助亡灵面对地下世界法官的提问。从古希腊神话人物俄耳甫斯和狄俄尼索斯的追随者的墓葬中到古埃及人、闪米特人，以及公元前2世纪的巴勒斯坦人的坟墓里，都发现了这种"死者护照"。

令人惊讶的是，这些物品竟然能够历经这么多个世纪而被完整保存下来，尤其是考虑到亚麻书手稿曾被大规模毁坏和改动，这种情况在中世纪整个欧洲地区都十分普遍。印刷术的出现确立了册页书至高无上的地位，同时也对羊皮纸的淘汰起了催化作用。在欧洲，古代手稿曾被大量毁坏，书写它们的材料也被挪作他用，例如用作加厚书籍的装订材料，甚至用于制作服装，如背面图片所示——这张图中写满文字的羊皮卷被制作成了一位冰岛主教法冠的内衬。这也是现代所发现的众多"可穿戴书籍"中十分稀奇古怪的例子之一，如今被收藏在哥本哈根大学的阿纳马尼亚学院。这件文物不禁让人联想到这样一幅画面——一位大主教正在严肃地主持宗教仪式，却完全不知道自己头上的法冠中藏着渎神的古法文爱情诗。2011年，纺织专家发现了另一件"可穿戴书籍"的奇珍——在德国北部维恩豪森的西多会修

下图：2世纪晚期一位贵族男孩华丽的"法尤姆肖像"，或称"木乃伊肖像"，"死者护照"就被卷起并安放在他脖子上的挂坠盒中。

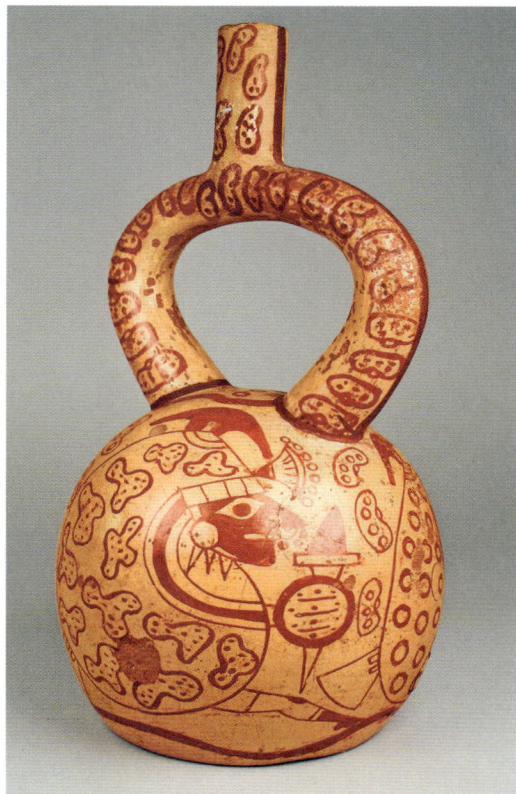

上图：大约在公元1世纪到7世纪之间，兴盛于今秘鲁北部的古代莫切人通过绘制利马豆来作为一种记事系统。我们可以在一些装饰物品中找到证据，例如图中的这个壶，年代约介于3世纪至5世纪之间。目前，"利马豆记事符号"仍是一个未解之谜：它是用来计数，还是用于丧葬仪式，抑或是赌博呢？

道院，一些中世纪的手稿竟然被缝进了修女的裙边作衬里。这些裙子是15世纪后期由修女们亲手缝制的，不过不是做给她们自己的，而是穿在雕像身上，以维持它们端庄的形象。

正如研究手稿的历史学家埃里克·夸克尔所言，尽管这种对手稿用途粗暴的改动着实令人震惊，但至少可以从中找到一些好处。有许多中世纪的作品，倘若不是在一些书籍装帧、主教冠冕，或一些令人感到

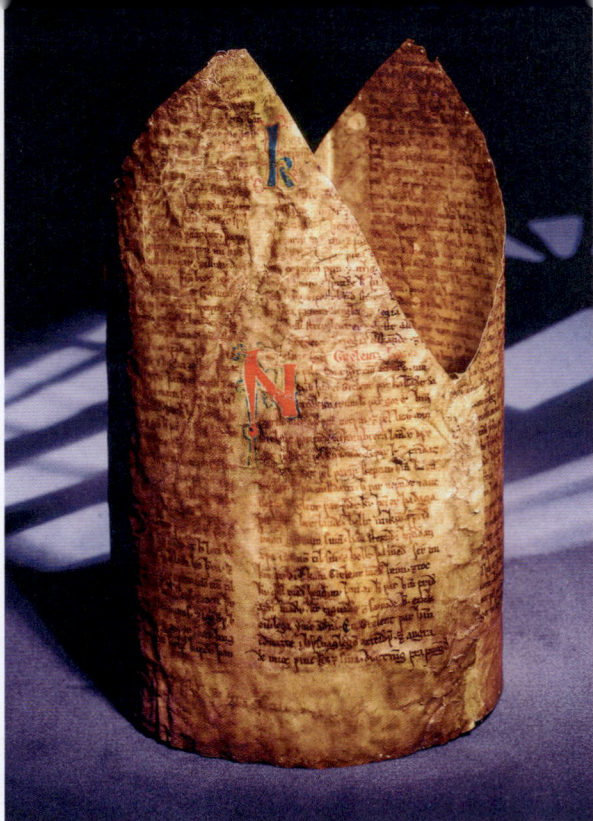

上图：公元1270年中世纪爱情文本的片段，被重新利用并制作成了一位丹麦主教法冠内部的硬质衬里。

羞耻的雕像所穿的外衣中发现它们的残存物，我们将永远不会知道它们的存在。[3]

德国铁匠约翰内斯·古腾堡在公元1454年发明了闻名于世的印刷术，但或许会令许多西方人感到惊讶的是，早在欧洲的古腾堡发明金属活字印刷术（允许更换字母块的那种）的至少200年前，这项技术就已经在中国存在了。通过这一工艺保存下来的最古老的印刷作品，是一份名为《直指心体要节》的高丽佛教经文，于1377年在今韩国清州印制。没有证据表明

古腾堡知道这种技术，因此人们相信东西方印刷术是两项独立的发明。在此之前，大约在1040年左右，中国第一个已知的活字印刷系统是在工匠毕昇的设计下用陶瓷制成的，只是陶瓷易碎。而木版印刷术的使用则可以追溯到更早的时期，已知最早的木板印刷样例是汉代（公元220年之前）印有三色花朵的丝绸碎片。

早期东方雕版印刷流行的一个主要推动力，是人们对纸本佛教经典需求量的激增。要知道在隋朝时，隋文帝曾提倡将宗教作为维护国家统一的黏合剂。而在日本，人们对纸本佛经也有着同样的热情，这促使孝谦女天皇下令进行意义非凡的大规模印刷项目。《百万塔陀罗尼经》（意为祈愿或护身符）是日本现存最古老的印刷品，也是世界范围内最早的印刷品之一，它大约于公元764年至770年间由木版印刷工艺印制而成——印制得如此完美，以至于很长一段时间里学者们都以为用的是金属印刷机，直到最近才在研究分析中发现，它的字里行间有着细微的木纹印记。每份经文都被封存在一个雕刻精良的小木塔内加以保护，如对页图中所示。公元764年，孝谦女天皇对被称为"藤源仲麻吕之乱"的政变进行了血腥镇压，对于她而言，发起大规模印制佛经的计划其实是对此次政变的一种和解与赎罪。为表忏悔，她下令将装满祷文的宝塔涂成纯白

---

3 剑桥图书馆馆长蒂姆·芒比年轻时，曾使用从损坏的手稿里剪下的牛皮纸碎片，修复他的1925年产40型布加迪跑车。当人们问他这辆车的年代时，他很高兴地回答："它的某些部分可以追溯到15世纪。"

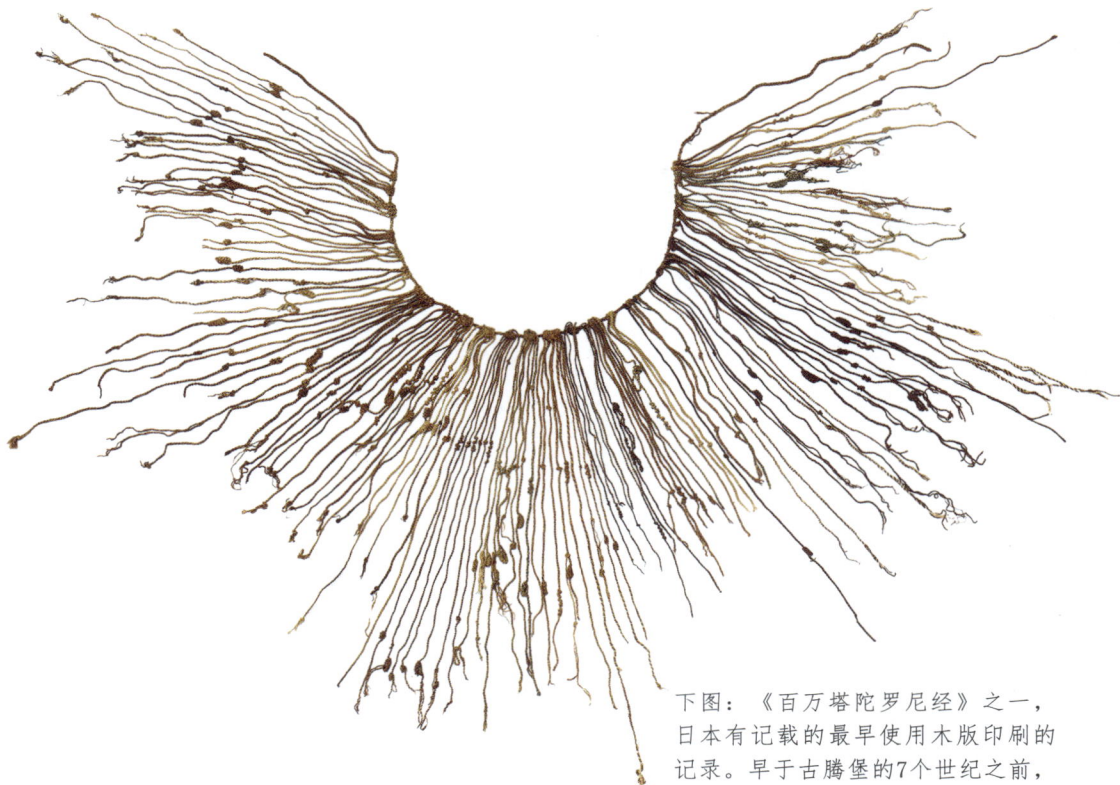

上图：结绳书写系统"奇普"的一个样例，算是印加形式的书。

下图：《百万塔陀罗尼经》之一，日本有记载的最早使用木版印刷的记录。早于古腾堡的7个世纪之前，由孝谦女天皇下令制作，其中多份仍然保存于奈良的法隆寺。

色，并分发给日本西部的十大佛教寺庙进行供奉。

而在世界的另一端，从13世纪初期开始，印加帝国逐渐成长为前哥伦布时期美洲最大的帝国。1572年，西班牙人占领了其在比尔卡班巴地区的最后一个根据地，它的历史才告终结。这些征服者对全新的文化进行调查研究，震惊于印加文明与其他旧世界文明之间的差异。印加人没有发明出轮式车辆，因为他们既没有牲畜来拉动车辆，也没有牲口可以骑乘。他们对钢铁一无所知，而且最为奇特的是，他们甚至没有形成文字。直到今天，我们对印加人生活的了解主要都得靠西班牙作家们所撰写的编年史。不过，后来的殖民者发现了"奇普"。

印加帝国的总会计师兼财政主管手持王国的"奇普"。图片选自秘鲁编年史《第一部新编年史及良好的政府制度》（*El Primer nueva corónica y buen gobierno*, 1615）。

"奇普"是一种复杂的记事系统，它利用大量打结的绳子来进行记录，有时也被称为"会说话的绳结"。不少早期人类文明都曾使用这种形式进行记事，包括其他几种南美洲文明，以及古代中国文明、西伯利亚文明和波利尼西亚文明等。据我们所知，这些打结的绳子数量从4根到2000多根不等，主要功能是在十进制系统中存储和传递数字信息，用于记录人口、日期、税收、会计，以及交易事务。事实上，在征服初期，西班牙人依靠"奇普"来解决部落中有关上贡物品数量的争执。负责制作和阅读绳结，发挥会计职责的人被称为"奇普专家"。根据一位名为瓜曼·波马的17世纪克丘亚贵族的说法，这些专家即便闭上眼睛都能准确解读"奇普"。然而，这种技术随着西班牙摧毁印加帝国后失传，而绳结的一些特征，例如不同颜色可能代表的重大含义，还尚未被后人解码。"奇普"完全有可能不仅用于计数，只是截至此书写作时，更多有关"奇普"的奥秘还有待解开。

现在，在这趟有关"非书之书"的世界之旅中，让我们回到欧洲，看看另一种不同形式的书，或说手稿，它们通过巧妙地添加实用功能，已经完全转变为测量设备、计算机器和天文仪器。在牛津大学的博德利图书馆，我们可以找到此类书籍的一个简单例子："MS Broxbourne 46.10"（MS意为手稿）是一本罕见的17世纪晚期来自法国的科学小册子，它可以用来观测时间，羊皮装订而成的书封上印有一些标记，使得这本书拥有和日晷类似的作用。在这本书的书页上出现的类似工具被称为"纸质测量工具"，这个术语由德国工程师格奥尔格·哈特曼于1544年创造。传统黄铜和象牙材质测量工具的制造商对纸质测量工具的推行感到非常恐慌，以至于到法院游说，抗诉他们所谓的"纸上骗局"，要求强制推行纸质测量工具的禁用令——"它不会持久……而且仅仅是欺骗买家的手段"——这项禁令被列入1608年《纽伦堡法规》第13条中。

这些纸质测量工具中最著名的

是"历象转盘",这是一组安装在书页上的旋转圆盘,用作计算工具,创作灵感来自早期的阿拉伯学术著作。1540年,与哈特曼同时代的彼得鲁斯·阿皮亚努斯(1495—1552),在他的著作《皇帝的天文学》(*Astronomicum Caesareum*, 1540)

手绘的"历象转盘",一种可移动的纸质科学测量仪器,图片选自阿皮亚努斯《皇帝的天文学》,该书被认为是16世纪最美丽的印刷作品之一。

中,向世人庄重地展示了"历象转盘"的艺术,这部图书也是16世纪印刷术的巅峰之

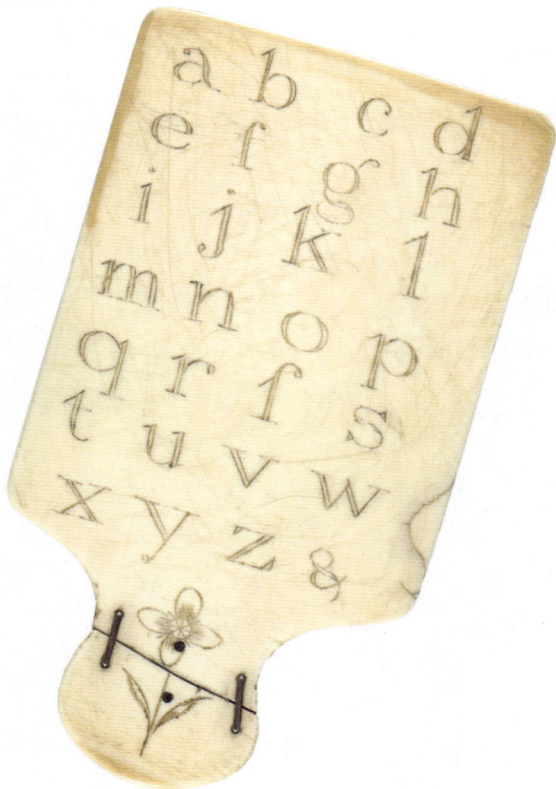

上图：18世纪英国的"角帖书"，象牙上刻有字母表。这种坚固的学习工具通常由木头、骨头或象牙制成，起源于15世纪中叶，供年幼的学生学习使用。

上图："坎皮恩小姐"的肖像画，她手中拿着角帖书，绘于1661年。

下图：一把意大利的祈祷书手枪，为威尼斯公爵弗朗切斯科·莫罗西尼（1619—1694）所定制。可能是为了保护使用者本人，这把枪只有在书合上时才能开火，枪的扳机是一枚隐藏在丝线中的别针，看起来像书签。

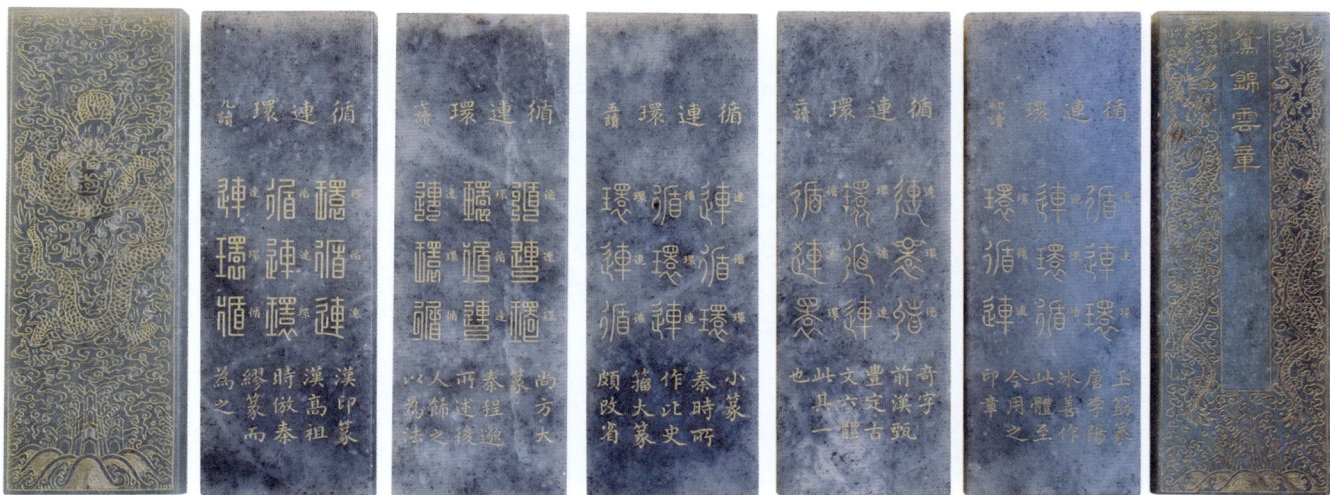

上图：1743年的中国玉书段落。在道家看来，玉书及其5篇古章存在于不同的神圣天界之中，并且据说是创造宇宙神性结构的工具。

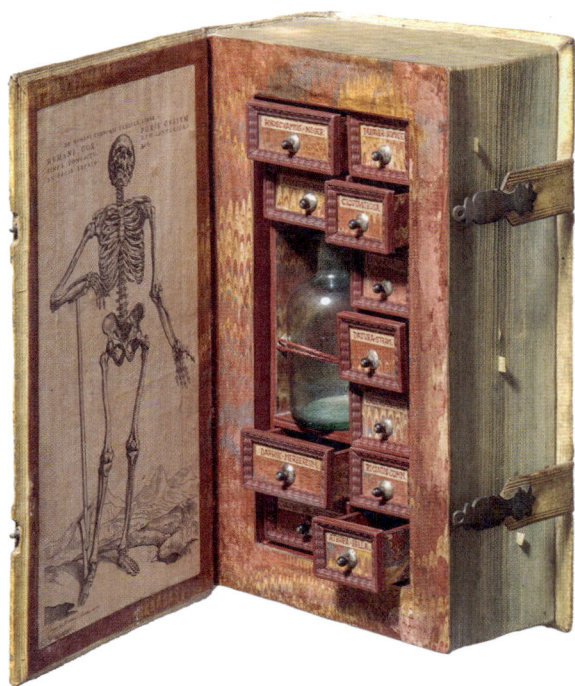

由德国"赫尔曼历史"拍卖行于2008年出售的"秘密毒药柜中空书"，它由一本1600年的书籍改造而成，书的内部是一组标有各种有毒植物名称的抽屉。

一本为热爱旅行的书迷设计的马桶书。这个可携带式的橡木马桶隐藏在一本镀金小牛皮装帧的书里，书名为《低地国家的历史》（*Histoire des Pays Bas*），1750年法国制造。

上图：中国尔苏人所使用的占星文字。文字的颜色会影响其含义，例如：用黑色书写的"星月"符号表示"黯淡"，但若用白色书写则表示"闪亮"。

作。(目前，该书完整且状况良好的初版价值高达950 000英镑。)

无论从艺术性还是从科学性方面考量，与其说《皇帝的天文学》是一本书，还不如说它是一座便携式天文仪器实验室，读者可以用书中提供的构思精巧的可移动纸质历象转盘来计算行星排列、月相盈亏和恒星位置。以第23页为例，它包含的测量器由9个印刷组件构成，其中的隐藏机关能够以4个不同的轴为中心旋转，以此计算水星的经度。这本书是阿皮亚努斯前前后后花费了8年时间为他的赞助人——哈布斯堡王朝的皇帝查理五世和他的兄弟费迪南德——所制作的，在他位于德国因戈尔施塔特的印刷店里，他本人亲自印刷并为每一页进行手工着色。这

两位赞助人对这件工艺复杂的作品惊叹不已，对55张华丽的手绘内页也感到十分满意(其中有21页都包含着可以活动的部件)。因此，阿皮亚努斯获得了3000荷兰盾的奖励以及各种荣誉，被册封为宫廷数学家和"帝国骑士"，并被赋予了加冕桂冠诗人和归复私生子女合法地位的权力。

在17世纪收藏家之间流行的珍奇柜中，出现了一种被称为"树木书"的奇特书籍。这种树木书背后的科学目的，是通过用树木本身来制作书籍，以记录其生物物种的多样性。每卷书本都由不同种类的木材制作而成，书脊由树皮构成，有时甚至还带着苔藓，而内容则是树叶、种子、树枝和树根的标本，通常还附有关于这种树木的生物信息和常见用途的详细描述。

在世界各地都能够找到由当地植物制作成的树木书，例如意大利圣维托迪卡多雷的帕多瓦大学、澳大利亚国立大学，

上图：《孤犬冬季记事》（*Lone Dog winter count*），来自美洲原住民扬克托奈族和扬克顿社区。鞣制水牛皮上的图像符号标志着1801年到1876年间南达科他州的重大事件，包括1833年的狮子座流星雨。

下图：18世纪的树木书样例，现收藏于奥地利莱莲菲德修道院。每本都由不同类型的树制成，包含其树皮、树叶、种子等。

Purchased at Nashville Tenn.
Aug 1st 1863. Has been with
Co. B, 87th Ind. Vols. at the
following named places:
Triune, Salem, Pun-Buckle Gap,
Hoover's Gap, Fairfield, Manchester,
Tullahoma, Elk River, Deghant,
Winchester, Cumberland Mountain,
Fort McCook, Raccoon Mountain
Sand Mountain Tenn, Lewis Gap,
... and Alpine, Chickamauga
..., Chattanooga, Tenn,
...onary Ridge, Rossville
...ville, Ringold Ga,
...el Hill, Buzzard ...
...ton, Dalca, Calhoun,
Kingston, Cassville,
...16... Aetworth,
Shack-gack Hills,
New Hope ..., Marietta,
Kennesaw Moun...
Chattahoochie, Jonesboro,
East Point,
Rough and Re..., Decature, Oxford
Atlanta, Kingston
Galesville, Rome,
Milledgeville, Sandersville,
Sandtown, Thomas Station,
Winnsboro, Louisville, ... Gap, Jacksburg

还有德国霍恩海姆大学的木材图书馆。

世界上第一座树木图书馆被认为是德国卡塞尔奥托诺伊姆自然历史博物馆的"施德巴赫树木图书馆"，由卡尔·施德巴赫于1771年至1799年间建造而成，藏有530本树木书。而世界上最大的树木图书馆则是美国的"塞缪尔·詹姆斯·雷科德图书馆"，它拥有惊人的98 000本树木书藏品。尽管所有的图书馆都会散发出一种特殊的霉味，但当人们走进树木图书馆那温度和湿度受到控制的环境中时，扑鼻而来的木质香味绝对会带给你一种别样的体验——尽管非常短暂——因为香气很快就会被发霉苔藓那种让人难以招架的气味所取代。

除了树木书中收藏的各种树木之外，用树木制成的书还有一种惊人的形式，那就是现藏于史密森尼博物馆中所罗门·康恩的日记。1861年美国南北战争爆发后，印第安纳州米纳马克一家旅馆老板的儿子康恩，在24岁时以二等兵的身份加入了联邦军的印第安纳第87号步兵团。1863年，他在田纳西州的纳什维尔买了一把小提琴，并在服役期间随身携带。尽管他从来没有学会如何演奏这把小提琴，但是他却把第87号步兵团的战士们，以及他们曾参加过的30场战役的记录——包括1863年9月的奇卡莫加战役和1864年6月的肯尼索山战役——全都雕刻

在了琴身的每一寸表面上。到战争结束时，第87号步兵团共战死了283名士兵，但是康恩和他的小提琴却得以幸存了下来，并成了南北战争时期普通士兵的一份独特纪念。

另一份独特的战争记录，则是挪威反抗军战士彼得·莫恩的日记。二战期间德国占领挪威时，莫恩正在一家大型保险公司担任精算师。他加入了当地的抵抗组织，负责编辑地下刊物《伦敦新报》。他在1944年2月被德国人逮捕并受到了残

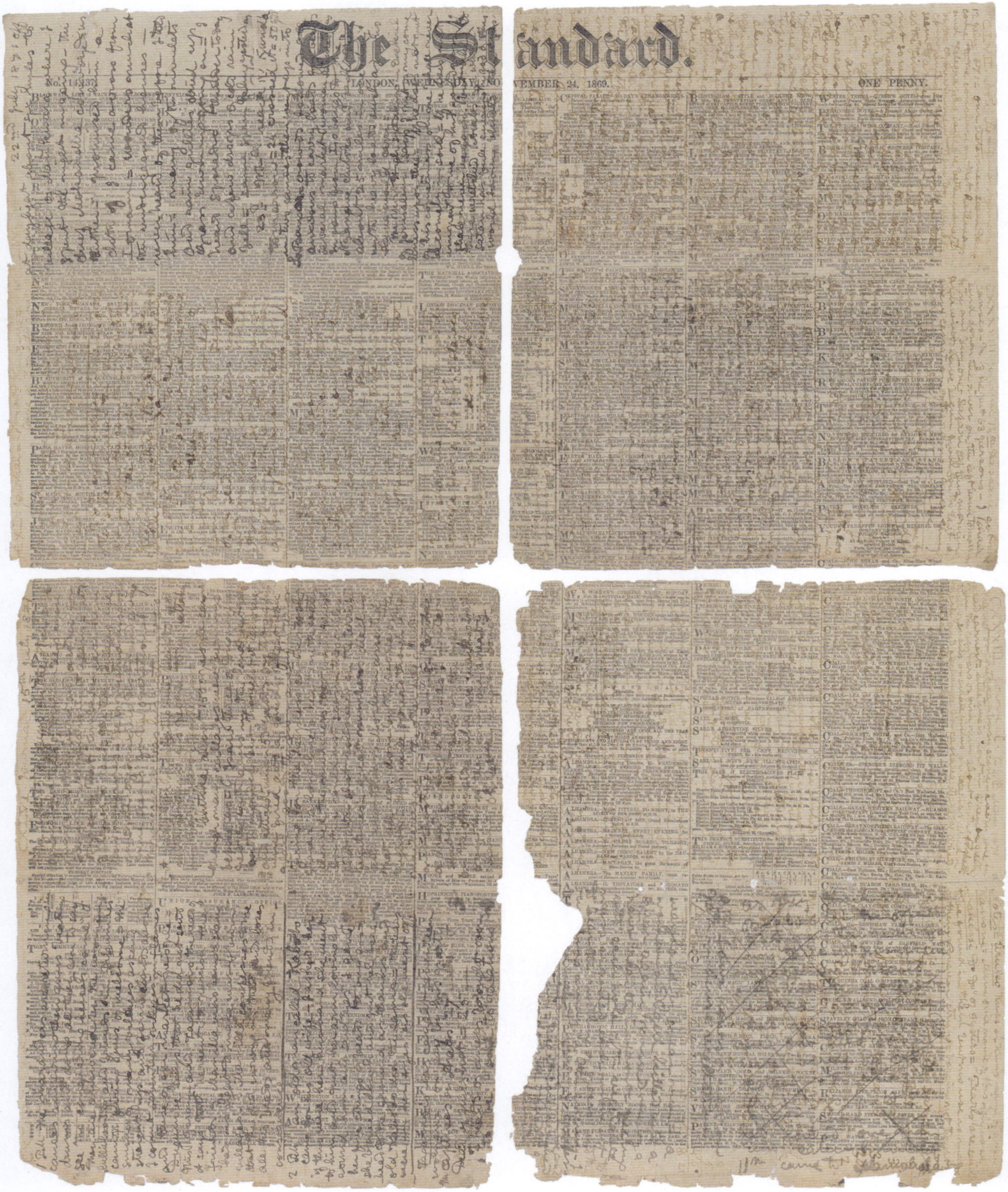
The Standard.
No. 14137
LONDON, WEDNESDAY, NOVEMBER 24, 1869.
ONE PENNY.

对页：戴维·利文斯通1871年田野日记的内页，这位苏格兰探险家将日记记在了1869年11月24日的《伦敦标准晚报》上。不过，他密密麻麻的墨迹早已褪色，直到最近通过"戴维·利文斯通光谱成像计划"的尖端科技才得以复原。

上图：战俘彼得·莫恩藏匿卫生纸日记的通风井格栅。

酷的审讯，而后被单独关押在奥斯陆监狱中。漆黑的牢房里没有纸笔，莫恩就从遮光窗帘上取下一根大头针，将想记录的话一点点地刺在方形的卫生纸上。尽管他经常被抓到，日记也遭到没收，但莫恩每次都会重新开始他的记录。每完成一个章节后，莫恩都会把卫生纸卷起来并塞进通风井中，他从没想过这些日记会被人发现，

更别说出版了。1945年9月，当莫恩搭乘德国监狱船"威斯特法伦号"进行转移时，曾向几个狱友提起过这些日记。后来，这艘船在瑞典海岸附近被水雷击沉，莫恩也不幸身亡，但船上的五名挪威幸存者中有一人在解放后返回了奥斯陆，他撬开通风井并找到了这些卫生纸日记。这本日记于1949年出版，封面上的文字这样写道："这是一个男人，甚至所有人类，毁灭性的自我分析，以只有恐惧、孤独和即将到来的死亡才能造就的诚实写成。"这本书出版后在斯堪的纳维亚半岛一度成为畅销书，其英文版于1951年在美国发行。[4]

乌维·万德雷1968年出版的《战诗》（Kampfreime）是一本足以对人造成肉体

---

4 在这类字面意思上的"厕所书籍"中，还可以加入南斯拉夫政治家米洛万·德伊拉斯的作品，他因发表批评南斯拉夫共产政府总统约瑟普·布罗兹·铁托的言论而遭十年监禁。在狱中，他将《失乐园》翻译成塞尔维亚-克罗地亚语，并将整部作品写在了卫生纸上。

1968年的《战诗》，它既是书又是武器。

伤害的书，也是第一本专门被设计成武器的书。口袋大小的《战诗》（方便战斗版）尺寸为62毫米×117毫米，专为1968年西德激烈的学生运动而设计使用的，里面印着押韵的抵抗口号和海报标语。书的封面由锋利的金属制成，书中记录着"适合正当防卫"的文字。万德雷写道："常常有人告诉我，笔（以及其延伸，书）比剑更强大，但要是这本书本身就是一把剑呢？"虽然《战诗》外层包的金属保护套确实可以作为可怕的武器使用，但它的另一个功能其实是刮掉宣传海报和广告。这种破坏性的功能，使得它够格与艺术家居伊·德波、阿斯格·约恩和波米尔德早期共同创作的《回忆》（*Mémoires*, 1959）放在同一个架子上——这本书的护封由颗粒度非常粗的砂纸制成，旨在摧毁任何摆在它旁边的书籍。三位作者这样解释："通过对人们简单的观察，你就能够判断出他们是否曾经把这本书拿在手上。"

2012年，一本旨在销毁自己的书问世了。著名汽车公司路虎为其迪拜的客户印制了一本生存指南，以防车子在沙漠中遭遇故障。这本小册子中有详尽的图解说明，教导乘客如何建造避难所、发出求救信号、生火、捕食野生动物，以及利用北极星来辨认方向等。手册的金属包边可以拆下当作烤肉的签子使用，反光的包装则可以用来帮助发出求救信号。要是实在没办法了，这本书甚至鼓励你吃掉它：《路虎可食用生存指南》（*Land Rover Edible Survival Guide*）的页面由可食用的纸张和油墨制成——据说它能够提供和芝士汉堡相同的营养价值。

这不禁让人联想起密歇根大学在2018年发布的公告，他们声称购买了纽约出版商本·丹泽限量10本的《20片美国芝士》（*20 Slices of American Cheese*）中的一本。这本书有着亮黄色的硬装布面封面，里面包含20片独立包装的美国芝士片。

一盒24片装的卡夫美国芝士价格约为3.5美元，而《20片美国芝士》则能卖到

200美元。"这本芝士书引发了人们的许多疑问,"患有乳糖不耐症的图书管理员杰米·劳施·范德·布鲁克写道,"包括:这本书有作者吗?这本书的主题是什么?如果它本身就是芝士,那么它算是关于芝士的书吗?"

"这本书的书况如何?"我向密歇根大学图书馆的艾米丽·安·巴克勒问起他们所收藏的这本书。她向我保证:"这本书显然是'稳定在架'的状态,但是……让我们看看它能保持多久吧。"顺便说一句,丹泽的其他作品还包括《200种命运》(*200 Fortunes*),这是一本由中国餐馆的幸运饼干制成的书;《整齐的200张美金》(*$200 in Order*),由200张1美元的纸币制成;《广场饭店的30张餐巾纸》(*30 Napkins from the Plaza Hotel*),它的意思不言自明;以及《20

本·丹泽的《20片美国芝士》,一本由芝士制成的书。

包甜味剂》(*20 Sweeteners*),书中精美地装订着20包甜味剂。

下图:本·丹泽的《20包甜味剂》。

血肉之书

不论是在天上飞的、在地上跑的，还是在水里游的，只要是这个星球上的生物，它的皮肤都有被拿来装帧书籍的一天。魟鱼、猴子、鸵鸟和鲨鱼——不过，我们熟知的"东方鲨鱼皮"其实是驴皮而不是真的鲨鱼皮——都曾被用来制作书封。强调"和谐"的书籍装帧会为书籍内容搭配相应的书封材料：大英博物馆拥有世界上唯一一本用袋鼠皮装订的菲利普总督撰写的《植物湾航行记》(*Voyage to Botany Bay*, 1789)[1]，查尔斯·詹姆斯·福克斯1808年的《詹姆斯二世统治初期的历史》(*A History of the Early Part of the Reign of James II*)则用狐狸皮装订出售。纵观过去100年间的拍卖纪录，人们可以找到用臭鼬皮装订的《我的奋斗》、用蟒蛇皮装订的《资本论》、用鲸鱼皮装订的《白鲸》和用美国南北战争邦联旗装订的《飘》。其实自19世纪以来，用蛇皮装订的书就已经存在了，当时那些自负的大狩猎家以此来炫耀自己的战利品。奥利弗·温德尔·霍姆斯的《埃尔茜命运历险记》(*Elsie Venner: A Romance of Destiny*, 1861) 一书的初版至少有一本就是用蟒蛇皮装订而成的，这本书讲述了一名人蛇混种试图融入人类社会的故事。美国探险家奥萨·约翰逊的精彩自传《我嫁给了冒险》(*I Married Adventure*, 1940)，有一本是用大象皮装订的。而在1812年，英国第三代罗克斯堡公爵约翰·克尔的图书馆藏品拍卖中，引发人们抢购热潮的则是一套用兔皮装订的小册子，里边记载了18世纪著名的"玛丽·托夫特事件"，据说这名英国女子生下了一窝兔子（详见第200页）。

荷兰法院的"蓝色长毛"登记册（1518—1540），用来记录政府职位的分配。这本书由厚牛皮装订，特殊的造型让它成为书架上最显眼的一本。

---

1 由于雄性袋鼠有着很大的爪子，因此很难找到干净、完整、未受损的袋鼠皮——装帧师常常不得不处理皮革上被称为"求偶标记"的抓痕或擦伤。

左图：15世纪的《古兰经》，呈现为罕见的圆形，用马格里布体书写。来自西非的创作者使用他们随处可得的沿海材料——鱼皮——来制作手稿的页面。

下图：一本1645年印刷于欧洲、装订于美国的希伯来语词典，书封使用的是水獭皮，由美国东部林地的原住民绘制。这本书曾被传奇的基督教传教士大卫·布雷纳德（1718—1747）装在随身的马鞍包里，伴随着他一路颠簸传教。

不仅仅只有书封的取材横扫了动物王国，在木浆造纸技术普及之前[2]，羊皮纸的制作原料主要来自绵羊、小牛和山羊，其中最高品质的羊皮纸则由较柔软的小牛皮或羔羊皮制成。平均而言，中世纪时制作一本《圣经》所需要的羊皮纸需要消耗50到70头绵羊，并且得花将近一年时间进行抄写。《林迪斯法恩福音书》（Lindisfarne Gospels）可以算作是英国历史上最壮观的作品之一，该书由修道士埃德弗里斯于7世纪末编写和装订——总共使用了128头小牛的牛皮，虽然根据估计，绘制前就得准备大约400张牛皮。它的内页使用松鼠毛制成的笔刷进行彩绘，最后这本书重达8.7公斤，如杜伦大学2013年展出该书时宣传单上的介绍语所说："和一只成年的獾一样重。"

---

2 1860年木浆造纸技术问世之前，棉纸和亚麻纸占主导地位，不过，它们也曾偶尔遭遇挑战。1825年，英格兰50%的纸张是由机器大批量生产的，造纸速度极快，这造成了原材料的库存短缺。在这样的恐慌之下，开始出现各式各样的造纸材料替代品，如肥料、草叶、蜀葵、蓟、丝绸、芦笋，甚至蜂窝等等。

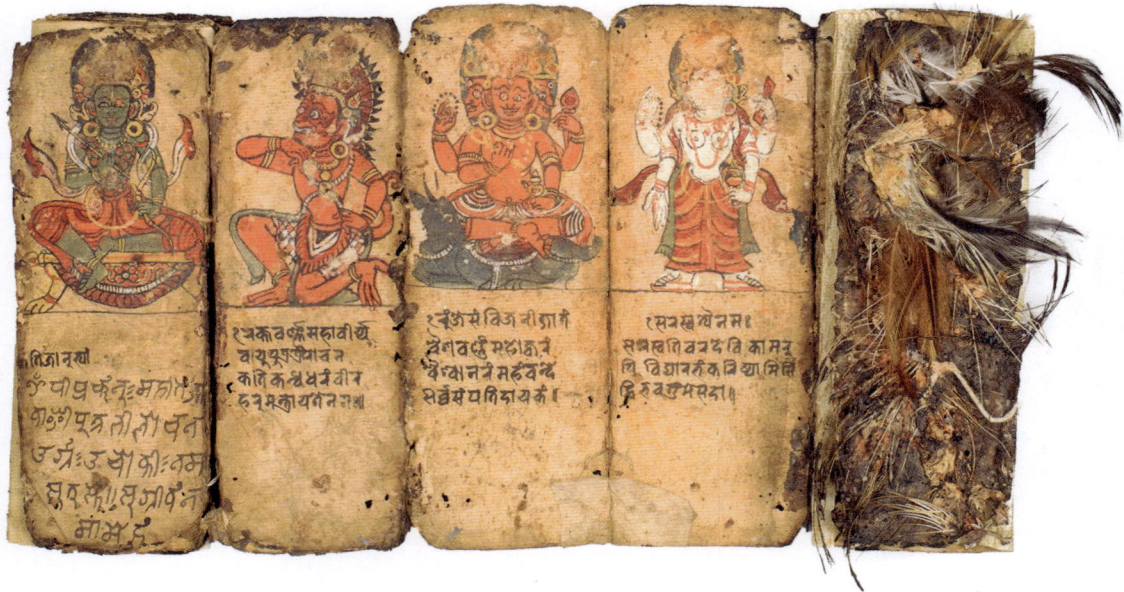

上图和左图：18世纪传统的尼泊尔萨满手册，内含用于驱邪的护身符和咒语。这本书的封皮被5种动物的血和皮肉碎片所包裹，也就是水牛、鸡、狗、山羊和牛，它们分别代表5种感官和5种欲望。

艾萨克·迪斯雷利在他的《文学奇观》(*Curiosities of Literature*, 1791)一书中曾谈及古代伊朗精神领袖琐罗亚斯德所撰写的系列书卷《相比》(*The Similitude*)，"据说这本书所占空间不超过1260张牛皮的面积"。

尽管如此，以上涉及的这些材料和工艺，都无法和下一节即将谈到的另一种极其可怕的制作手法相比，那就是伴随着一段血腥历史出现的"人皮装帧术"——也就是用人类皮肤进行书籍的装订。

对页：一套精美的1760年版约翰·弥尔顿的《失乐园》和《复乐园》，由伦敦工匠桑格斯基和萨克利夫使用蛇皮装订而成。

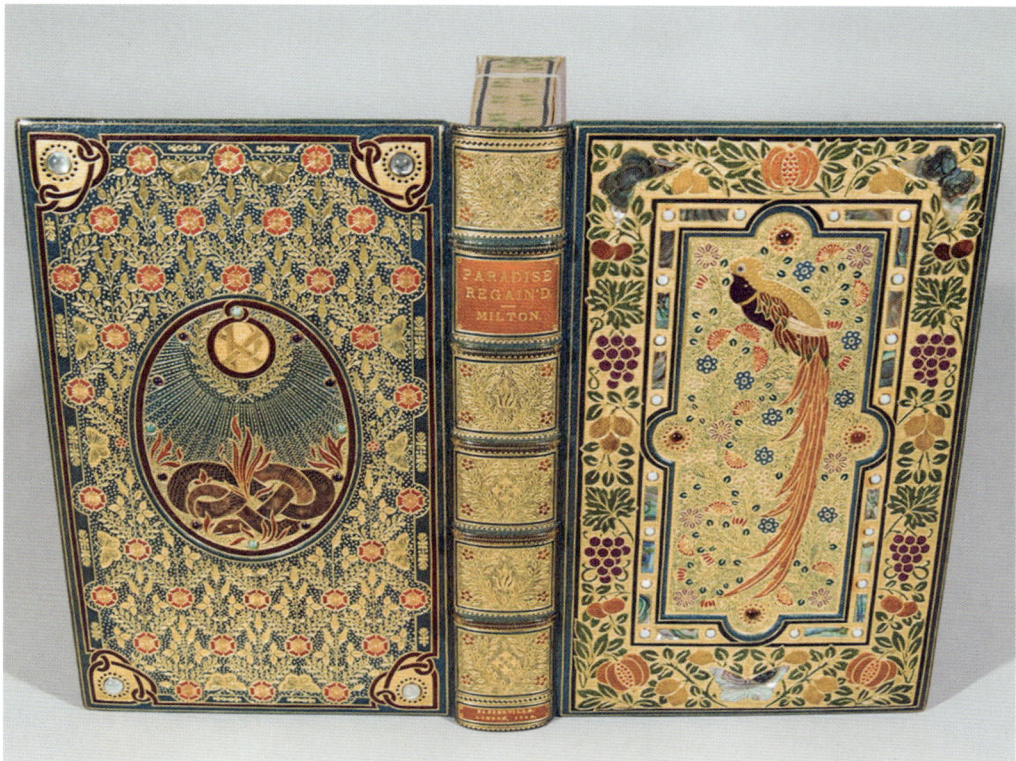

OROCHO

上图：7世纪《林迪斯法恩福音书》中用牛皮制成的装饰精美的内页。

右图：有时，羊皮纸上的破损需要修复；不过，要是你和这位12世纪的抄写员一样无聊的话，也可以在负责抄写圣贝尔内修士对《所罗门之歌》（Song of Solomon）的评论时，像这样将它们变成涂鸦。

对页：米兰公国首席园丁迪奥尼西奥·米纳焦1618年的《羽毛书》（The Feather Book），有156幅插图，其中113幅描绘了意大利伦巴第地区的鸟类，全书皆由羽毛制成。"我们也不知道他为什么要做这本书。"麦吉尔大学图书馆的编目员这样写道。

人皮书

虽然读者们常常说自己如饥似渴地"啃"一本好书，但有趣的是，在过去有些书反倒是"啃"了读者。存世的人皮书不仅数量十分稀少，也鲜少为人们讨论。一些图书馆和机构勉为其难地接受了馆藏这些书可能带来的恶名，但更多的则选择保持沉默，以免惹祸上身。由于这种保密的传统，人们不得不深入探索一个神秘黑暗的地下世界来确认现存人皮书的数量，而那里充满着历史谣言、虚假吹嘘和血腥惊奇。

面对这样的书，最显而易见的一个问题便是："为什么?"为什么要用人皮装订图书?虽然以现代的观念来看，这种行为怪异得难以想象，但是在18、19世纪的欧洲和美洲，当出版关于杀人罪行和医学研究的图书时，人皮已然成为一种广为接受的附加装饰物。到了19世纪末，人皮书甚至演变成了一种浪漫的隐喻，人们认为将伟大的文字封印在肉体中，就如同肉体包裹着灵魂一样。坦率地说，一本人皮书是在聚会上拿出来炫耀的绝佳物品。用人皮制作书籍并不比用任何其他动物的

对页：一本用人皮封装的书，塞维林·皮诺的《童贞、怀孕以及生产条约》（*De integritatis et corruptionis virginum*），1663年印刷于阿姆斯特丹。这本书的所有者卢多维克·布兰医生曾解释说："这本奇怪的小书……已经被我用一名女子的皮肤重新进行了装订，这块人皮是我亲手处理的。"

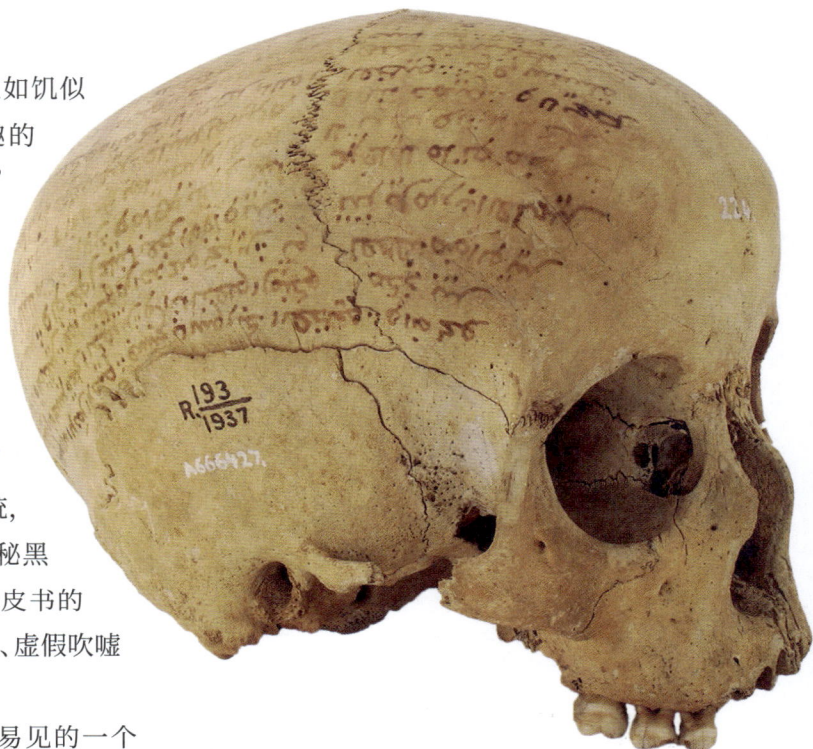

上图：一个人类头骨，刻有为死者祈祷的文字。1895年，罗伯特·巴登·鲍威尔在加纳的阿桑特地区探险时获得。

皮革要难，可以通过以下两种方法之中的任何一种实现。传统的方法是将皮浸泡在石灰水中，然后徒手去除上边所有的肉、脂肪或毛发，再把它泡上几天，最后转移到高浓度的单宁酸液体中。另一种方法则是直接将皮浸泡在尿液中，这种处理方法已有数千年的历史。尿液中的氨能够溶解肉、脂肪和毛发，留下的人皮会被不断拉伸并干燥。从18世纪下半叶开始，欧洲各地的制革厂也会在制革过程中，加入一种狗和鸽子的排泄物混合制成的溶液，以使皮革具有健康的光泽，但也会让皮革散发难闻的气味。

一位制革匠光着脚在木桶中处理皮革，身后挂着正在晾干的皮革。图片取自康拉德·门德尔家中的藏书，1425年出版。

人皮书的历史至少可以追溯到13世纪，据载，当时曾出现过一本拉丁文《圣经》，封面用一位无名女子的皮肤装订。而在拿破仑三世统治期间，在索邦大学的图书馆里也曾发现过一本用人皮装订的教会法令，后来它被移至杜伊勒里宫。目前这两本书都被收藏在法国国家图书馆。不过，大部分现存的、已知的人皮书样本，都制作于17世纪末到19世纪末之间。英格兰至今还流传着亨利·加尼特（1555—1606）的故事。加尼特是英国一位耶稣会牧师，他曾在1605年多次同"火药阴谋"背后的密谋者罗伯特·盖茨比会面，由此得知了

他暗杀詹姆斯一世以及炸毁国会大厦的计划。他认为自己不能将相关信息通报给当局，因为他是在盖茨比忏悔的过程中得知的。然而在1606年5月3日，加尼特仍因共谋叛国罪被绞死，他的皮肤被用来装订《真实而完美的罪述，关于已故最残忍的叛徒，耶稣会牧师加尼特与其同谋》(A True and Perfect Relation of the Whole Proceedings Against the Late Most Barbarous Traitors, Garnet a Jesuit and His Confederates)一书，由国王的印刷商罗伯特·贝克于1606年在伦敦制作出版。而英格兰正式记录在案的第一本人皮书，则是由内科医生兼藏书家安东尼·艾斯丘（1722—1773）制作，根据图书学家托马斯·弗罗格纳尔·迪布丁的说法，他有一本用人皮装订的《解剖守则》(Traité d'anatomie)。

到了18世纪，英吉利海峡另一端的法国医生们，正非常愉快地发掘人皮的各种潜在用途。根据瓦尔蒙·德·博玛的记录，"苏先生"——我猜这位是著名的巴黎外科医生让-约瑟夫·苏——曾向国王的衣柜献上过一双人皮制作的拖鞋。而在再往北一些的荷兰，博物学家赫尔曼·博尔哈夫（1668—1738）收集了各式各样的医学珍奇，包括三张完整的人皮、一件由内脏制成的衬衫和一双用死刑犯的皮肤制成的女士高跟鞋——这双鞋的前部还装饰着这名罪犯的乳头。

大革命时期的法国正以血腥残暴闻名，同时也充斥着各种各样关于人体实验的传闻。有传言说，雅各宾党派的领袖路

易斯·安托万·莱昂·德·圣-贾斯特就有一条人皮马裤，用的是一名因盗窃而被处决的女仆的皮肤。据说他不厌其烦地向别人讲述这个故事，还总是以相同的方式来结尾，即欢快地拍打着自己的屁股并咆哮道："她就在这里，那个淘气鬼，她来了！"[3]这个故事大约发生在法国大革命最血腥暴力的时期，通常被称为"恐怖统治"，当时大约有4万人被处决，整个国家被尸体淹没。有传言称，为了应对这样的局面，公共安全委员会甚至特许巴黎郊外的默东城堡作为秘密制革厂，专门加工这种"宝贵资源"，委员会成员还因此获得了人皮靴作为回报。人皮配饰风靡一时。据传，路易斯·菲利普·约瑟夫·奥尔良公爵就曾穿着一条人皮马裤参加皇家宫殿的舞会，而共和党将军让-米歇尔·贝瑟尔也曾穿着人皮马裤参战，这使得其他军官纷纷效仿。

回到书籍装帧，当时有好几册法国宪法就曾因为使用人皮进行装订而出名。英国书籍装帧师西里尔·达文波特曾在他1907年的《书》(The Book) 中，记下他看到其中一册1793年的人皮宪法时的惊讶之感。它曾被展出在巴黎卡纳瓦莱博物馆的巴士底厅，浅绿色的皮纹看起来和小牛皮很像，尽管达文波特指出，显然"很难将上面的毛发去除干净"。

不过我们会发现，人皮书材料最广泛的来源，就是那些被处决的死刑犯的尸

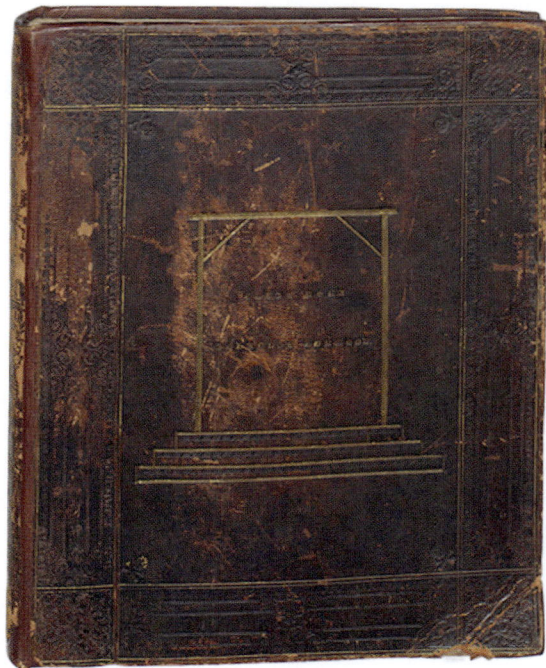

用死刑犯约翰·霍伍德的人皮装帧的书籍。

体。进行外科解剖不仅对科学的进步至关重要，也带有一种对死刑犯进行死后惩罚的意味，对于嗜血的公众而言，这也是一种可怕却快意的复仇形式。用犯罪者的人皮制作一本书，这种行为具备了某种诗意的正义，也可以看作是一种文明的象征。（作为威慑犯罪的手段，几乎没有什么能与之媲美。）

英国于1832年颁布了《解剖法案》(Anatomy Act)，允许任何合法拥有尸体的人将其贡献出来给医疗解剖使用。但在此之前，只有解剖杀人犯的尸体才是合法的。事实上，这还是来自1751年

---

3 这个故事的另一个版本是说这个女孩因为拒绝了贾斯特的追求而被制作成了一件背心。如人皮书文献学的历史一样，真相陷在传说的泥潭中无法得知，但是无论如何，圣-贾斯特显然已经疯掉了。

颁布的《谋杀法案》(Murder Act)中的规定:"为了更好地防止可怕的谋杀犯罪滋生……惩罚范围上需要增加额外的恐惧和特有的耻辱标记。"因此,类似布里斯托的约翰·霍伍德这样的故事才会流传下来。在1821年,他因涉嫌故意杀害自己迷恋的对象伊丽莎·鲍尔瑟姆而被判有罪。当时,他看到鲍尔瑟姆和另一个男人并肩而行,怒火中烧之时向她扔了一块鹅卵石,没想到石头恰巧砸在了她的太阳穴上,害她掉进了小溪里。英国皇家医院的外科主治医生理查德·史密斯认为她的伤口已经遭到感染,因而对她进行颅骨穿孔术,这是一种古老的治疗方法,即在患者的颅骨上钻孔以减轻颅内压力。

4天后鲍尔瑟姆死了,死因很可能是手术失败,但是"投石者"霍伍德却遭到逮捕,并在史密斯的证词下被判处谋杀罪,执以绞刑。史密斯解剖了他的尸体,并在1828年6月,花费了1.1英镑(约为现在的130英镑)以他的人皮装订了一本与该案有关的文件,书封上刻有"约翰·霍伍德本人皮肤"的字样。这本书后来被布里斯托档案办公室收藏,陈列在史密斯医生曾经使用过的解剖台旁边,这个解剖台是由史密斯的儿子捐赠的,在此之前他一直把它当作餐具柜使用。随着外科技术在19世纪初期逐渐发展成熟,此类医学研究也以惊人的速度得到了普及。大批年轻的医学生

守夜人发现并制止偷尸者盗窃尸体,偷尸者正准备把装在篮子里的尸体带走,一旁的解剖学家则成功逃跑。绘制于1773年。

THE ANATOMIST OVERTAKEN by the WATCH in CARRYING OFF MIFF W— in a HAMPER

热衷于解剖尸体，尸体样本很快便供不应求，结果出现了大量由掘墓者和所谓"复活者"进行的盗尸行为，导致死者的亲属们需要在埋葬死者之前严密看守尸体并在下葬后守夜，以免他们挚爱亲人的尸体在夜黑风高之时被疯狂的外科医生偷走。这段历史中最臭名昭著的一对罪犯是威廉·伯克和威廉·黑尔，他们为了满足爱丁堡的外科医生罗伯特·诺克斯对新鲜尸体的需求，在1828年间连续杀害了16个人并从中大赚一笔。

尽管伯克和黑尔的故事持续在大众文化中流传，但1829年伯克被绞死后他的人皮究竟流落何方却鲜为人知。（黑尔因揭发其他罪犯，换取了免于惩罚的机会，最终却落得个无人知晓的结局。）伯克的尸体在爱丁堡大学旧学院被拿来进行公开解剖，亚历山大·门罗教授还用笔蘸着他的血写道："此文以W.M.伯克的鲜血写成，他在爱丁堡接受绞刑，这血液取自他的头颅。"伯克的皮肤也被剥下，一部分被制作成了钱包，送给"爱丁堡解剖学教室的守门人"，而更大的一部分则拿来制作右图所示的人皮口袋书，这件作品不久就出现在了拍卖会上，目前藏于爱丁堡皇家外科学院总部的"外科医生大厅"里。书封的正面写着"伯克的人皮口袋书"，封底则印有"处决于1829年1月28日"。这本书甚至还随书附赠一支便携铅笔。

人皮书成了整个19世纪一直延续着的习俗。塞缪尔·约翰逊的《英语词典》（*Dictionary of the English Language*）就曾用一位名为詹姆斯·约翰逊的死刑犯的皮肤进行装订。在1827年英国萨福克

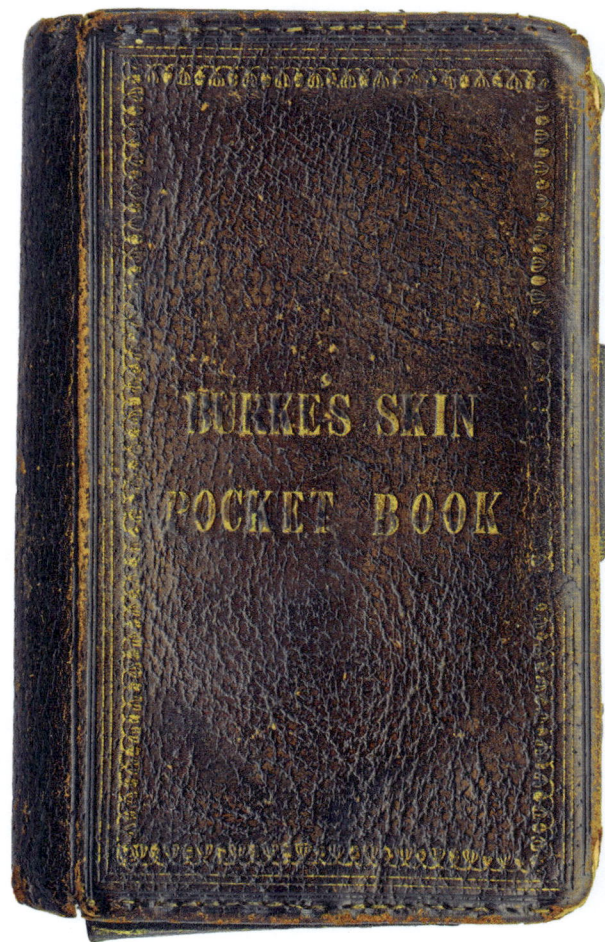

亚历山大·门罗教授在爱丁堡大学公开解剖威廉·伯克的尸体后，用他的人皮制作的口袋书。书的背面刻着"处决于1829年1月28日"。

郡红谷仓谋杀案中，威廉·科德因杀害玛丽亚·马滕而被判处死刑，外科医生乔治·克里德剥下他的皮晒干，用来打包他的犯罪记录。（他的骨架也被重新组装，并用作西萨福克医院的教具。）泰格出版社1852年出版的弥尔顿的《诗集》（*Poetical Works*）中也有一本白色的是用人皮精心装订，人皮取自德文郡的驼背捕鼠人，杀人犯乔治·卡德莫尔，他因毒害妻子而被处以绞刑。

在美国，包括布朗大学、哈佛大学、费城医师学院的图书馆，以及克利夫兰公共图书馆在内的许多图书馆都有人皮书的藏品。波士顿图书馆作为美国最古老的私人图书馆，则收藏着一本十分特别的人皮书，该书制作于1837年，题为《詹姆斯·艾伦的生平故事，又名乔治·沃尔顿……一名拦路强盗：他的临终忏悔，献给马萨诸塞州监狱监狱长》(Narrative of the life of James Allen, alias George Walton……the highwayman: being his death-bed confession, to the warden of the Massachusetts State Prison)。这本书盖有金色的印章，以作者本人的人皮装订，不过经过处理，它看起来像是灰色的鹿皮。詹姆斯·艾伦(1809—1837)是19世纪初马萨诸塞州臭名昭著的强盗，具有讽刺意味的是，他曾宣称自己是"自己皮肤的主人"。在马萨诸塞州监狱撰写回忆录的时候，艾伦向自己的一名受害者表达了敬意，正是因他的奋力抵抗和协助，艾伦最终被绳之以法。1833年，艾伦在塞勒姆收费公路上挟持了来自斯普林菲尔德的约翰·芬诺——芬诺拒绝配合，艾伦便朝他开了一枪，但是子弹恰巧射在芬诺的吊带扣上并反弹，他因此保住了性命。艾伦于1837年去世，死前他要求将自己的两本回忆录分别用自己的皮肤装订，一本送给监狱的医生，另一本则送给芬诺以表敬意。不过，他制作人皮书的想法似乎并非源自对这种装帧历史的兴趣，而是因为他以前是鞋匠。艾伦去世后，人们尊重了他的遗愿，装帧师将他的皮染成灰色并镀上金。芬诺收到这本40页的回忆录时

上图：人皮装订版阿尔塞纳·乌塞《灵魂的命运》，人皮材料来源未知。

惊愕万分，后来，他的女儿将这本书捐赠给了波士顿图书馆。

费城医师学院的穆特博物馆是世界上拥有最多人皮书藏品的地方，共收藏了5本人皮书，其中3本都由同一个人装订——外科医生兼藏书家约翰·斯托克顿·霍夫。人皮取自他1868年在费城综合医院医治的女病人的大腿，这名叫玛丽·林奇的女病人时年28岁，她是霍夫医生接诊的首个被诊断出罹患旋毛虫病的患者。霍夫医生发现人皮这种材料"相对便宜，耐用且防水"，几乎和猪皮没有差别，于是用这些人皮装订了3本和女性健康有关的医学文献。

对页：画作《生死对比》(Life and Death Contrasted)，又名《人论》(An Essay on Man)，绘制于1770年左右。

The WAGES of ... SIN is DEATH. Rom VI.23.

Man ... that is born of a Woman, is of few ... days, ... and full of trouble,
He ... cometh forth like a flower, and is cut down ... he fleeth also as a shadow, and continueth ... not. *Job XIV. 1,2.*
   All flesh is ... as grafs, and all the glory of Man, as the ... flower of grafs. *1 Peter 1, 24.*
   They spend ... their days in wealth, and in a moment go ... down to the grave. *Job XXI, 13.*
   This their way ... is their folly
When he dieth, he ... shall carry nothing away, his glory shall not descend after him. *Psa. XLIX.* 129,17.
   Verily every Man ... at his best state is altogether vanity. *Psalm XXXIX. 5.*
The lofty looks of Man ... shall be humbled. *Isa. II.* —CH.
It is appointed unto Men ... once to die, but after this the Judgment. *Heb. IX. 27.*

Here in the rich, the honour'd ... fam'd and great,
See the falfe fcale of happinefs complete. *Pope*
HERE LIES THE GREAT ... Falfe Marble! Where?
Nothing but poor and fordid ... Duft lies Here. *Cowley.*

REMEMBER DEATH

HONI ... SOIT ... QUI ... MAL ... Y ... PENSE

PEDIGREE   RAMBLER

PANTHEON
Mafquerade.

TICKET

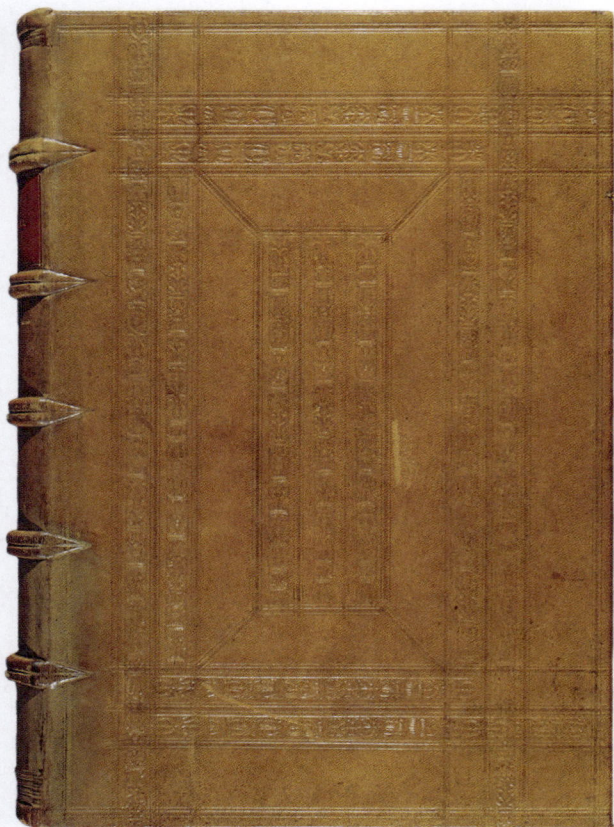

人皮书装订学不断蓬勃发展并在维多利亚时代晚期达到兴盛。一个独特的例子来自解剖学家兼巨人症研究专家查尔斯·亨伯德医生，他曾使用长约2.6米的叮铃兄弟马戏团的巨人波奇的皮肤，装订了《关于脑垂体的解剖学研究》（*Exercitatio anatomica de glandula pituitaria*），这是一本17世纪有关脑垂体的书籍。不过，这段时期大部分人皮书的主题都转向更为浪漫的文学作品，例如1880年法国诗人阿尔塞纳·乌塞探讨人类灵魂的散文集《灵魂的命运》（*Des destinées de l'ame*），它也是哈佛大学霍顿系列藏书中最臭名昭著的作品之一。书中的一则现已丢失的备忘录曾记载，该书的人皮来自"法国精神病院一位中风暴毙无人认领的女尸背部"。这本书原是乌塞送给他的朋友，斯特拉斯堡的医生兼藏书家卢多维克·布兰医生（1839—1932）的，正是他取下这具无名女尸的皮肤。"这本书是用人皮装订的，"布兰在书中写道，"上面没有进行任何装饰，以保持其本身的优雅。"

2014年，人们用肽质量指纹图谱分析了这本书，借助一种液相色谱技术，辨别出样本中的蛋白质，进而通过氨基酸序列判定其物种。这本书被证实的确使用了人皮。这一研究是美国"人皮书计划"的科学家和图书馆员团队负责组织进行的系列测试之一，他们还测试了哈佛大学的另外两本可能用了人皮的藏书，后经证实是用羊皮装订的。梅根·罗森布鲁姆是《黑暗档案》（*Dark Archives*, 2020）的作者，也是该研究团队的成员之一。当我向她询问项目的进展时，她表示："几乎每一本被检测的书都会给我们带来某种惊喜，比如某本非常大的书，我们都以为它肯定不会是由人皮制作的，分析结果却证明它真的用的是人皮。这也是肽质量指纹图谱测试的

的住处。他告诉弗拉马里翁，就在这位"迷人的年轻女子""去世几分钟后"，他便剥下了她的皮肤，尽管不便透露她的姓名。之后，弗拉马里翁心满意足地用伯爵夫人的皮肤装订了他1877年的小说《天空的世界》(*Les terres du ciel*)，书的封面上刻有以下铭文："虔诚地完成一个匿名的遗愿，用人皮（女性）装帧，1882年。"

媒体报道了这个故事后，弗拉马里翁在一封写给《医学年鉴》(*La chronique medicale*)编辑的信中坦承道："恩格尔的装帧技艺十分精湛，从此这块皮肤不再会改变了……这具美丽躯体的残骸，便是它留在人世的所有，并且只要保存得当，它便能够以一种完美的状态，历经数个世纪的洗礼，流传人间。"今天，人们可以在法国瑞维西天文台的图书馆中一睹这本人皮书的真容。

人皮书装帧学终于在20世纪的前25年间逐渐消亡，对于现在的公众而言，这一行为已太过恐怖，当代有关人皮书的记录也逐渐消失，只是偶尔出现在一些装帧师的回忆中。例如，美国图书设计师达尔德·亨特在1958年的自传《我的人生与纸》(*My Life with Paper*)中，就提到自己曾受一位年轻寡妇的委托，将一些致她已故丈夫的信件装订成书，就用她已故丈夫的皮肤装订。这位寡妇后来再婚，亨特不禁猜测，她的新一任丈夫是否担心过自己会成为"第二卷"。亨特的结论是："希望这是仅有一份的限量版吧。"

结果时常令人感到兴奋之处，现在我们能够准确辨别某本书是否真的是由人皮所制。"截至本书撰写时，该项目已经检测了世界各地公共藏品中31本疑似以人皮制作的图书，其中有18件是人皮。

另一本著名的人皮书来自法国天文学作家卡米耶·弗拉马里翁。他称赞一位年轻俊俏的伯爵夫人拥有迷人的皮肤，这位夫人是他的狂热粉丝，身患肺结核，不久于人世；她在遗言中交代人们在她死后将自己那让弗拉马里翁着迷的皮肤剥下送给他，并且恳求他用自己的人皮来装订他最新的作品。这位伯爵夫人于1882年去世，巴黎著名的医生拉沃依照遗愿将她的皮肤剥下，并亲自将其送到了弗拉马里翁

血书

"在一切书写中，我只爱一个人用自己的血写下的东西，"弗里德里希·尼采在《查拉图斯特拉如是说》中写道，"用血书写吧：你将体验到血是精神。"T.S.艾略特也有类似热烈的观点，他曾写道："文学的目的，就是将血化为墨水。"这个比喻十分明显，然而，又有多少人是按照其字面意思理解的呢？

以血液作为墨水的行为，在历史上由来已久。在公元前4世纪的埃及，人们就曾用血液在莎草纸上书写咒语和符咒，他们相信这种特殊的墨水能够增强魔法的效力。有时，这与加入没药类似，某些关乎梦境的咒语会加入狒狒血，以召唤透特-赫尔墨斯的神力，因为狒狒是一种神圣的动物，与透特-赫尔墨斯相关联。

中国的佛教中也早有以血抄经的例子，最早的记录可以追溯到公元579年，当时陈朝皇子陈叔陵用自己的血抄写了一本《涅槃经》。这种血液通过割破手指尖、舌根或心脏上方的胸部肌肉来获得，血液被认为是灵魂的象征：血液的颜色越浅，说明用血抄书之人的心越虔诚。这样的作品被称为"血书"，它也被视为一种苦修的形式，以自我牺牲来证明自己的虔诚，希冀能够换取功德并在死后保佑亲人。中国明代僧人蕅益智旭（1599—1655）曾在一篇血书的跋文中这样写道："是名尊重正法，

是名以法供养如来。""菩萨戒弟子智旭，刺舌血书大乘经律。"此外，他还因写给母亲的血书而闻名后世。1578年，游僧憨山德清（1546—1623）也曾用自己的血液抄写《大方广佛华严经》当作苦修的一部分，他解释："上结般若胜缘，下酬罔极之恩。"

世界上现存最早的血书在1900年出土于中国西部的敦煌石窟中，当时共发现4万卷佛经卷轴，年代大约介于4世纪末至11世纪初之间。沙漠干燥的空气使得这些卷轴良好地保存下来，其中的一些还附带类似版本说明的文字，这是一种书末的声明，通常带有印制者的签章，以提供有关作者身份的信息。这些卷轴被证实确是用血液写成。其中最恢宏的，莫过于现藏于大英图书馆的《金刚经》，该版本创作于公元868年，是世界上已知保存最完整、最古老的印刷书籍。大英博物馆负责编目敦煌卷轴的莱昂内尔·贾尔斯博士提到，在一本包含《金刚经》副本的小册子中，有一则关于它的版本说明，指出该作品是"天祐三年丙寅二月二日，八十三老人手自刺血写之"。

尽管大部分的血书由于褪色很难被立即辨认出来，但仍有一些非常鲜明的例子，例如下一页的图片所示，这份卷轴同样来自敦煌石窟，是《佛说观无量寿佛经》的藏文手抄本，一部献给无量光佛，即阿弥陀佛的经文。经检测，这部卷轴上的墨水铁元素含量异常高，且因书写时墨水风干的速度很快，留下一些肉眼可见的凝块，因此可以推断是含有血液的。虽然

对页：大英图书馆馆藏英文祷文，创作于1480至1490年间。书中包含连续10页令人震惊的插图，绘制了象征基督受难时流血的伤口。部分书页已因虔诚信徒的不断亲吻而褪色。

在那个时代，铁胆墨水也曾被大量使用，例如，达·芬奇就曾使用过这种墨水，但要知道随着时间的推移，铁胆墨水会逐渐变黑，而这份卷轴中的"墨水"却依旧保留着明显的微红色调。

一些人可能会十分钦佩写血书修行的行为，另一些人却可能反而将其看作是对神明的一种亵渎，并为修行者的极端感到震惊。僧人贯休（832—912）在诗中提及一位修行者曾"十指沥干终七轴"；另一位定兰和尚（？—852）则据说曾"刺血写经，后则炼臂，至于拔耳剜目，餧饲鸷鸟猛兽"。从某种程度上来说，这些高僧大德的作为是受到了经文本身的启示，如在憨山德清抄写的《大方广佛华严经》中，就曾记载了毗卢遮那佛是如何"剥皮为纸，析骨为笔，刺血为墨"的。

就像欧洲的人皮书那样，中国传统的血书也同样不可置信地延续到了20世纪。尽管西方并没有像中国这样源远流长

《佛说观无量寿佛经》的藏文手抄本，据说是在9世纪或更早之前用血液书写而成。

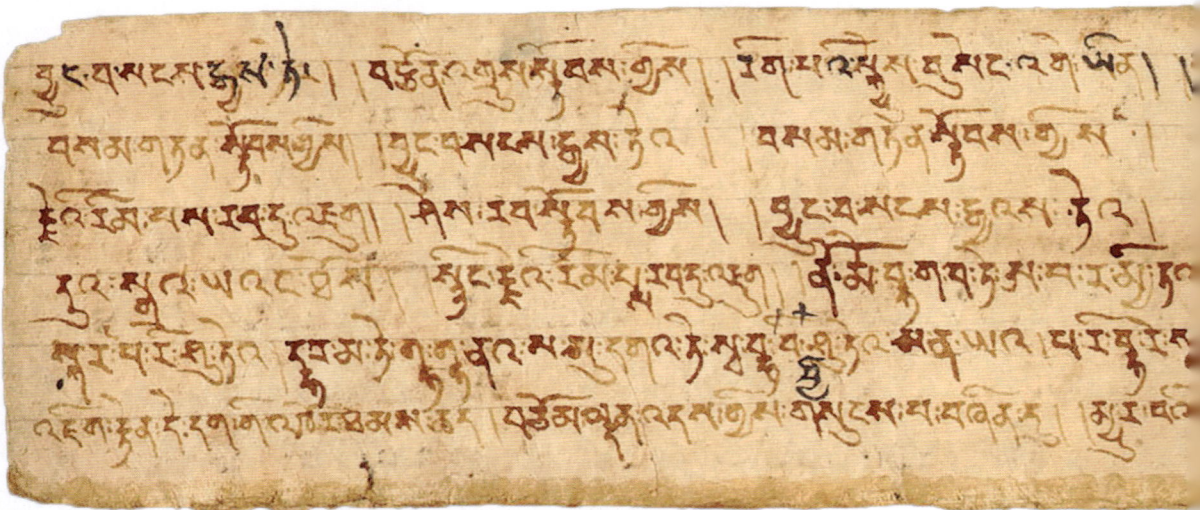

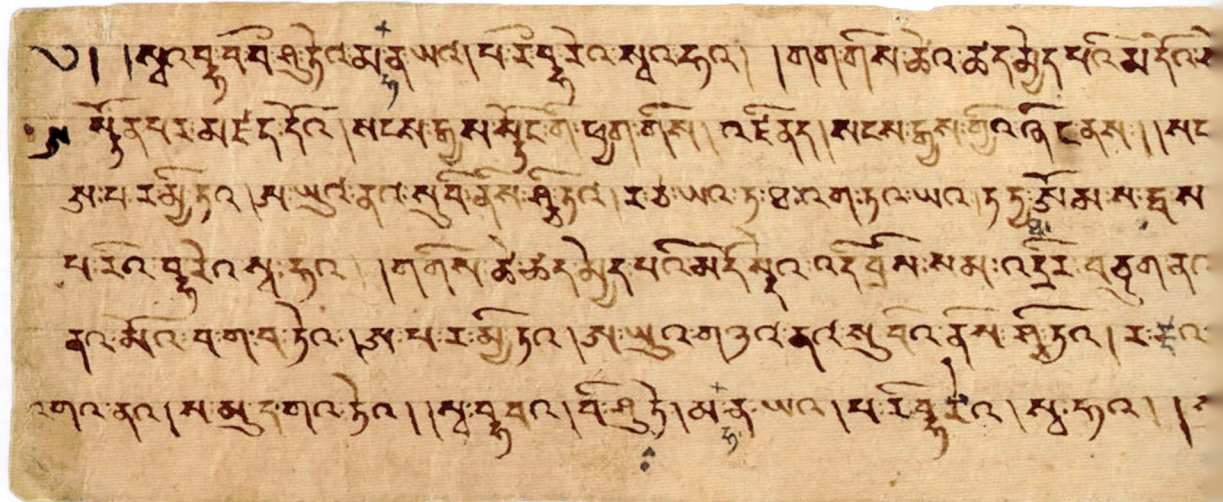

的血书传统，然而在19世纪发生的一起戏剧性事件，却促成了一部真正令人称奇的欧洲血书珍奇。1821年7月22日，隶属英国东印度公司的一艘重达450吨的巨轮"布伦登霍尔号"在特里斯坦达库尼亚群岛以南20英里处的南大西洋水域触礁。随着船身逐渐向右侧倾斜，船长甚至一度已经开始与乘客握手做最后的道别，但当天气逐渐好转时，大家发现船只其实已经十分靠近海岸。因此，依靠一条合力编成的粗糙木筏，船上的一些人得以成功上岸，包括所有的乘客和两名船员——其中一位是军需官戈姆比先生，他推开自己的妻子和孩子跳上木筏自救，另一位则是船长亚历山大·格雷格。而这座迎接他们的险恶岛屿，被后人恰如其分地取名为"无法接近的岛屿"。

上述细节以及幸存者随后遭受的磨难，都被船长格雷格记录在了他的日记中，而这本日记是他用企鹅的血液写成的。当时，和木筏一同被完好无损地冲上岸的还有一捆伦敦《泰晤士报》、一张写字

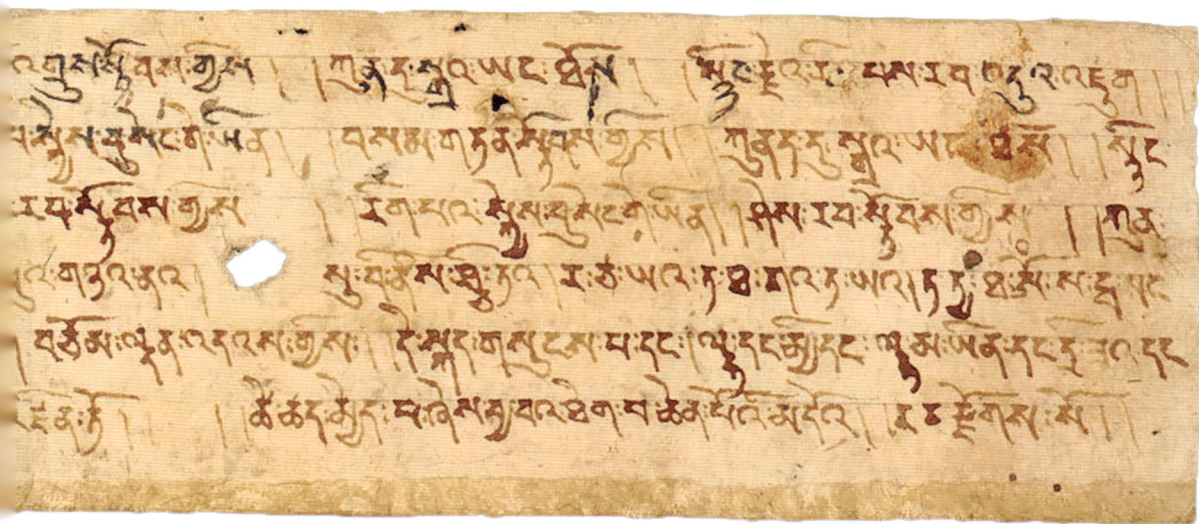

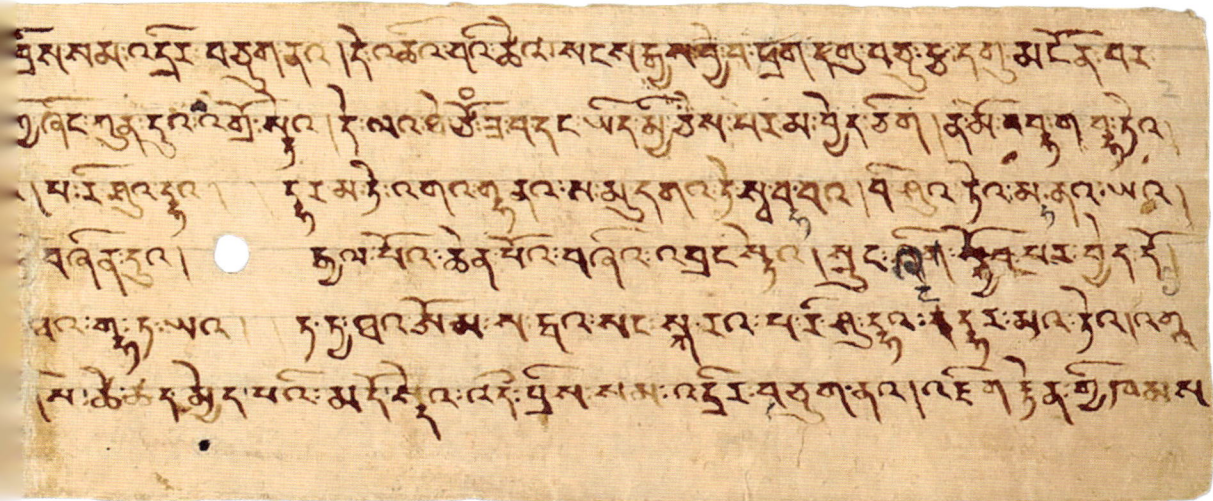

台和几支钢笔——但是没有墨水，于是格雷格便就地取材。他的日记集《布伦登霍尔号的命运》(*Fate of the Blenden Hall*)在1847年出版，副标题为"用企鹅血写的岛屿日记"。书的卷首插图描绘了"觅食小队攻击海象"的场景，那些海象的肝脏和大脑是82名海难者被困岛上4个月的时间里最主要的食物来源，直到他们被特里斯坦达库尼亚岛的当地人所解救。

此外还有一本比较广为人知的血书，是1977年的《漫威漫画特别刊》第1期，这是一本40页的漫画书，讲述了KISS乐队一次虚构的奇幻历险。在一位公证人的见证下，乐队的成员们抽取自己的血液并将其混入了用于印刷这一期漫画的红色油墨中。这本漫画书的封面醒目地写着："用真正的KISS成员血液印刷。"

不过，在所有血书中最为猎奇的作品，制作年代其实距离我们更近。1997年，伊拉克的独裁者萨达姆·侯赛因在60岁生日之际，委托书法大师阿巴斯·沙基尔·朱迪·艾-巴格达迪用自己的鲜血抄写一部了《古兰经》。该书于2000年9月制作完成，随后萨达姆在一封由伊拉克官方媒体刊登出来的信件中这样写道："我的一生都在危险中沉浮，本应血流成河，却很幸运地只流了一点血，所以我请人用我的鲜血写下神的话语，以表达我的感激之情。"

根据朱迪的说法，萨达姆将他传唤到伊本·斯纳医院，向他告知了这个项目，当时萨达姆的儿子乌代也因为遇刺受伤而在那里修养。在接下来的两年间，萨达姆大约抽取了24到27升的血液，在与其他化学物质混合后制作出足够的"墨水"，来

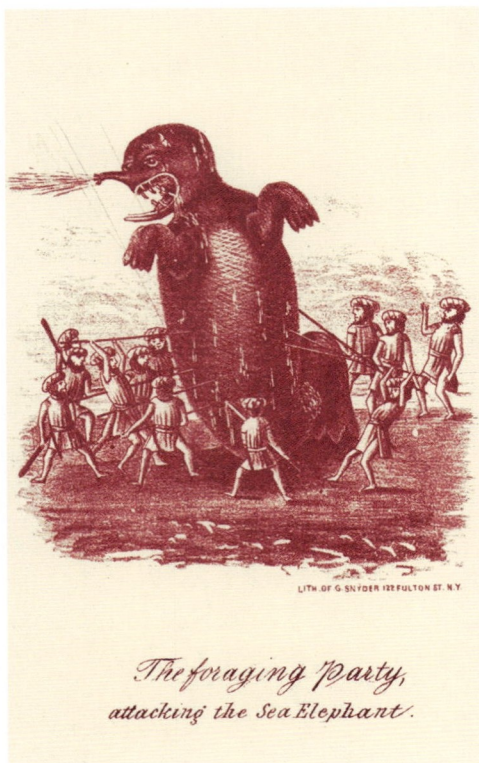

The foraging Party, attacking the Sea Elephant.

1847年版《布伦登霍尔号的命运》的卷首插图，该日记的原稿完全用企鹅血写成。

誊写《古兰经》中的6000段，共336 000个字母的经文。当时美国血液中心的高管塞尔索·比安科曾对媒体记者说："假如这个数据属实，那的确是令人难以置信的量，他肯定会因此贫血。"

这本"血书《古兰经》"精美无比，最终被展示在萨达姆的另一项"功绩"中——位于巴格达的"战争之母"清真寺。这座清真寺的宣礼塔以飞毛腿导弹的外形设计建造，用于纪念第一次海湾战争。澳大利亚记者保罗·麦戈曾亲眼见过"血书《古兰经》"的真迹，他这样描述："每个血字大约两厘米高，宽大的装饰边框令人眼花缭乱——深浅变化的蓝色，红色和粉色的斑点，以及黑色涡旋状的装饰细节。"巴格达

"战争之母"清真寺中所展出的萨达姆·侯赛因的"血书《古兰经》"，照片摄于2003年3月11日，伊拉克巴格达。这座清真寺的宣礼塔以飞毛腿导弹的外形设计建造而成。

沦陷后，众多旧政权的残迹，如侯赛因的铜像等，都在"除名毁忆"的运动中遭到摧毁，而"血书《古兰经》"则被负责人及时地藏了起来，打算等到局势稳定再决定如何处理，并因此陷入了两难的境地。一方面，以这种方式抄写《古兰经》是被禁止的，但另一方面，销毁《古兰经》这一行为本身更是不可想象的，无论它是如何制作的。因此，直到本文撰写之时，上述难题依旧尚未得到解决。2010年，伊拉克总理发言人阿里·艾-穆萨维曾提议将这部"血书《古兰经》"作为"萨达姆暴行之证据"保存，直到现在这部经书仍未对公众开放参观，它被收藏在一个配有3把钥匙的库房中，每把钥匙都由一位公职人员单独保管，没有人知道究竟要如何处理这本惊世骇俗的奇书。[4]

---

4 2018年，一位16岁的法国青年阿德里安·洛卡泰利用相当具有争议的方式，再次拓展了血书的概念：他成为了世界上第一个将《圣经》和《古兰经》注射进自己身体里的人。文本被转码成人造DNA大分子，分别注射进他的两条腿中——《圣经》被注射进左腿，《古兰经》则被注射进右腿。尽管《圣经》引发了轻微的炎症反应，但是洛卡泰利坚称他的努力是"宗教与科学之间和平的象征"。加州大学洛杉矶分校的生物化学家斯里·科苏里则认为这一实验是"不幸的"，并补充说"恨不得2018年早点过去"。

密码之书

早在16世纪，用柠檬汁制作隐形墨水，再将其加热使文字显现的方法便为人所熟知。此外，阿拉伯地区还出现过用树的汁液作为替代品的方式。詹巴蒂斯塔·德拉·波尔塔（1535—1615），人称"秘密教授"，是那不勒斯的著名学者，他曾为了与被囚禁在西班牙宗教裁判所的朋友联系，发明了一种用来秘密传递信息的新技术。他通过观察发现，那些狱警会拆开并搜查几乎所有带入监狱的物品，但是通常不会仔细检查鸡蛋，因此，德拉·波尔塔想出了一种可以在蛋壳内部写字，又不会使其破裂的方法。他在一盎司的明矾（一种用于染色和鞣革的无色化合物）中加入一品脱的醋调制出一种墨水，用其直接在蛋壳上写字，蛋壳上的孔隙将这些化合物吸收进去，进而附着在内部的蛋清上，然后要做的就是将鸡蛋煮熟，使它发生化学反应，所以当蛋壳被剥掉后，凝固的蛋清上就会显示出隐藏的信息。

这种特殊的秘密通信方式，即人们想方设法隐藏想要传递的信息的技术，被称为"隐写术"，其实可以追溯到"德拉·波尔塔的鸡蛋"出现的几个世纪之前。古罗马博物学作家老普林尼在公元1世纪就曾记录了如何使用大戟科植物的"牛奶"制作隐形墨水。许多有机溶液制作的隐形墨水，都是在加热后变得可见，因为加热能够使液体中的碳元素碳化，这也就是为什么在紧要关头，用尿液书写也能达到同样的效果。1641年，约翰·威尔金斯主教就推荐世人使用洋葱汁、明矾和氨盐混合而成

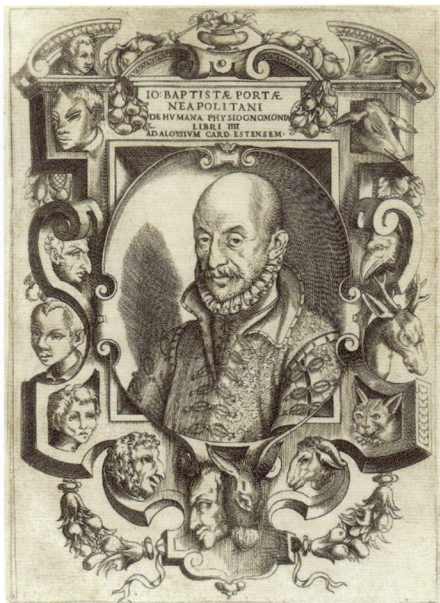

Mimi numinum niuium minimi munium nimium uini muniminum imminui uiui minimum uolunt

上图：为了取笑歌特字体如何难以辨识，14世纪的抄写员发明了这样一句拉丁文的句子 "Mimi numinum niuium minimi munium nimium uini muniminum imminui uiui minimum uolunt."，意思是"那些雪神最矮小的哑剧演员绝不希望在他们的有生之年承受减轻墙之酒的重任"。

的隐形墨水，并且提醒人们添加些"萤火虫的蒸馏汁"，这样写出来的文字还能发光。而在古代中国，人们会将太长或太复杂而难以记住的信息写在丝绸上，然后将其拧成一个紧密的球，并以蜡密封，如此一来，信差就可以偷偷将其带在身上不被人发现。更常见的情况是将丝球藏在信使体内，无论是直接吞下去，还是塞进另一条"替代通道"。

我们也可以从希罗多德的笔下了解另外两种古代秘密书写的方式。第一种来自希腊暴君希斯蒂亚厄斯，他于公元前499年给米利都的阿里斯塔哥拉斯传递了

一则秘密信息，两人密谋发动了对波斯国王大流士一世的叛乱。希斯蒂亚厄斯剃光他最信任的奴隶的头发，将信息文在了他的头皮上，等到头发长回来后，这位人肉信使便踏上了他的送信之旅。希罗多德还在《历史》一书中宣称，正是这种隐秘的艺术，挫败了波斯人企图征服希腊的欲望。当薛西斯开始集结部队时，一个在波斯苏萨流亡的希腊人德马拉托斯听到了入侵计划的风声，他反复思索

下图：拜占庭帝国统治时期埃及的木制书写板（500—700），上面刻着德玛拉托斯向希腊人发出的波斯入侵计划的警告。人们在这些板子的凹陷区域填充上蜡，然后用木制笔尖在蜡上书写文字。

对页左：詹巴蒂斯塔·德拉·波尔塔的肖像，取自其1586年的作品《人类面相学》（De humana physiognomonia）。

对页右：詹巴蒂斯塔·德拉·波尔塔1563年的著作《秘密写作》（De Furtivis Literarum notis）中的密码历象转盘。在书中，波尔塔除了介绍他用鸡蛋隐形写作的技巧外，还向读者解释了在一包扑克牌的边缘隐藏信息的方法。

上图：法兰克本笃会修士拉巴努斯·莫鲁斯（约780—856）的一首"图像诗"，以网格状形式写成，出自其著作《赞美圣十字》（De laudibus sanctae crucis）。

对页：拉丁文密码棒的复制品，一种源自斯巴达的加密及解密工具，使用刻着字母的皮革条制成。古希腊人，尤其是特洛伊人，会在战争中使用这种密码棒，以便安全地传递信息。

该如何偷偷向祖国传递警报。最后，他决定"将一对木制蜡板上的蜡刮掉，在下面的木板上刻下薛西斯的侵略之谋，然后用蜡重新封层，将信息覆盖。如此一来，表面看似空白的板子便不会引起沿路守卫的怀疑"。希腊人成功地获得了德马拉托斯藏在蜡涂层之下的信息，并组建了一支庞大的海军，于公元前480年的9月23日，在雅典附近的萨拉米海湾成功地击退了波斯舰队。

在深入介绍具体的密码书之前，或许应该首先厘清"代码"（code）和"密码"（cipher）之间的区别。"代码"指的是以不同的词、数字或符号来取代某个词或短语，而"密码"则是使用新的字母或符号来替换组成单词的每个字母，创造出看起来像是外星语言的天书。使用这两种方法制作的"密件"（加密讯息），能够用于传达政治或个人的秘密，并且和上文介绍的"隐写术"一样，都拥有着超过2000年的历史。

令人出乎意料的是，人类历史上最早提及加密信息这项技术的文献是写于4世纪的《爱经》，而它的内容所借鉴的手稿，甚至可以追溯到公元前4世纪。书中除了为女性提供烹饪等家务技艺方面的建议外，还鼓励女性从事书籍装帧、木工、象棋和魔术等其他活动，所列出的第45项技艺是"mlecchita-vikalpa"，意思是"识读加密信息并以特殊的方式书写的技艺"，因为通过这种方式，就能够隐藏好浪漫的情事而不被人发现。罗马的恺撒大帝是加密信息的忠实爱好者。"如果他有什么机密要传达，"罗马史学家苏埃托尼乌斯曾这样写道，"他就会使用密码，也就是说通过改变字母排列的顺序，使得所写的词汇变得无法辨认。"恺撒大帝在公元前58年至公元前50年间曾对高卢部落发起过军事行动，他在《高卢战争》（*Gallic Wars*）一书中对此进行了评论，提及了一个颇具戏剧性的事件。当时，西塞罗遭到围攻，情况危急下他几乎想要投降，恺撒要向西塞罗传递密讯，于是他将经过加密的信息系在矛尖上，并把它投进西塞罗被包围的营地。只是很不幸，这根矛插在了一座高塔之上，以至于过了整整两天才被人们发现，好在讯息最终成功传给了西塞罗，激励了他继续战斗。

像这样的个人密码已经流行了好几个世纪，在现代社会中依旧有着广泛的应用，尤其在写日记时颇为常见。英国最

著名的例子源于塞缪尔·佩皮斯(1633—1703)，在1660年到1669年的日记中，他使用了速记员托马斯·谢尔顿于1626年设计的速记密码系统。佩皮斯的日记直到1825年才正式出版，其内容还不到原稿的一半。其中一个原因是负责解码的人为此花费了3年时间，可是直到快要完成时才发现，速记的解码秘钥就放在佩皮斯图书馆中日记上方几层的书架上。日记遭到删减的另一个原因，则是其中充斥着关于他性生活的各种放荡描绘，学者们认为这些内容有伤风化，因此直到1970年未删节的完整日记才得以出版问世。(这里可以提供一些摘录，但坦白说，它们完全如你所想。)针对删除的那些"无法被印在书里的段落"，该日记1893—1899年版的编辑亨利·B.惠特利在序言中写道："请读者们相信编辑的判断。"[1]

中世纪欧洲第一批通过古文献和伊斯兰著作重新发现并发展密码艺术的人，并非受雇于皇家或军队，而是修道院的学者和抄写员。受到在盎格鲁-撒克逊抄写员之间流行的谜语的影响，修道院的僧侣们会在手稿的末尾处留下属于自己的密码，用来记录该手稿的制作者和制作方式。僧侣们对密码学的兴趣一部分也受到了《圣经》的启发，因为《圣经》本身就藏着许多有意为之的密码。

"阿特巴希密码系统"是一种替换加密法，最初运用于希伯来文，通过倒转字母的顺序来为文字加密：将第一个字母与最后一个字母交换，第二个字母与倒数第二个交换，以此类推(而这也是这套系统名字的由来："Aleph""Taw""Bet"和"Shin"分别是希伯来字母表的第一个、最后一个、第二个和倒数第二个。)例如，在《耶利米书》的第25章第26节中，有这样一句话："以后示沙克(Sheshach)的王也要喝。"用阿特巴希系统解密后可知，"Sheshach"即"巴比伦"。尽管《圣经》中的这些密码很可能只是为了营造一种神秘的宗教氛围，但中世纪的僧侣们仍然对密码学乐此不疲，忙于恢复旧的密码系统并研发新系统，最终使密码学在西方流行起来。

因此，欧洲第一部密码主题的著作是由一位修道士所写，也就显得顺理成章了。方济各会修士罗杰·培根(1219/20—1292)在《论艺术的隐秘之作与魔法的虚妄》(*Letter on the Secret Works of Art and the Vanity of Magic*)中写道："如果一个人用粗俗之人也懂的方式书写秘密，

---

1 2016年，荷兰研究者在安妮·弗兰克的日记中发现了两页隐藏内容，并非用加密文字书写，而是藏在用胶水粘贴的牛皮纸背面。通过数字影像处理技术，人们得以对它们进行阅读。"我要将'黄色'笑话写在这张坏掉的纸上，"她写道，"有个男人有一位非常丑陋的妻子，因此他不想和她发生关系。一天晚上男人回到家时，看到他的朋友和自己的妻子一起躺在床上，于是男人说：'他都可以，那我也必须可以！！！'"安妮还提到了卖淫："那些女人在街上（向男人）搭讪，然后他们一起走了。在巴黎有专门的大房子做这种事。"她补充说："爸爸曾经去过。"

那么他就是疯了。"在这封写给"巴黎威廉"的信中，培根概述了7种隐藏信息的方法，同时还驳斥了巫术，并提供了几种炼金术的配方。到了14世纪，使用密码学来营造神秘感的方式已经在魔术师、炼金术士和作家之间流行开来，其中包括杰弗雷·乔叟。他的科学手册《行星赤道仪》（*The Equatorie of Planetis*）中有几个段落由简单的替换加密法加密，不过乔叟使用的是符号，而非字母。然而，这本书在1952年才被世人发现，其归属仍存在争议。

目前为止，我们介绍的都是能够通用的系统化的加密方式。但据我们所知，中世纪最著名的密码书，却是以一种独特语言撰写而成，只有作者才能破译。这本

上图：尚未被破译的《伏尼契手稿》中精美的折叠插图。

对页及下一对版：《伏尼契手稿》内页。

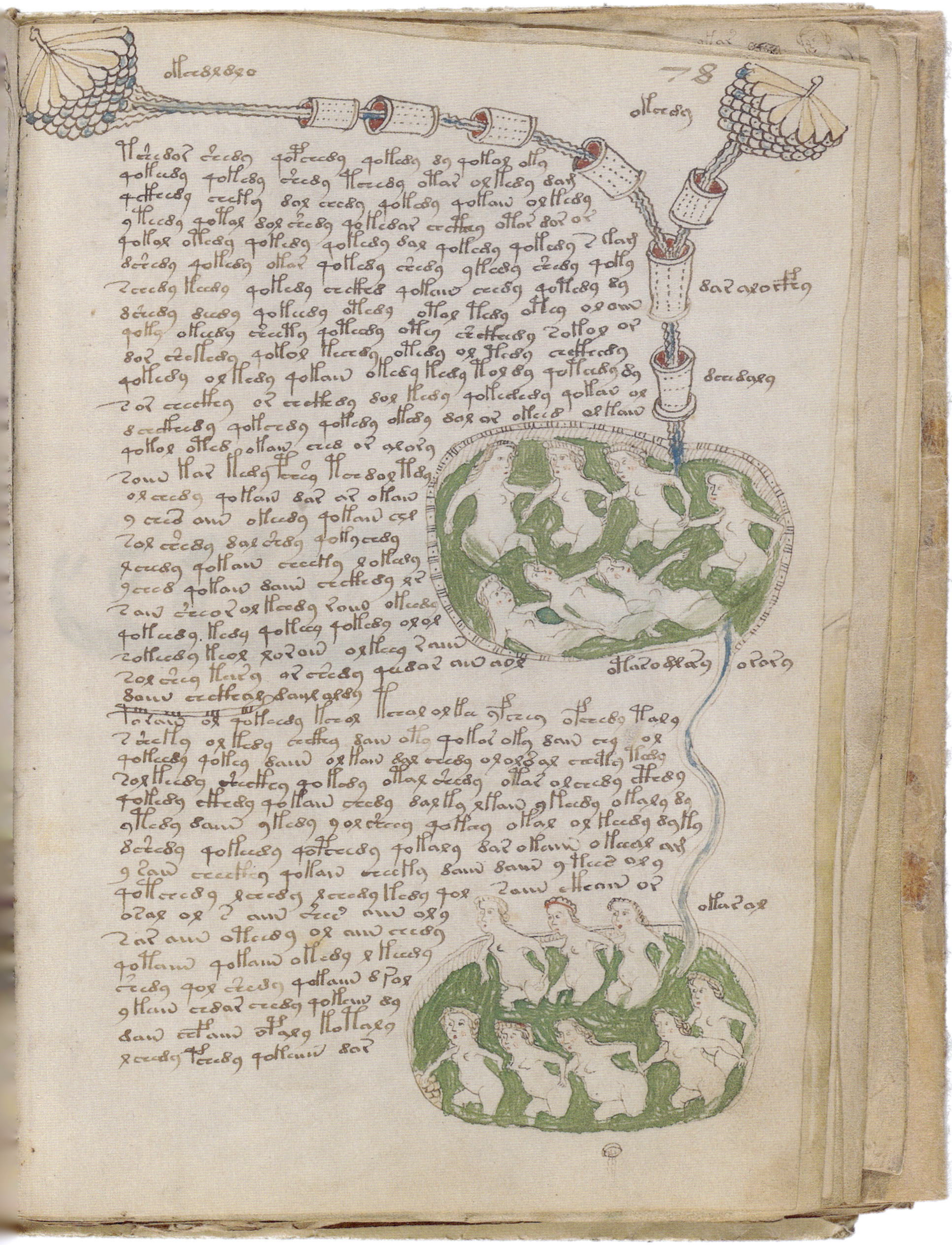

书是在1912年由波兰珍藏本书商威尔弗里德·伏尼契发现，它藏身在意大利蒙德拉贡别墅的一堆手稿中。伏尼契一眼就被它未知的语言和奇异的插图所吸引，图上大都画着世上不存在的植物和一群群裸体沐浴者，当下他便把这本书和其他29件物品一起买了回去。（在后来的30多年间，伏尼契向大英博物馆出售了3800多本书，其中许多书都非常特别，以至于它们拥有自己的书架标签"伏尼契"。）

现在，这份被称为《伏尼契手稿》的神秘文本早已成为了世界各地研究者痴迷的焦点，然而迄今为止，无论是专业密码学家，包括第一次和第二次世界大战英美两国的密码破译专家，还是业余的密码学爱好者，都无法破解手稿中的奥秘。或许，这是因为手稿具有两重特点，既有完整的自然语言，又拥有经过缜密设计的密码，而且密码符号的形状和我们已知的速记符号非常相似。尽管手稿中的密码并不遵循文艺复兴时期多表加密的结构规则，但它确实显示出某种明显的内部结构。而这也正是这份手稿的永恒魅力之所在，那是一种揭秘之匙触手可及的感觉，似乎只要有足够的耐心和正确的方法，任何人，无论是语言学家还是外行，都可以破解

它。当然，这一切的前提是这份手稿本身不是一场精心设计的骗局，而这实际上完全有可能。多年来，关于《伏尼契手稿》中所使用的语言种类众说纷纭，有人信誓旦旦地声称是七世纪的威尔士或古康沃尔语，也有人认为是早期的德语或中国清朝的满语，更甚者指出那是由罗杰·培根加密过的希伯来文，描述了未来用声音生产DNA的外星科技；又或许，那是由西班牙国王的博物学家兼宫廷医生弗朗西斯科·埃尔南德斯·德·托莱多（1514—1587）所写的阿兹特克人的纳瓦特语；甚至干脆就是天使的语言，与约翰·迪伊的《以诺书》

（*Book of Enoch*）有关，而书中描绘未知植物的插图就是伊甸园中的原始物种。

当然，它也可能是一本食谱、一本日记、一本望远镜观星指南（又是罗杰·培根）、弗朗西斯·培根创作的无厘头的舞台道具、一部达·芬奇的早期作品、一份宗教神秘呓语的记录、一件来自未知文化的艺术品等等。顺便说一句，威尔弗里德·伏尼契本人则以一种真正的书商的自信，称它为"罗杰·培根的手稿"，并且毫无根据地认定约翰·迪伊曾将它卖给了神圣罗马帝国的皇帝鲁道夫二世（1552—1612）。

那么，对于这本可能来自天堂，又或

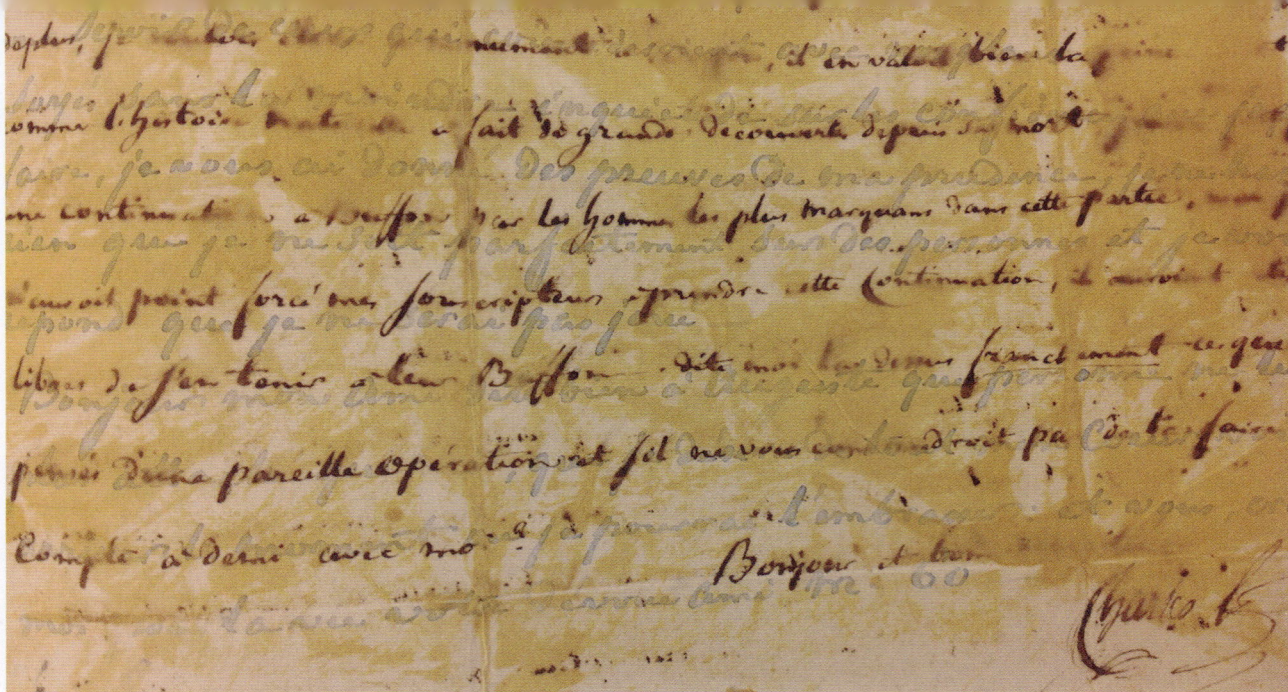

上图：一封用隐显墨水写的信的局部，1807年9月19日，法国入侵葡萄牙的两个月前，由在巴黎的查尔斯·麦克马洪上校写给英国外交大臣乔治·坎宁。这封信被标记为"最高机密"。这种隐显墨水被广泛运用于秘密情报的传递中，一直沿续到19世纪末。

下图：一台1550年的法国加密机，书籍样式，上面刻有亨利二世的纹章，尺寸为25厘米×11厘米，目前藏于法国国家文艺复兴博物馆。这台机器采用字母-数字转换系统，将字母根据预先设定的程序转译成数字，但由于其规则很容易遭到破解，所以很快就被淘汰了。

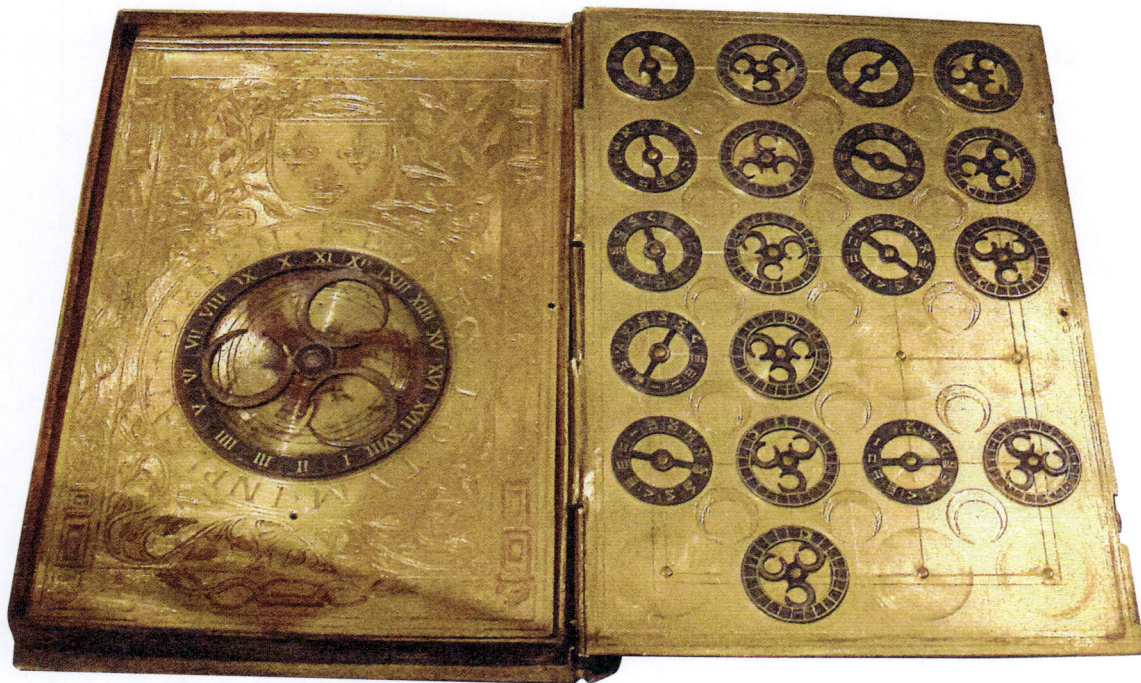

Primero.

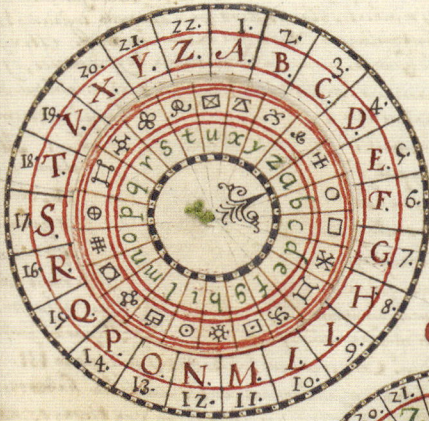

Segundo.

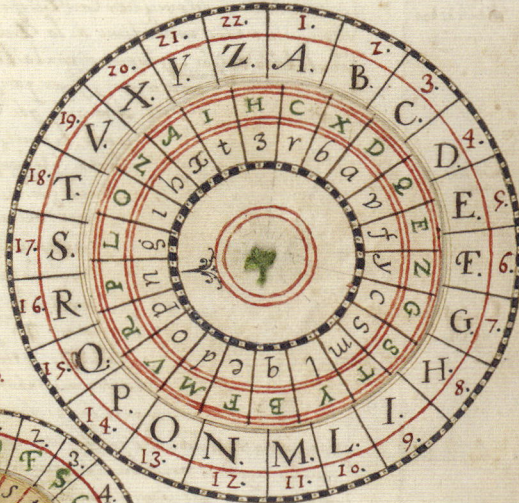

Quinto.

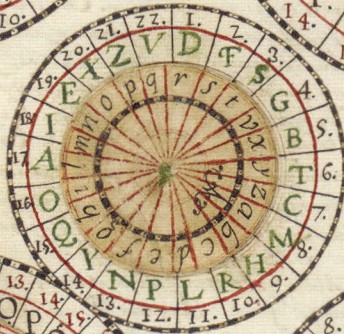

Quarto.

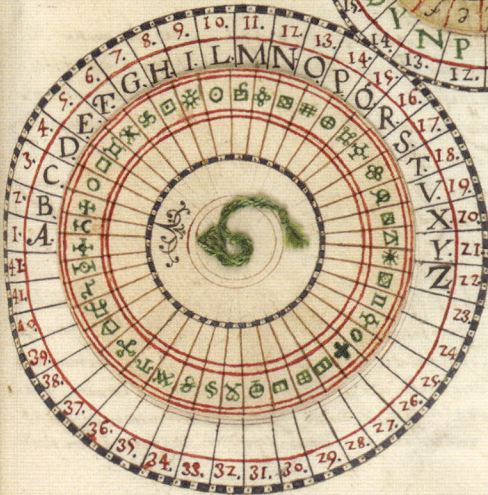

Tercero.

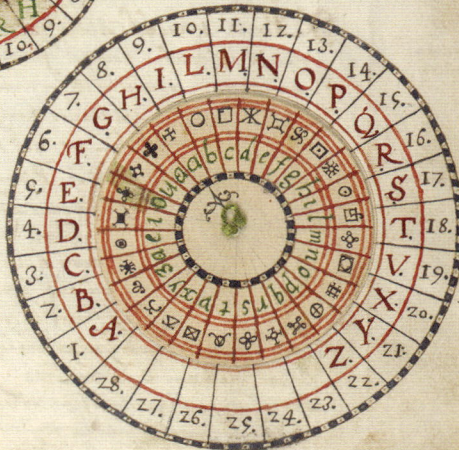

一页来自约1600年的西班牙手稿，这是由一位为纳瓦尔副王马尔·德·科尔多瓦效力的密码学家编写的密码书指南。

A [envelope] [arm] Sir L—e Dund [ass]

W[hen] [eye] consider w[hat] [hat][tree] have [already done for my [bee] hoof, and t[hat]

it may never again hap[pen] [saw] [bee] in [ou]r way [se]ist my emissarys as

[bench]erly [eye] [cup] [can]not forb[ear] [ewe] [ram]enting [ou]r late mis[tower]tune, [to] re[cap]itulate

[ou]r ser[screws] would [bee] endless — In the [year] [tower]'6 [tree] grasped [at] t[hat] oppor

tunity [to] get [beads] by the [skull] of thou[sand]s of [files] — In Ger[many] w[hen]

Commis[saw]ry [to] the [ar]my [tree] sent thou[sand]s [to] the [grave] for w[ant] of

since com[men]cing Baro[net] [tree] have [bee]n no less assiduous in [ruin]ing

my [king]dom by N[en]couraging [every] [man]ner of wickedness, by gaming [and] false

swea[ring] [to] serve [you]r & my ends, for [all] which ser[screws] [tree] may asure

[you]rself of [bee]ing made a [tool] of my [king]dom and my priv[y] [eye] coun

sellor for ever

[eye] am [tree]rs &c

The

对页："魔鬼写给L.E.邓德爵士的象形文字信件"，由约翰·凯用铜版蚀刻而成，取自《一系列原创肖像画和讽刺版画》（*A Series of Original Portraits and Caricature Etchings*,1837－1838）。

许只是一派胡言的手稿，我们究竟有什么确切的了解呢？2009年，人们对手稿的皮纸内页进行放射性碳年代检测，判断它的制作年代有95%的可能在1404年至1438年之间。尽管目前还无法证明手稿中的文字是否同样创作于那个年代，但是这毫不犹豫、流利的右撇子字迹，不禁让人联想到15世纪意大利文艺复兴时代的风格。手稿中黄道十二宫部分的一些边注的拼写方式，表明其可能一度存于法国西南部，另外两处所有者或读者的笔迹则表明，或许在16世纪之前手稿就已经完成了。此外，还有一些证据说明，手稿的书页最初的排序或许有所不同，而手写的页码和编号都是后来才添加上去的，这也增加了解密手稿的难度。

1969年，《伏尼契手稿》被经销商汉斯·P.克劳斯收入囊中，他将其捐赠给了耶鲁大学的"拜内克古籍善本图书馆"。目前，该图书馆的管理员们以无尽的耐心，礼貌地处理世界各地解谜爱好者们源源不断的研究申请。每年都有人宣称已经成功地解开了手稿的奥秘，但后来总是被证明为无稽之谈。如果《伏尼契手稿》确实有话要讲，那么它的秘密——无论是外星人的、天使的，还是其他的——现在仍然只属于它自己。

几个世纪以来，使用各种混乱的语言和符号进行的密码写作，一直是神秘学作品的流行特征，不过它们通常比《伏尼契手稿》更容易识读，是一种相当于"说方言"的文学表现。在17世纪就有一个非常有趣相关案例，不同寻常的是，这次的书写者不是修道士，而是一名修女。据说在帕尔马·迪·蒙泰基亚罗修道院，这位名叫玛丽亚·克罗西菲萨·德拉·康塞齐奥内（原名伊莎贝拉·托马西）的修女，在用密码书写信件时发出尖叫后一度陷入昏迷。事后，她声称信件是由别西卜派来的一群恶魔口授的，以迫使她为邪恶服务。据说，后来她还收到过两次类似的讯息，尽管恶魔用墨水涂抹她的脸并威胁要用墨水瓶打她，她还是成功地坚持住，没有为恶魔书写。"请可怜可怜我，不要问我关于它们的事，"她对自己的姐妹们说，"我真的没办法以任何方式谈论它们。"

人们在后来几个世纪的时间里都试图破译修女的信件，但直到2017年，意大利西西里岛鲁敦科学中心的研究人员借助暗网中发现的解码演算法，才成功破译了其中一封写于1676年8月11日的信件。研究人员使用掌握古希腊语、阿拉伯语、符文和拉丁语的电脑软件，对信中的古代字母序列进行了解密，发现信件的内容的确与恶魔的特性相符。作者将上帝、耶稣和圣灵看作"累赘"，并嘲讽"上帝以为可以"通过一个"对谁都没用"的系统来"解救凡人"。后边的内容还揭露，上帝和琐罗亚斯德其实都是人类发明的。

"科皮阿勒密码"（Copiale cipher）则是另一件可与这类恶魔信件相媲美的作品。当它在2011年被破解时，揭开了一个比任何想象都更为奇异的秘密：德国曾

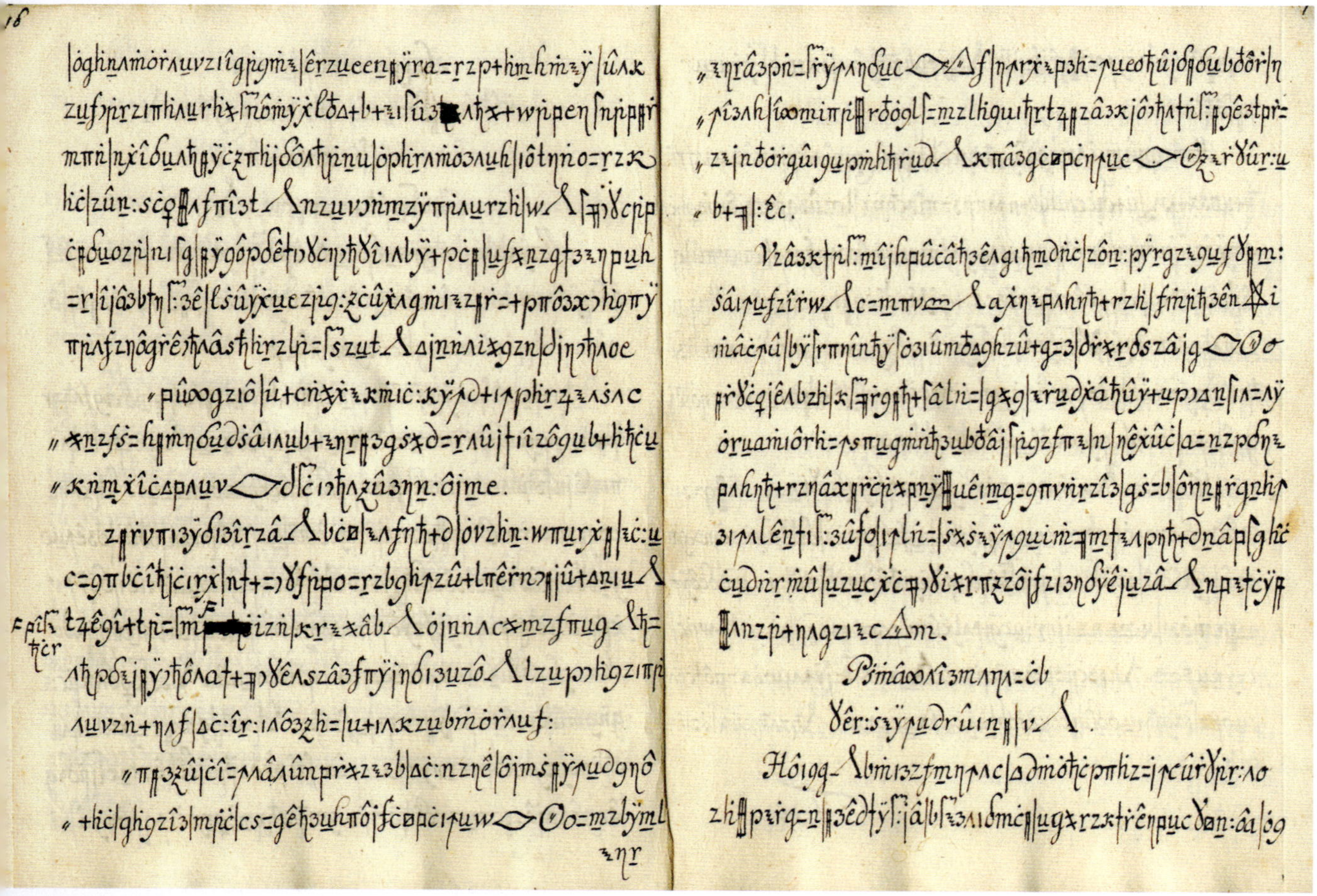

存在一个医师秘密社团，成员之间以仪式性的方式相互拔眉毛。这份手稿有105页，其中包含了约75 000个神秘字符，260年间都未被破解。直到2011年，美国学者凯文·奈特、瑞典学者碧塔·迈杰希和克里斯蒂亚娜·谢弗才在计算机的帮助下，成功对手稿的前1万字进行了解码。手稿中使用的谐音替换代码十分复杂，其文本和间隙大量使用希腊和罗马字母、各种符号以及音调标记等。20世纪70年代，柏林的德国国家科学院的科学家们将手稿的年代界定在1760年至1780年之间，但2011年研究团队却发现，其创作日期

上图："科皮阿勒密码"的第16页和第17页。

可以追溯至更早，直至18世纪30年代，由德国沃尔芬比特尔"高启蒙眼科医师会"（简称"眼科医师会"）创作，对他们来说，视力（sight）不仅代表他们的行业，更是一种知识的象征。

这份手稿的前16页描述了引导"候选人"入会的各种仪式，其中一项要求候选人阅读一张空白的纸，当他承认什么也看不出来后，他的"新兄弟"会给他一副眼镜，并要求他再试一次。在他第二次失败后，眼睛就会被布擦拭，然后

《圣日耳曼伯爵的三角书》（*The Triangular Book of Count St Germain*，1750），一部被加密了的法国神秘作品，据说记载着长生不老的秘密。神秘而古怪的圣日耳曼伯爵既是一位冒险家又是一名炼金术士，他曾声称自己发现了长寿的秘密，使得18世纪欧洲上流社会的人们激动不已。伯爵说自己已在世上活了足够久，久到曾在迦拿的婚礼上亲眼见证了耶稣化水为酒。霍勒斯·沃波尔这样评价："他会唱歌，还会拉小提琴和作曲，是一个疯子。"

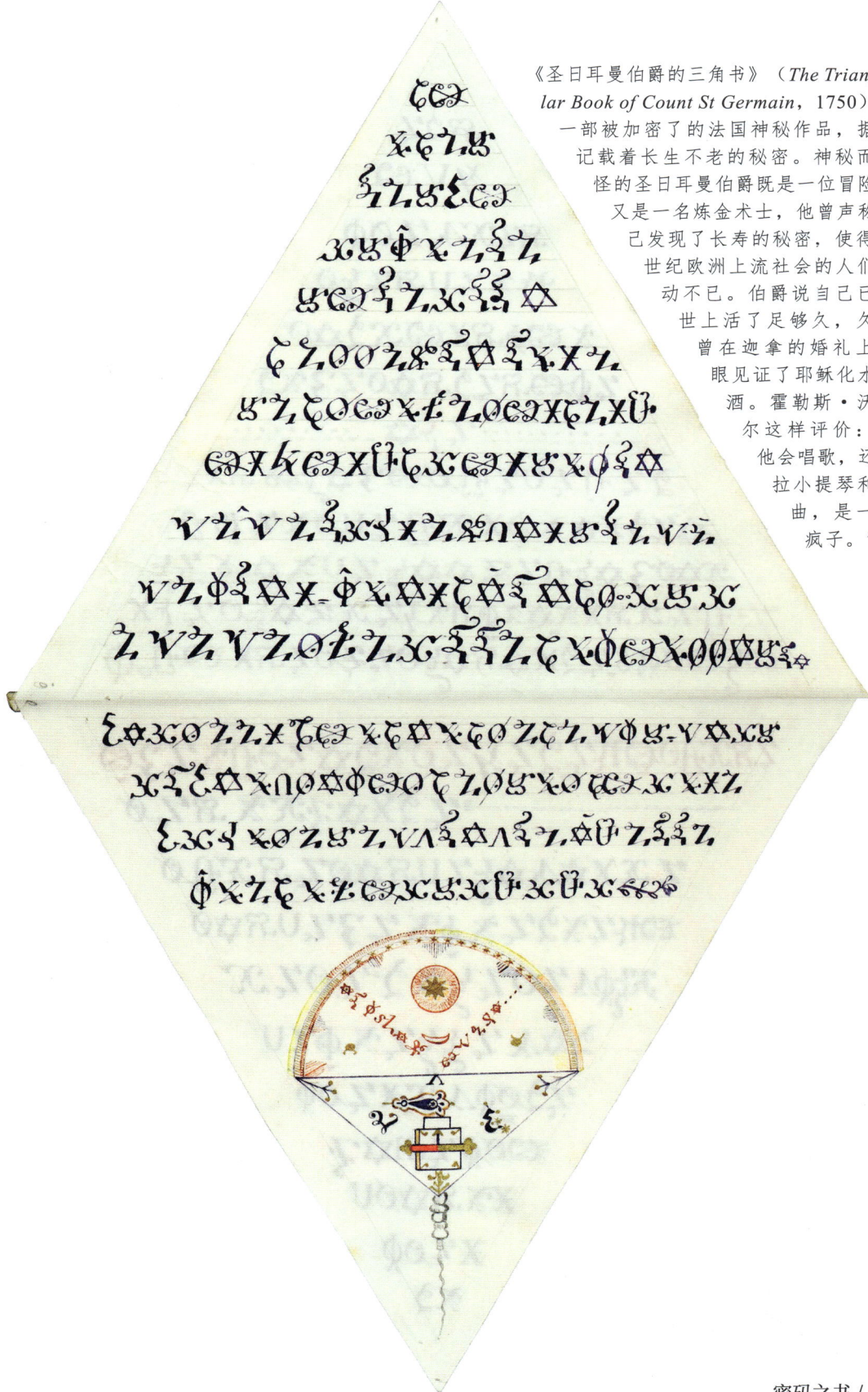

上图："密码轮"，将一条300米长贴着莎士比亚作品书页的帆布条，缠绕在两个巨大的轮盘之间，随着轮子的旋转，人们可以对文字进行仔细地检查。它的发明者，美国医生奥维尔·沃德·欧文（1854—1924），声称使用该设备破译了这些作品中的隐藏信息，证明了弗朗西斯·培根才是其真正的作者。

对页：1792年，人们在英国肯宁顿的霍恩斯旅馆地板下发现了这张写有密码的卷烟纸，倘若你长时间盯着它看，就会发现这一堆看似毫无意义的字母，其实写的是："我不知该如何生活，当王权可能会侵犯我的权利，剥夺每一天的喜悦。"

接受"手术"——拔下一根眉毛。并且，根据"科皮阿勒密码"提供的讯息，这个由弗里德里克·奥古斯特·冯·费尔特海姆伯爵领导的"眼科医师会"并非只有眼科医生，还包括共济会的成员，而他们组织秘密社团的原因，显然是要对抗1738年颁布的教皇禁令，维护共济会的传统。[2]

除了用作军事通信和装神弄鬼外，人们对密码的兴趣也体现在寻宝领域。据说，要是有人能够破解"比尔密码"，就能获得价值4300万美元的宝藏——1885年出版了一本小册子，揭露19世纪20年代

---

[2] 大英图书馆中藏有一本经过加密的80页厚的规则手册，是考察名为"少女团结与归属协会"的神秘女性秘密社团的唯一素材。这本名为 *Ebpob es byo Urlub, Umigjoml Nýflobjof* 的手册于1835年在伦敦出版。"（这）是一个难以解释的谜，"一名记者在1869年4月的《帕尔马街公报》上写道，"这本书的印刷成本肯定很高，骗子不会花这么多钱来恶作剧。书中所说的这个协会是否真的在我们之中蓬勃发展？也许整本书只是某个疯子的胡言乱语，他的固执幻想就是认为一群女人能够守住秘密？"

一位名叫汤姆斯·J.比尔的男子在弗吉尼亚州贝德福县的某个地方埋藏了大批财宝。比尔是在19世纪初时发现这批财宝的，当时他带领30名弗吉尼亚州的掘金者在西部平原狩猎水牛，队伍在向北行进之前抵达了圣达菲，比尔的笔记记录："队伍在一座小峡谷中扎营，正当准备晚餐的时候，队伍中的一个人在岩石的缝隙中发现了一些看起来像是黄金的东西。其他人看过之后，一致认同这些东西就是黄金，大家伙自然兴奋得不行。"

大部队在该地开采了18个月，收获了大约3吨贵金属，比尔用轮船将这些财宝运回弗吉尼亚，为了安全便将其掩埋起来。他留下了三条加密信息，分别指出了宝藏的位置、内容、所有者及其亲属的姓名。据传，财宝被埋在了弗吉尼亚州贝德福县的蒙特维尔，比尔把一个装有这些秘密讯息的盒子托付给了当地一位名叫罗伯特·莫里斯的旅店老板。

后来，比尔人间蒸发，再也没有人听到过他的消息。最终，莫里斯违背了对比尔的承诺，在23年后打开了盒子，将里面的讯息交给了一位朋友。这位友人经过20年的努力，以美国《独立宣言》作为密匙，终于成功破译了第二条讯息，上面写着一下讯息：

我将以下物品藏在贝德福郡，距离布福德约4英里的某个坑洞或地窖中，深约6英尺，它们属于我在第三条讯息中列出来的各方共同所有，特此声明：

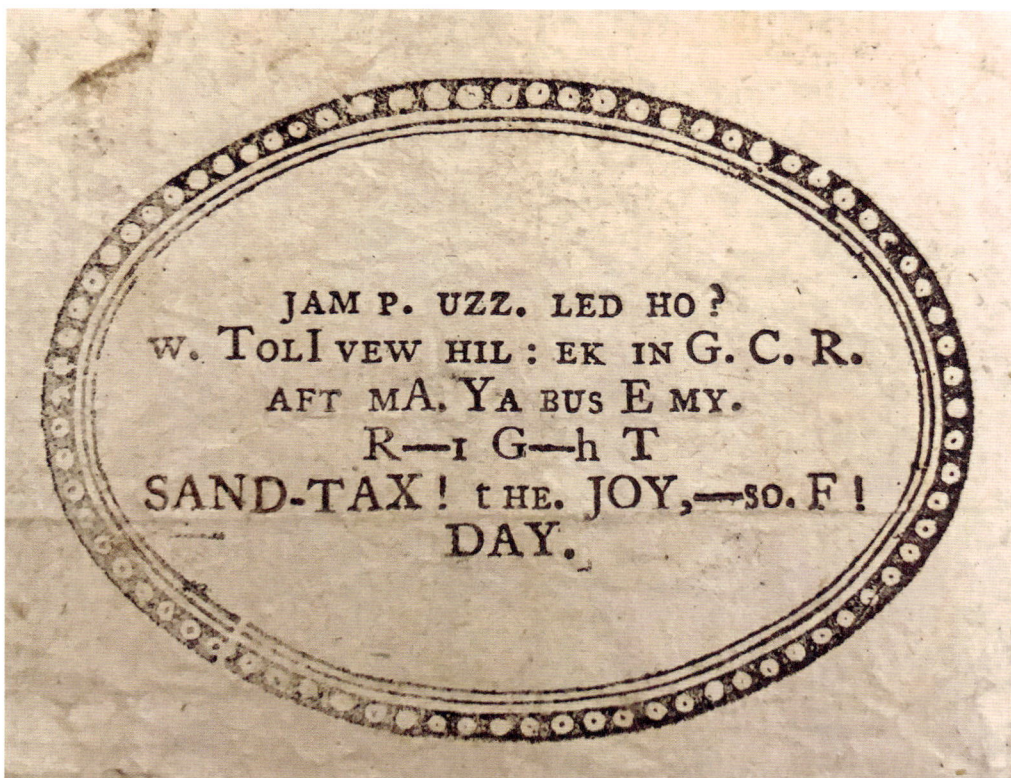

JAM P. UZZ. LED HO?
W. ToI vew hil : ek in G. C. R.
AFT mA. Ya bus E my.
R—ı G—h T
SAND-TAX ! tHE. JOY,—so. F !
DAY.

第一处宝藏包括1014磅黄金和3812磅白银，藏于1819年11月；第二份宝藏包括1907磅黄金和1288磅白银，藏于1821年12月；此外还有价值13 000美金的珠宝，是为了节省运输费用在圣路易斯换得的。

上述宝藏都妥善保存在铁桶中，上方覆有铁盖；地窖则是用石头砌成，铁罐放在坚固的石块上，用剩余石块掩盖。第一张纸上描述了地窖的确切位置，因此找到它应该不难。

随后，莫里斯这位未透露姓名的朋友出版了本小册子，公布了所有的3条密文，在19世纪80年代对外宣传贩售。

只不过，至今还没有人能够破解出其他的信息（见对页）。因此也有传言称，这些文本根本就是由石匠詹姆斯·B.沃德所设下的一场"秘密地窖"的骗局，就是他撰写了1885年的小册子，而这本小册子则是这个故事的唯一出处。美国怀疑论者乔·尼克尔支持这一观点，他找出了文本中几个明显不符合那个时代的术语，例如后边出现的"骚动"。（此外，第3条讯息的密文似乎过于短了，不太可能列出30个人和他们亲属的名字。）当然，这并没有阻止寻宝者不断地涌向贝德福县，他们希冀能发现在一个多世纪的寻找中可能被忽视的线索。

1979年，在大西洋的彼岸，一位名叫基特·威廉斯的英国艺术家依靠自己创作的绘本《假面舞会》（Masquerade）点燃了全民寻宝的热潮。这本书在宣传时放出消息，称作者本人自己制作了一只18K金的黄金野兔，上面镶嵌着红宝石、珠母贝珍珠和月长石，价值5000英镑（约等于今天的25 000英镑），并在电视主持人班贝尔·加

左图：19世纪60年代的"比恩墓碑"。这座刻有密码的墓碑由加拿大医生塞缪尔·比恩建造，位于安大略省韦尔斯利镇十字丘附近的"拉什公墓"，用来纪念他最初的两任妻子亨丽埃塔和苏珊娜。墓碑的铭文从第7行左数第7个字母开始，呈锯齿状逆时针螺旋排列，上面写道："悼念亨丽埃塔，医学博士S.比恩的第一任妻子，她死于1865年9月27日，享年23岁2个月17天；同时纪念他的第二任妻子苏珊娜，她死于1867年4月27日，享年26岁10个月15天。任何男人都不可能娶到比她们两位更好的妻子了，她们是来自上帝的礼物，而现在已经回到天堂。愿上帝帮助我，S.B.，让我在天堂与她们重逢。"

71, 194, 38, 1701, 89, 76, 11, 83, 1629, 48, 94, 63, 132, 16, 111, 95, 84, 341,
975, 14, 40, 04, 27, 81, 139, 213, 03, 90, 1120, 8, 15, 3, 120, 2018, 40, 74,
758, 485, 604, 230, 436, 664, 582, 150, 251, 284, 308, 231, 124, 211, 486,
225, 401, 370, 11, 101, 305, 139, 189, 17, 33, 88, 208, 193, 145, 1, 94, 73,
416, 918, 263, 28, 500, 538, 356, 117, 136, 219, 27, 176, 130, 10, 460, 25,
485, 18, 436, 65, 84, 200, 283, 118, 320, 138, 36, 416, 280, 15, 71, 224, 961,
44, 16, 401, 39, 88, 61, 304, 12, 21, 24, 283, 134, 92, 63, 246, 486, 682, 7,
219, 184, 360, 780, 18, 64, 463, 474, 131, 160, 79, 73, 440, 95, 18, 64, 581,
34, 69, 128, 367, 460, 17, 81, 12, 103, 820, 62, 116, 97, 103, 862, 70, 60,
1317, 471, 540, 208, 121, 890, 346, 36, 150, 59, 568, 614, 13, 120, 63, 219,
812, 2160, 1780, 99, 35, 18, 21, 136, 872, 15, 28, 170, 88, 4, 30, 44, 112, 18,
147, 436, 195, 320, 37, 122, 113, 6, 140, 8, 120, 305, 42, 58, 461, 44, 106,
301, 13, 408, 680, 93, 86, 116, 530, 82, 568, 9, 102, 38, 416, 89, 71, 216,
728, 965, 818, 2, 38, 121, 195, 14, 326, 148, 234, 18, 55, 131, 234, 361, 824,
5, 81, 623, 48, 961, 19, 26, 33, 10, 1101, 365, 92, 88, 181, 275, 346, 201,
206, 86, 36, 219, 324, 829, 840, 64, 326, 19, 48, 122, 85, 216, 284, 919, 861,
326, 985, 233, 64, 68, 232, 431, 960, 50, 29, 81, 216, 321, 603, 14, 612, 81,
360, 36, 51, 62, 194, 78, 60, 200, 314, 676, 112, 4, 28, 18, 61, 136, 247, 819,
921, 1060, 464, 895, 10, 6, 66, 119, 38, 41, 49, 602, 423, 962, 302, 294, 875,
78, 14, 23, 111, 109, 62, 31, 501, 823, 216, 280, 34, 24, 172, 85, 194, 39, 261, 543, 897,
624, 18, 212, 416, 127, 931, 19, 4, 63, 96, 12, 101, 418, 16, 140, 230, 460,
538, 19, 27, 88, 612, 1431, 90, 716, 275, 74, 83, 11, 426, 89, 72, 84, 1300,
1706, 814, 221, 132, 40, 102, 34, 868, 975, 1101, 84, 16, 79, 23, 16, 81, 122,
324, 403, 912, 227, 936, 447, 55, 86, 34, 43, 212, 107, 96, 314, 264, 1065,
323, 428, 601, 203, 124, 95, 216, 814, 2906, 654, 820, 2, 301, 112, 176,
213, 71, 87, 96, 202, 35, 10, 2, 41, 17, 84, 221, 736, 820, 214, 11, 60, 760

115, 73, 24, 807, 37, 52, 49, 17, 31, 62, 647, 22, 7, 15, 140, 47, 29, 107, 79,
84, 56, 239, 10, 26, 811, 5, 196, 308, 85, 52, 160, 136, 59, 211, 36, 9, 46,
316, 554, 122, 106, 95, 53, 58, 2, 42, 7, 35, 122, 53, 31, 82, 77, 250, 196, 56,
96, 118, 71, 140, 287, 28, 353, 37, 1005, 65, 147, 807, 24, 3, 8, 12, 47, 43,
59, 807, 45, 316, 101, 41, 78, 154, 1005, 122, 138, 191, 16, 77, 49, 102, 57,
72, 34, 73, 85, 35, 371, 59, 196, 81, 92, 191, 106, 273, 60, 394, 620, 270,
220, 106, 388, 287, 63, 3, 6, 191, 122, 43, 234, 400, 106, 290, 314, 47, 48,
81, 96, 26, 115, 92, 158, 191, 110, 77, 85, 197, 46, 10, 113, 140, 353, 48,
120, 106, 2, 607, 61, 420, 811, 29, 125, 14, 20, 37, 105, 28, 248, 16, 159,
7, 35, 19, 301, 125, 110, 486, 287, 98, 117, 511, 62, 51, 220, 37, 113, 140,
807, 138, 540, 8, 44, 287, 388, 117, 18, 79, 344, 34, 20, 59, 511, 548, 107,
603, 220, 7, 66, 154, 41, 20, 50, 6, 575, 122, 154, 248, 110, 61, 52, 33, 30,
5, 38, 8, 14, 84, 57, 540, 217, 115, 71, 29, 84, 63, 43, 131, 29, 138, 47, 73,
239, 540, 52, 53, 79, 118, 51, 44, 63, 196, 12, 239, 112, 3, 49, 79, 353, 105,
56, 371, 557, 211, 505, 125, 360, 133, 143, 101, 15, 284, 540, 252, 14, 205,
140, 344, 26, 811, 138, 115, 48, 73, 34, 205, 316, 607, 63, 220, 7, 52, 150,
44, 52, 16, 40, 37, 158, 807, 37, 121, 12, 95, 10, 15, 35, 12, 131, 62, 115,
102, 807, 49, 53, 135, 138, 30, 31, 62, 67, 41, 85, 63, 10, 106, 807, 138, 8,
113, 20, 32, 33, 37, 353, 287, 140, 47, 85, 50, 37, 49, 47, 64, 6, 7, 71, 33, 4,
43, 47, 63, 1, 27, 600, 208, 230, 15, 191, 246, 85, 94, 511, 2, 270, 20, 39, 7,
33, 44, 22, 40, 7, 10, 3, 811, 106, 44, 486, 230, 353, 211, 200, 31, 10, 38,
140, 297, 61, 603, 320, 302, 666, 287, 2, 44, 33, 32, 511, 548, 10, 6, 250,
557, 246, 53, 37, 52, 83, 47, 320, 38, 33, 807, 7, 44, 30, 31, 250, 10, 15, 35,
106, 160, 113, 31, 102, 406, 230, 540, 320, 29, 66, 33, 101, 807, 138, 301,
316, 353, 320, 220, 37, 52, 28, 540, 320, 33, 8, 48, 107, 50, 811, 7, 2, 113,
73, 16, 125, 11, 110, 67, 102, 807, 33, 59, 81, 158, 38, 43, 581, 138, 19, 85,
400, 38, 43, 77, 14, 27, 8, 47, 138, 63, 140, 44, 35, 22, 177, 106, 250, 314,
217, 2, 10, 7, 1005, 4, 20, 25, 44, 48, 7, 26, 46, 110, 230, 807, 191, 34, 112,
147, 44, 110, 121, 125, 96, 41, 51, 50, 140, 56, 47, 152, 540, 63, 807, 28, 42,
250, 138, 582, 98, 643, 32, 107, 140, 112, 26, 85, 138, 540, 53, 20, 125, 371,
38, 36, 10, 52, 118, 136, 102, 420, 150, 112, 71, 14, 20, 7, 24, 18, 12, 807,
37, 67, 110, 62, 33, 21, 95, 220, 511, 102, 811, 30, 83, 84, 305, 620, 15, 2,
10, 8, 220, 106, 353, 105, 106, 60, 275, 72, 8, 50, 205, 185, 112, 125, 540,
65, 106, 807, 138, 96, 110, 16, 73, 33, 807, 150, 409, 400, 50, 154, 285, 96,
106, 316, 270, 205, 101, 811, 400, 8, 44, 37, 52, 40, 241, 34, 205, 38, 16, 46,
47, 85, 24, 44, 15, 64, 73, 138, 807, 85, 78, 110, 33, 420, 505, 53, 37, 38, 22,
31, 10, 110, 106, 101, 140, 15, 38, 3, 5, 44, 7, 98, 287, 135, 150, 96, 33, 84,
125, 807, 191, 96, 511, 118, 40, 370, 643, 466, 106, 41, 107, 603, 220, 275,
30, 150, 105, 49, 53, 287, 250, 208, 134, 7, 53, 12, 47, 85, 63, 138, 110, 21,
112, 140, 485, 486, 505, 14, 73, 84, 575, 1005, 150, 200, 16, 42, 5, 4, 25,
42, 8, 16, 811, 125, 160, 32, 205, 603, 807, 81, 96, 405, 41, 600, 136, 14, 20,
28, 26, 353, 302, 246, 8, 131, 160, 140, 84, 440, 42, 16, 811, 40, 67, 101,
102, 194, 138, 205, 51, 63, 241, 540, 122, 8, 10, 63, 140, 47, 48, 140, 288

上图和右图：托马斯·J. 比尔的三条密文，
据说记载了一大批宝藏的埋藏地点，就在美
国弗吉尼亚州贝德福郡的某处。其中第二条
密文已使用美国《独立宣言》作为密钥得到
破解。

斯科因的见证下，埋在了一处秘密地点。出
版商在宣传材料中声称："有关其下落的
线索就藏在书中的谜语和图片中，10岁孩
子解开这个谜题的概率和牛津大学教授
一样高。"这本书一经出版就引起了轰动，
初版在两天内销售一空，得到了国际媒体
的普遍关注，最终销售了超过100万册。寻
宝者们在英国各地的公共和私人花园中
挖掘洞穴，位于格洛斯特郡的"哈雷斯菲
尔德烽火台"受到的影响尤为重，以至于
威廉斯同意支付费用，设立了标牌，声明
金野兔并没有埋在那里。

三年来，威廉斯和加斯科因是唯二
知道金野兔位置的人，直到1982年，威廉
斯收到一份答案，他立即发觉这是正确
的。其实，为了找到答案，人们需要从画中

317, 8, 92, 73, 112, 89, 67, 318, 28, 96,107, 41, 631, 78, 146, 397, 118, 98,
114, 246, 348, 116, 74, 88, 12, 65, 32, 14, 81, 19, 76, 121, 216, 85, 33, 66,
15, 108, 68, 77, 43, 24, 122, 96, 117, 36, 211, 301, 15, 44, 11, 46, 89, 18,
136, 68, 317, 28, 90, 82, 304, 71, 43, 221, 198, 176, 310, 319, 81, 99, 264,
380, 56, 37, 319, 2, 44, 53, 28, 44, 75, 98, 102, 37, 85, 107, 117, 64, 88, 136,
48, 151, 99, 175, 89, 315, 326, 78, 96, 214, 218, 311, 43, 89, 51, 90, 75,
128, 96, 33, 28, 103, 84, 65, 26, 41, 246, 84, 270, 98, 116, 32, 59, 74, 66,
69, 240, 15, 8, 121, 20, 77, 89, 31, 11, 106, 81, 191, 224, 328, 18, 75, 52,
82, 117, 201, 39, 23, 217, 27, 21, 84, 35, 54, 109, 128, 49, 77, 88, 1, 81, 217,
64, 55, 83, 116, 251, 269, 311, 96, 54, 32, 120, 18, 132, 102, 219, 211, 84,
150, 219, 275, 312, 64, 10, 106, 87, 75, 47, 21, 29, 37, 81, 44, 18, 126, 115,
132, 160, 181, 203, 76, 81, 299, 314, 337, 351, 96, 11, 28, 97, 318, 238, 106,
24, 93, 3, 19, 17, 26, 60, 73, 88, 14, 126, 138, 234, 286, 297, 321, 365, 264,
19, 22, 84, 56, 107, 98, 123, 111, 214, 136, 7, 33, 45, 40, 13, 28, 46, 42, 107,
196, 227, 344, 198, 203, 247, 116, 19, 8, 212, 230, 31, 6, 328, 65, 48, 52, 59,
41, 122, 33, 117, 11, 18, 25, 71, 36, 45, 83, 76, 89, 92, 31, 65, 70, 83, 96,
27, 33, 44, 50, 61, 24, 112, 136, 149, 176, 180, 194, 143, 171, 205, 296, 87,
12, 44, 51, 89, 98, 34, 41, 208, 173, 66, 9, 35, 16, 95, 8, 113, 175, 90, 56,
203, 19, 177, 183, 206, 157, 200, 218, 260, 291, 305, 618, 951, 320, 18, 124,
78, 65, 19, 32, 124, 48, 53, 57, 84, 96, 207, 244, 66, 82, 119, 71, 11, 86, 77,
213, 54, 82, 316, 245, 303, 86, 97, 106, 212, 18, 37, 15, 81, 89, 16, 7, 81, 39,
96, 14, 43, 216, 118, 29, 55, 109, 136, 172, 213, 64, 8, 227, 304, 611, 221,
364, 819, 375, 128, 296, 1, 18, 53, 76, 10, 15, 23, 19, 71, 84, 120, 134, 66,
73, 89, 96, 230, 48, 77, 26, 101, 127, 936, 218, 439, 178, 171, 61, 226, 313,
215, 102, 18, 167, 262, 114, 218, 66, 59, 48, 27, 19, 13, 82, 48, 162, 119,
34, 127, 139, 34, 128, 129, 74, 63, 120, 11, 54, 61, 73, 92, 180, 66, 75, 101,
124, 265, 89, 96, 126, 274, 896, 917, 434, 461, 235, 890, 312, 413, 328, 381,
96, 105, 217, 66, 118, 22, 77, 64, 42, 12, 7, 55, 24, 83, 67, 97, 109, 121, 135,
181, 203, 219, 228, 256, 21, 34, 77, 319, 374, 382, 675, 684, 717, 864, 203,
4, 18, 92, 16, 63, 82, 22, 46, 55, 69, 74, 112, 134, 186, 175, 119, 213, 416,
312, 343, 264, 119, 186, 218, 343, 417, 845, 951, 124, 209, 49, 617, 856, 924,
936, 72, 19, 28, 11, 35, 42, 40, 66, 85, 94, 112, 65, 82, 115, 119, 236, 244,
186, 172, 112, 85, 6, 56, 38, 44, 85, 72, 32, 47, 63, 96, 124, 217, 314, 319,
221, 644, 817, 821, 934, 922, 416, 975, 10, 22, 18, 46, 137, 181, 101, 39, 86,
103, 116, 138, 164, 212, 218, 296, 815, 380, 412, 460, 495, 675, 820, 952

基特·威廉斯（左）和他神秘的寻宝书《假面舞会》，摄于1980年。

动物的眼睛或爪子画一条线，连接页面边缘的字母，以此类推，最终能得到"close-byampthill"（安特丘附近）。不过奇怪的是，幸运儿肯·托马斯似乎并没有以这种方式解题，而是走了狗屎运，在无意间发现了答案，并赢得了奖金。

接着，故事发生了惊人的逆转。1988年12月11日，《星期日泰晤士报》上刊登的一篇文章对获奖者的冒牌身份进行了谴责，指出肯·托马斯其实是杜格尔·汤普森的化名，他的生意伙伴曾是韦罗妮卡·罗伯逊的男友——这位女士可是基特·威廉斯曾同居过的前女友，对金野兔的藏匿之地早有耳闻。尽管如此，这只野兔还是被肯·托马斯，或者说杜格尔德·汤普森，在苏富比拍卖行以31 900英镑（现今的84 830英镑）的价格卖给了中东的一位收藏家。

尽管公众轰炸性的大规模关注最终

使得基特·威廉斯选择隐居，但这并没有阻止其他人出于同样的宣传理由，布置一些神秘的线索吸引人们寻宝，有时甚至闹出了人命。2010年，前美国空军飞行员、艺术品经销商福里斯特·芬恩出版了《追逐的快感：一本回忆录》(The Thrill of the Chase: A Memoir)，并宣称书中藏有价值约200万美元的宝箱的线索，宝箱中装有一个嵌着200颗红宝石和蓝宝石的手镯，一只黄金做的美洲豹爪，一条有着200年历史的水晶项链和一尊"让人一看到就想落泪"的中国古董玉雕，"就藏在圣达菲以北的山脉某处"。宝藏掀起了一股前往美国落基山脉寻宝的热潮，范围遍及新墨西哥州、科罗拉多州、怀俄明州和蒙大拿州。最终，包括一名科罗拉多牧师在内的4人丧

"书口画"艺术样例。这种隐密的装饰应用于书页的边缘，合上书时无法看见，而只要将书页微微展开，图画就会显现出来。这一技艺于17世纪下半叶的伦敦和爱丁堡出现，并在18世纪得到普及。

生，更多的人因此受伤。当局反复敦促这位百万富翁取消这一寻宝活动，但是都遭到了拒绝，他告诉记者："这般结果固然是个悲剧，但即便是你每次乘坐汽车，也都是冒着风险的啊。"此外，他强调宝箱没有埋在充满危险或难以到达的地方，由于寻宝活动能够促使人们更积极地探索户外，他感到无比自豪："我们坐在沙发上看电视，或者玩手中的小机器。我们如此安逸，就是因为知道将要发生的事都在预料之中。"

德国黑客、IT安全专家托比亚斯·施罗德特地为本书提供了一系列密码明信片，这些作品来自他毕生收藏的235件此类作品。密码明信片大多使用基础的替代加密法，曾流行于19世纪到20世纪初的年轻恋人之间，以秘密的方式传递爱意。明信片的内容尺度也大不相同，从纯情到私密，在1881年的卡片3（左下）中，作者以露骨的开场白写道："我觉得燥热起来了……"

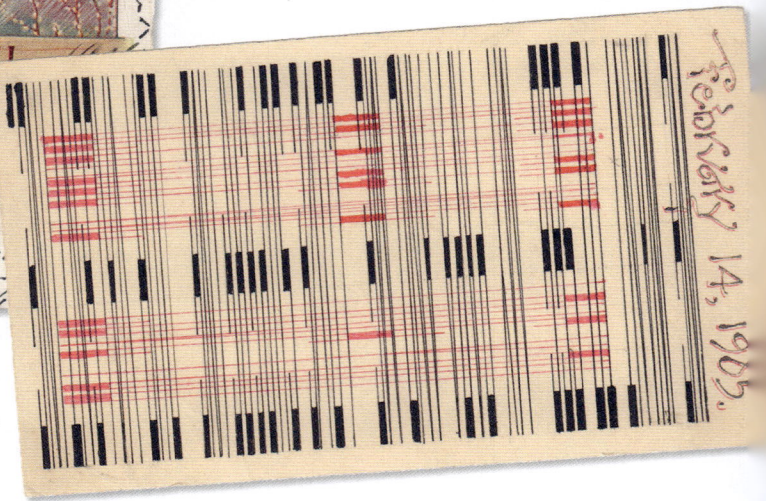

Der
hol' die
Ansichtskarten!

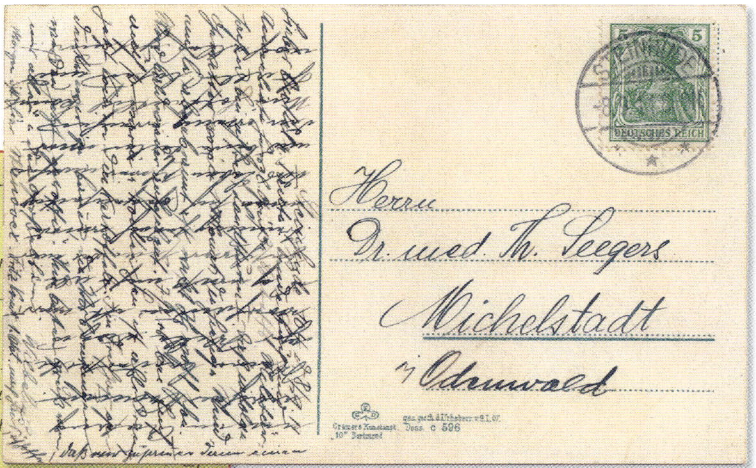
Herrn
Dr. med. Th. Seegers
Michelstadt
i/Odenwald

Gruss aus
Bodenwerder
den 7/12.02

München, Frauenkirche

文学骗局

手中揣着一本最初就是设计用来骗人的书,应该会是一件十分刺激的事,无论是出于讽刺、报复、自我营销,还是最为常见的一种动机——从中获利。文学骗局都具有一种绝妙的特质:拥有实体形式。你可以触摸、闻嗅、翻阅,细细品味每一个精心设计的误导性细节,并享受已知的不真实性而带来的满足感。仿佛你接住作者抛过来的玩笑,然后心照不宣地冲他们眨了眨眼。

文学骗局绝对不是现代的发明。一个很经典的古代案例来自斯多葛派哲学家"背弃者狄奥尼修斯",也有人称他为"火花"。狄奥尼修斯曾假托索福克勒斯之名写了一部叫作《帕耳忒诺派俄斯》(*Parthenopaeus*)的悲剧,目的是捉弄他从前的老师赫拉克利德斯·庞提库斯,这位老师身材肥胖,因此在雅典人中有"胖皮库斯"的绰号。当赫拉克利德斯信以为真,甚至在自己有关索福克勒斯的研究中引用了该剧的段落时,狄奥尼修斯得意扬扬地承认了他的所作所为。

没想到,赫拉克利德斯反倒不相信他,狄奥尼修斯只好给老师指出他在文本中编造的一首藏头诗,里面拼出了他好朋友潘克拉斯的名字。然而,赫拉克利德斯依旧不信,声称这只是巧合,于是狄奥尼修斯只好继续向他展示文中的其他恶作剧,包括以下这句台词:"老猴子很难抓;他确实还是被抓住了,不过是在很久以后。"还有另一句决定性的证据:"赫拉克利德斯对文学一无所知,而且恬不知耻。"

2000多年后的今天,同样的伎俩仍

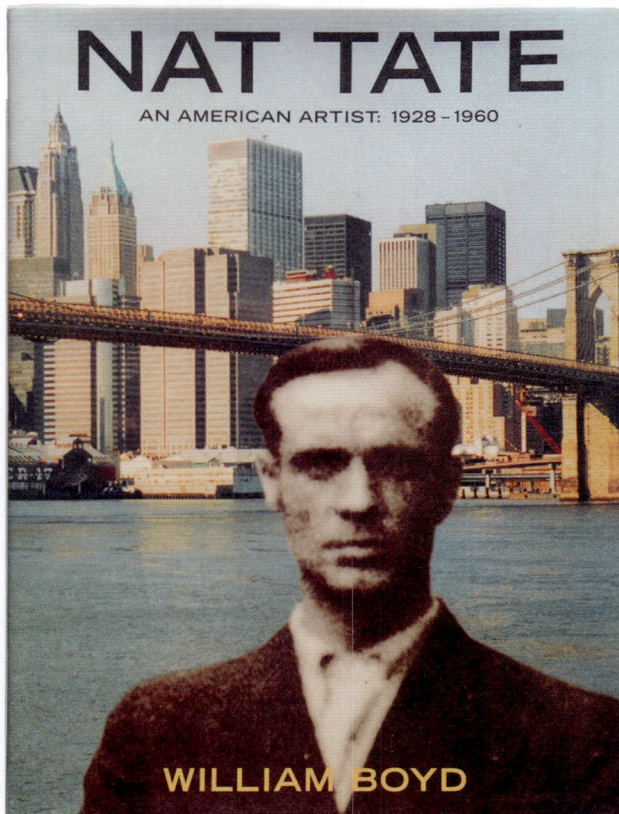

右图:《纳特·泰德:一位美国艺术家,1928—1960》(*Nat Tate: An American Artist 1928—1960*)的封面,一本为虚构的艺术家所作的传记,作者是威廉·博伊德,创作目的是愚弄艺术界。1998年,威廉在其同伙——著名摇滚歌手大卫·鲍伊组织的一场派对上推出了此书。

然被那些彼此看不顺眼的作家使用。2005年，文学评论家A.N.威尔逊出版了英国诗人约翰·贝奇曼的传记，广受好评。书中一大亮点是首次公开了一封来自这位诗人的未公开的情书，据说是一位名叫伊芙·德·哈本的女士寄给威尔逊的。直到这本传记出版后，信的真实来历才水落石出：威尔逊在多年前曾对作家贝维斯·希利尔1988年出版的约翰·贝奇曼的传记进行过严厉的批评，为了报复，希利尔便特意捏造了这封信并寄给威尔逊。其实，若将"伊芙·德·哈本"这个名字的字母顺序重新排列，会得到："你被耍过吗？"而将情书每一行的首字母拼在一起将能得到："A.N.威尔逊是一坨屎。"

狄奥尼修斯事件过去3个世纪后，在希腊发生了另一件关于亚波诺提科斯的亚历山大（约105—170）的奇特故事，这位神秘主义者使用骗局文学和一只手偶建立了一个他自己的预言蛇教。根据叙利亚作家琉善（约125—180）后来的讲述，亚历山大伪造了一组"预言石板"，并将其埋在阿斯克勒庇俄斯神庙，板上的文字预言将会有一位疗愈之神在他的家乡阿博尼泰克斯降临。当这些所谓的"遗物"被发现时，众多神秘主义者和信徒蜂拥而至，在小镇上为这位神建造了一座新的神庙。然后，亚历山大亲自来到这里。他身着先知的长袍，指着地上的一条蛇（一条他自己带来的且早已被驯化的蛇），宣布医神阿斯克勒庇俄斯已经化身为蛇降临世间，并希望被世人称作"格利康"。亚历山大的预言蛇教迅速流行起来，主要是因为他会偷偷阅读追随者写给格利康的密封信件，然后对他们的生活做出令人难以置信的准确预测；此外，他还能看似无所畏惧地徒

手指挥一条活生生的蛇——至少看起来是这么回事。根据琉善的说法，亚历山大有如此的勇气完全是因为那条蛇其实是一只由亚麻制成的手偶，而且这条蛇"通过操控马毛制作的机关张口和闭口，还有一条分叉的黑色舌头……同样由马毛机关操控，能够自由吐信"。一些考古证据表明，公元170年亚历山大去世之后，他的格利康预言蛇教又流传了百年之久。

亚历山大的绝妙骗术可说是后继有人，那就是《福尔摩沙的历史和地理的描述》（*An Historical and Geographical Description of Formosa*, 1704）一书的作者，神秘的乔治·萨尔马纳扎。这本书的内容精彩绝伦，但其实都是捏造的。书中虽然充满了所谓自传式的细节，但我们仍然无法确知这位金发、碧眼、皮肤苍白的男人的真实身份。据称他于18世纪初出现在伦敦，是第一位踏上欧洲大陆的福尔摩沙人（中国台湾人）。

他伪造的人生经历和旅行故事一经出版就引起了轰动，也使他迅速成了英国的名人，这都要归功于书中那些数不清的限制级细节（当然，还有插画），包括活人祭祀、食人、一夫多妻、弑婴等其他福尔摩沙人令人毛骨悚然的日常。萨尔马纳扎笔下的福尔摩沙人衣不蔽体地生活，只用金片或银片遮住自己的生殖器。一夫多妻是

左上：公元2世纪末的格利康雕像，这个古代蛇神实际上是一个手偶。这尊大理石雕像是在老帕拉斯火车站的挖掘工程中被发现的，位于罗马尼亚的康斯坦塔。1994年，罗马尼亚人为了纪念这一发现，将格利康印在了他们的1万列伊纸币上（见雕像下方的图片）。

常态，然而要是妻子对婚姻不忠，丈夫有权吃掉自己出轨的妻子——当作是给平常以蛇肉为主的饮食换换口味。杀人犯会被倒挂在空中，全身射满箭矢，而每年的祭典上则会献祭18 000个男童的心脏，烤熟的尸体供福尔摩沙祭司享用。

萨尔马纳扎靠着自己的三寸不烂之舌招摇各地，还在晚宴餐桌上表演大口吃生肉来取悦客人。他机灵而睿智，怀疑他的人也找不出破绽。但是，他的皮肤为何如此苍白？那是因为福尔摩沙人生活在没有阳光的地下。埃德蒙·哈利质疑这个说法，他在一次皇家学会的烧烤宴上指出，福尔摩沙位于热带地区，头顶的太阳会直接射进烟囱里。"这是个很好的论点，"假冒的福尔摩沙人表示赞同地回应，"要不是那里的烟囱是螺旋形的……阳光根本照不到底部。"

《福尔摩沙的历史和地理的描述》的内容完全是虚构的，书中大量参考了同时代人对新大陆阿兹特克和印加遗址的旅行游记，此外还部分取材于1649年伯恩哈杜斯·瓦伦纽斯的《日本与暹罗王国概况》(*Descriptio regni Japoniae et Siam*)。但即便如此，它依旧十分畅销，萨尔马纳扎还在第二年又推出了增订本，加入了对怀疑者的反驳。直到1764年，当萨尔马纳扎真正的自传《无名氏的回忆录：以乔治·萨尔马纳扎之名为人所知》(*Memoirs of ****, Commonly Known by the Name of George Psalmanazar*)在其死后出版时，

上图：乔治·萨尔马纳扎，假冒的福尔摩沙人，其真实身份从未被人发现。

一切才得以真相大白。曾有人问起萨尔马纳扎的密友，约翰逊博士，是否曾与那个骗子当面对质，博士回答道："我绝不会想要去反驳一位主教。"[1]

当萨尔马纳扎在英国各地巡回宣传他的作品时，另一位英国作家乔纳森·斯威夫特正忙于对伦敦的一名占星学骗子约翰·帕特里奇口诛笔伐。据说，斯威夫特臭名昭著的讽刺作品《一个谦逊的提议》(*A Modest Proposal*)中吃小孩的场景，就受到编造的福尔摩沙食人故事的启发。《牛津国家人物传记大辞典》(*Dictionary of National Biography*)中曾赞誉帕特里奇的预言年鉴《梅林的解放》(*Merli-*

---

1 如需了解更多有关此类地理"发现"的信息，请参阅作者的另一本书《世界奇幻地图》(*The Phantom Atlas*, Simon & Schuster, 2016)。

I Simon
Sculp.

The Idol of the DEVIL

萨尔马纳扎《福尔摩沙的历史和地理的描述》中的两幅插图：福尔摩沙的魔鬼偶像（上图），
以及他在书中自行发明的福尔摩沙字母表（对页）。

The Formosan Alphabet

pag. 122.

Name	Power			Figure
Am̃	A	a	ao	
Mem̃	M	m̃	m	
Neñ	N	ñ	n	
Taph	T	th	t	
Lam̃do	L	ll	l	
Sam̃do	S	ch	s	
Vomera	V	w	u	
Bagdo	B	b	b	
Hamno	H	kh	h	
Pedlo	P	pp	p	
Kaphi	K	k	ϰ	
Om̃da	O	o	ω	
Ilda	I	y	i	
Xatara	X	xh	x	
Dam	D	th	d	
Zamphi	Z	tſ	z	
Epſi	E	ε	η	
Fandem̃	F	ph	f	
Raw	R	rh	r	
Gomera	G	g	j	

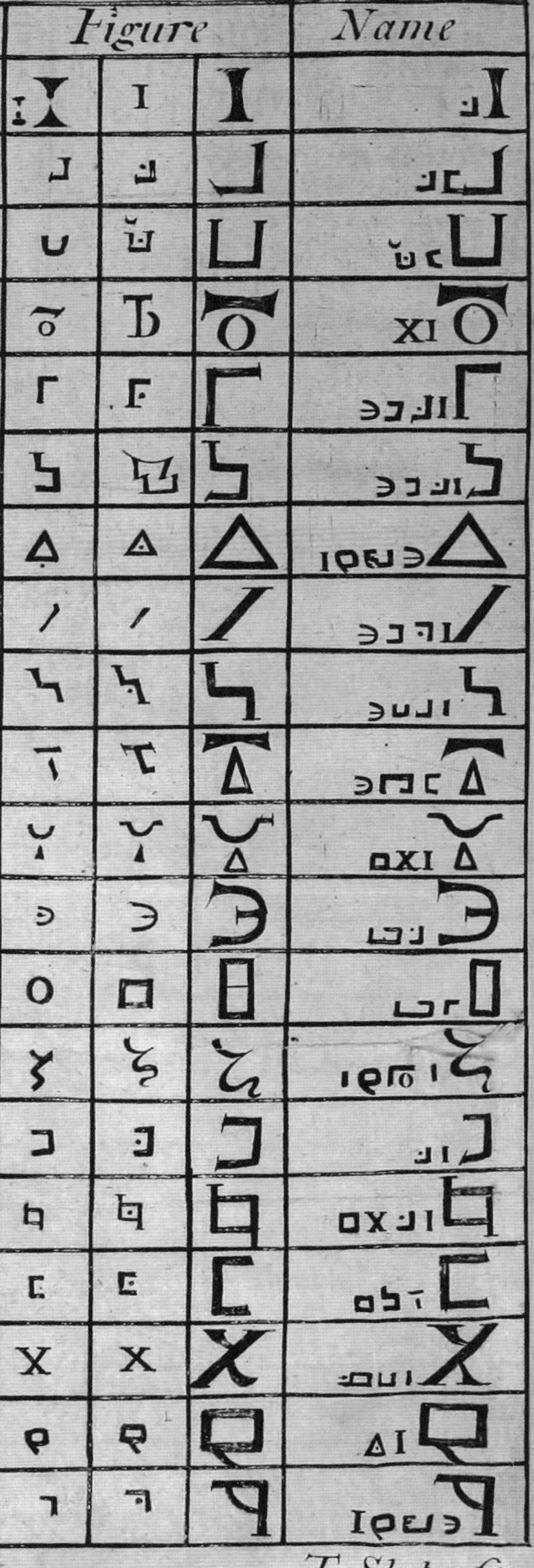

T. Slater sc.

NG. Dinectus truncatus 140.   Ich. Ohi. 82

long. 2 p. Brun foncé dessus, beau blanc
calc dessous, peau coriace épaisse. 2 Nag
dusp 3 rangs d'écailles. July 3 lines int

Ich. Ohi. 81.   142   NG. Neptipsus
Accipe nolrugosomus?   Scurioides

long 4 p. dessus brun foncé, dessous blanc
Tomes dessous l'opercule Nag. add
nulles ainsi qu'au precd. Edule

Ich. Ohi 76.

Devil fish
Diamond fish   143

Jack. fish NG. Litholepis Écailles belles
                                    coul de tortue
Museau large conv. dessus touch à
grosses dents égues   tout Couvert d'é
pierreuses fait feu preuve à balle
Squames Coniques   Long 4 p. 200 lb
Presque noir voroce non edule

Ich. Ohi: 54.

Perch Buffaloe. — Catostomus anisurus
anisopterus

Ent. Arg. 1 p. long. Tray Nag d'of
10 pouces edule bouche d Buffaloe
Henderson Printems. Sine

Icht. Ohio. 70.

orfack Esox vittatus. 145.

Long. de 3 à 5 pds. — Commun dans
le Wabash, & Upp Mississipi, rare
dans l'Ohio Roseau des Canard
Muss. obt. à gr. dents, aul grand
Dos brun, blanc auf à 2 bandes
long

1818年，法国自然历史学家康斯坦丁·塞缪尔·拉芬斯克前往美国肯塔基州拜访博物学家约翰·詹姆斯·奥杜邦。拉芬斯克是个不讨人喜欢的家伙，于是奥杜邦编造了一堆当地的动物来开他的玩笑，没想到这位法国人竟毫不怀疑，全都忠实地记录了下来。例如，在拉芬斯克的《1818年旅行笔记的第17本》（*Book of 17th of Notes-Travels in 1818*）中，就有以下这四种荒唐的鱼类："扁鼻双鳍鱼""大嘴鲟鱼""水牛吸盘鲤鱼"和具有防弹能力的"魔鬼杰克钻石鱼"。

nus Liberatus），说它"运用模棱两可的措辞……到一个罕见的完美境界"；但并不模棱两可的是，帕特里奇在政治上非常倾向于辉格党派，常利用自己的作品为该党派的利益辩护，而正是这一点惹恼了斯威夫特，使其发起了抨击。

1707年，市面上出现了一本可与帕特里奇的年鉴相媲美的作品《有关1708年的预言》（*Predictions for the Year 1708*），作者署名是艾萨克·比克斯塔夫——这本年鉴现如今已成为备受世人追捧的收藏品。书中充满了含糊不明的预测，但其中一则精准地预言了江湖骗子帕特里奇之死。"我已经按照自己的规则，从群星那里获得了他的生卒之年，"化名比克斯塔夫的斯威夫特这样预言道，"他将在明年的3月29日晚上11点左右死于高烧。"斯威夫特随后还以比克斯塔夫的笔名出版了第二本小册子《比克斯塔夫先生第一则预言的实现：见证帕特里奇先生之死》（*The Accomplishment of the first of Mr Bickerstaff's Predictions. Being an account of the Death of Mr Partridge*），其中就包含了帕特里奇在临终病榻上的忏悔，承认自己是个骗子。[2]

这些书骗住了所有人，以至于有人在街上向帕特里奇夫人致哀，还有一位牧师拦住她，表示能为葬礼相关事宜提供帮助。出版商公会将帕特里奇的名字从在

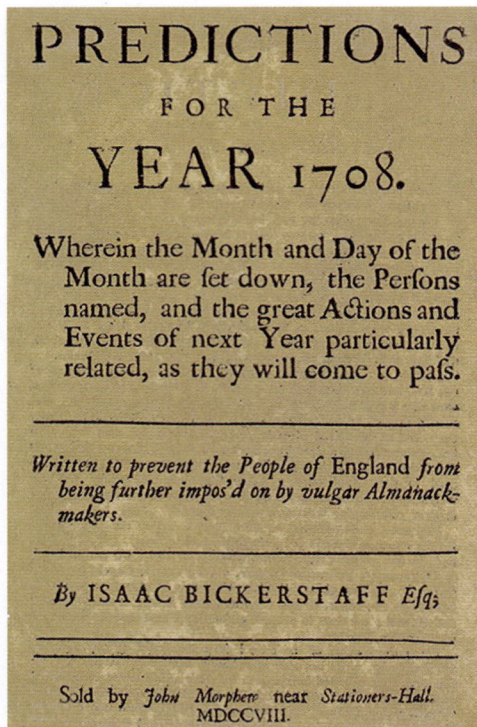

PREDICTIONS
FOR THE
YEAR 1708.

Wherein the Month and Day of the Month are set down, the Persons named, and the great Actions and Events of next Year particularly related, as they will come to pass.

Written to prevent the People of England *from being further impos'd on by vulgar Almanack-makers.*

By ISAAC BICKERSTAFF *Esq;*

Sold by *John Morphew* near *Stationers-Hall.*
MDCCVIII.

乔纳森·斯威夫特恶搞约翰·帕特里奇之死的恶作剧之书的扉页。

世作者名录中移除。与此同时，还有传言称西班牙宗教裁判所已下令将比克斯塔夫的作品全部烧掉，因为里面的预言准确得惊人，人们怀疑那是巫术。帕特里奇得知有人在书中杜撰了自己的死亡，立马愤怒地发行了一本小册子来否认比克斯塔夫的谣言，书中还收录了个人逸事，以证明自己确实还活着。然而令他没有想到的是，斯威夫特立即发行了《来自艾萨克·比克斯塔夫先生的澄清》（*A Vindication of Isaac Bickerstaff, Esq.*）作为反击，文中谴

---

2 斯威夫特曾使用过多个假名，包括：费泽朗夫伯爵夫人、安德鲁·特里佩，当然还有莱缪尔·格列佛等；但在数量上，他还是完全比不过丹尼尔·笛福（原名丹尼尔·福）。要知道，笛福有200多个笔名，其中包括"蓝皮肤贝蒂""琴科罗水手长""臭脸伯爵"，以及"闲言碎语爵士"等。

右图：1810年的画作，画上是3世纪苏格兰盲眼诗人奥西恩，他曾被美国开国元勋托马斯·杰斐逊称为"有史以来最伟大的诗人"，并受到拿破仑、狄德罗和伏尔泰等人的仰慕。不过，现在人们大都相信奥西恩和他的史诗其实是出自18世纪苏格兰诗人詹姆斯·麦克弗森之手。

责帕特里奇的小册子是出自无耻冒牌者之手。斯威夫特这场精心设计的恶作剧获得了很大的成功，以至于帕特里奇在整整6年后才得以恢复信誉，并重新出版作品。

　　我认为一个完美的文学骗局，应该仅靠一个小巧而简单的设计，就能在世界范围内引起轩然大波，如同将一颗鹅卵石丢进池塘，泛起的涟漪逐渐发展成海啸。从这个意义上来说，"福萨斯事件"堪称文学骗局界的黄金标杆。文学史上恐怕不会有任何事件，能够与这一发生在1840年8月10日的事件一样怪异。当时，一群来自欧洲各地的藏书家和珍本书商聚集在比利时的班什小镇，来参加不久前去世的福萨斯伯爵让·内波穆塞内-奥古斯特·皮查尔德宏伟的私人图书馆的藏品拍卖会。132位竞拍人都拿到了一本《来自M.孔特·J.N.-A.德·福尔萨斯伯爵图书馆的内容极为丰富又极为精选的藏书目录》(Catalogue of a Very Rich but Very Select Collection of Books From the Library of M. Comte J.N.-A de Fortsas)。这次拍卖之所以如此轰动，是因为目录中列举的52本书都是此前从未被公开过的藏品，每一本都价值不菲。目录的介绍中写道："福萨斯伯爵只允许那些藏书家和书籍目录编纂员都不知道的作品出现在自己的书架上……只要他发现其中的任

上图： J.N.-A福萨斯伯爵图书馆恶作剧目录的初版封面，印制于1840年。

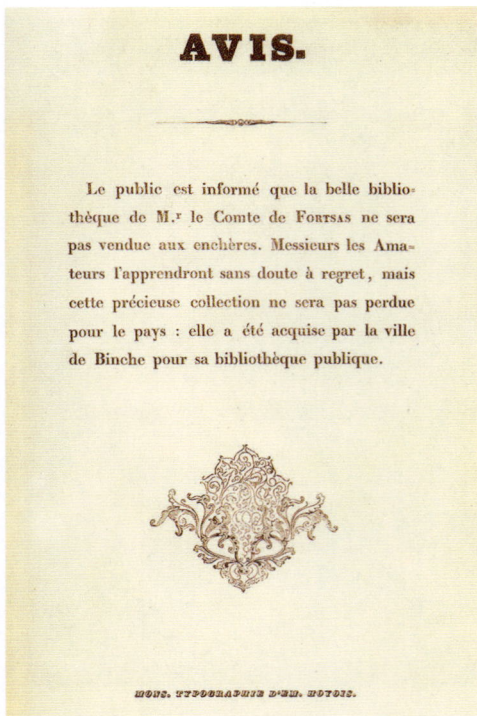

AVIS.

Le public est informé que la belle biblio-
thèque de M.ʳ le Comte de Fortsas ne sera
pas vendue aux enchères. Messieurs les Ama-
teurs l'apprendront sans doute à regret, mais
cette précieuse collection ne sera pas perdue
pour le pays : elle a été acquise par la ville
de Binche pour sa bibliothèque publique.

MONS. TYPOGRAPHIE D'EM. HOYOIS.

福萨斯拍卖会前一天发布的通知，宣布取消此次活动，所有藏品都被班什镇收购，存放在其（根本不存在的）公共图书馆里。

何一本书出现在任何别的目录中，他都会毫不留情地把那本书移走，即便他曾经为此豪掷千金。"

伯爵的收藏包括两本17世纪荷兰印刷商艾兹韦尔未经公开的作品，出版商阿伦·德·凯泽久负盛名的奥德纳尔德出版社的古籍，还有例如《荷兰显赫家族族谱中的疑点与争议》（*Doubtful and Questionable Issues in the Genealogies of the Principal Families of the Netherlands*）、《欢愉之室，或低地国家伟大国王的困扰》（*The Rooms of Pleasure or the Discomforture of the Great King in the Low Country*, 1686）等令人着迷的不雅之作。

根据目录所示，后者甚至"充满令人作呕的体液"，描绘了与路易十四烂掉的屁股有关的医疗细节，并配有一张特点鲜明的插图，"呈扇形且四周环绕光芒，以及著名的皇室格言：'不逊色于众人'"。搭乘马车慕名赶来小镇的人中，包括比利时皇家图书馆的馆长雷芬贝格男爵，他事先打招呼要求给他保留几本；还有比利时利涅公主的代理人，公主千叮咛万嘱咐，一定要拍下那本可能记录着她祖父利涅亲王尴尬房事的藏书。

然而，一众买家到达小镇后却傻眼了，因为没有人能找到举办拍卖会的镇公证处办公室，甚至连办公室本应所在的街道"教堂街"都没有。更奇怪的是，班什镇上根本没有人听说过这位伯爵，以及他的图书馆或拍卖会。正当人们试图搞明白究竟发生了什么的时候，却收到消息称拍卖活动已被取消，所有书籍都归小镇图书馆所有。这更令人们感到困惑，因为班什根本就没有小镇图书馆。当买家们要求一个合理的解释时，才恍然大悟原来所谓的伯爵、书籍和拍卖会都是虚构的，那个目录也是假的。整起骗局的始作俑者销声匿迹了16年，直到这本小册子的印刷匠最后总算吐出了"雷尼尔·休伯特·吉斯兰·沙隆"这个名字，他是一位退休军官兼藏书家。

直到那时，人们才回想起好像看到沙隆当时混在茫然的人群中，露出一脸得意的表情。这本14页厚的《福萨斯拍卖目录》后来被多次重印，并自此成为珍贵的收藏品——2018年7月，其初版在佳士得拍卖行拍出将近12 000英镑的天价。[3]

当时，《哈珀周刊》上有关动物园大骗局的插画。

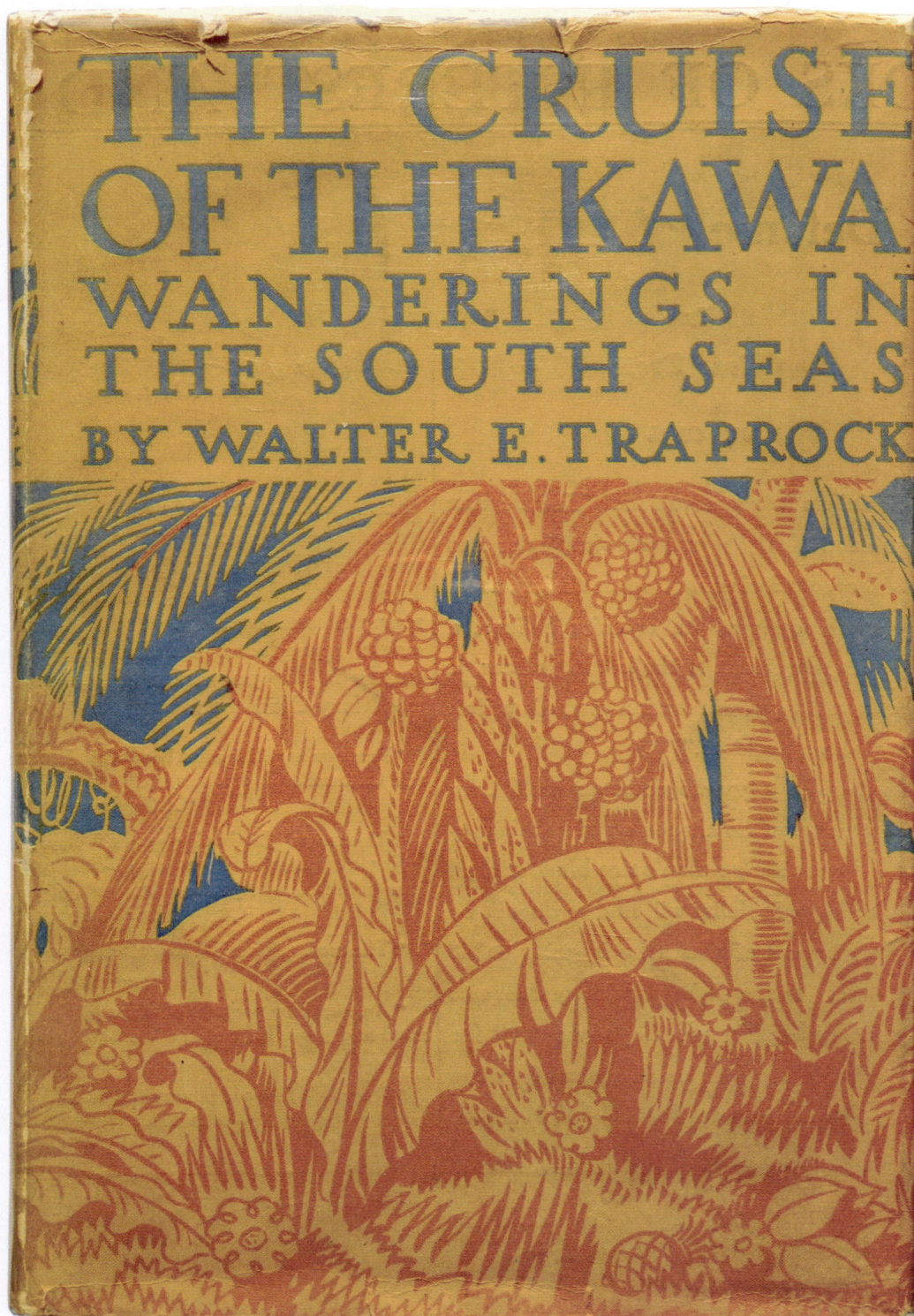

虚构的游记《卡瓦号航行记》（1921）的封面。

《卡瓦号航行记》的作者"华特·E.特拉普拉克",也就是乔治·谢泼德·查普尔的照片。

或许正因那时报纸媒体对恶作剧的喜爱,为沙隆制造这场混乱骗局提供了部分灵感。尽管现代媒体已将这一传统限制在了每年的4月1日愚人节,但是在19世纪,无聊的记者们却是相当喜欢编造他们能想到的各种惹人注目的荒诞新闻,以此来填满专栏。1874年11月9日,纽约就曾发生过一起被称为"野生动物大骗局"或"中央公园动物园大逃亡"的恶作剧,由《纽约先驱报》策划,该期报纸在头版上醒目地印着"可怕的灾难!""野生动物逃离中央公园""可怕的肢解场面""震惊的安息日死亡嘉年华""野蛮暴徒四处游荡""野兽与市民之间的可怕搏斗"等文字。目击者声称看到动物逃离了中央公园动物园,并造成49人死亡,200多人重伤。他们报道说,迪克斯州长亲自在街上射杀了孟加拉虎,但仍有12只野兽下落不明,在城市里四处游荡。

为了回应文章的报道,纽约市市长威廉·弗雷德里克·哈夫迈耶呼吁市民们待在室内,并锁好门窗。有报道称,当时有武装暴徒借着搜寻动物的名义,出现在第五大道和百老汇,并冲进了教堂、办公室和百货公司。连《纽约先驱报》自己的战地记者乔治·W.霍斯默都没意识到这是个恶作剧,他挥舞着两把大型左轮手枪冲进报社办公室,大声喊道:"我来了!"竞争对手《纽约时报》的当地编辑乔治·F.威廉姆斯少校,则直奔警察总部,愤怒地斥责他们竟将这条独家新闻泄露给《纽约先驱报》。1893年,《纽约先驱报》前任编辑托马斯·康纳利在接受《哈珀周刊》采访时才承认,当时报纸捏造出这个骗局,是为了引起人们对中央公园动物园恶劣环境的关注,本意只是希望这篇报道是"一个无伤大雅的小恶作剧,同时具备足够的可信度,能够对社会发出有益的警告"。

1921年,美国作家乔治·谢泼德·查普尔为了表达对当时非常流行,但是他

3 尽管这个故事各方面都相当令人愉快,但我却吃惊地发现,《福萨斯拍卖目录》竟然是由我的祖先、印刷商和书志学家威廉·布莱兹(1824—1890)在19世纪60年代首次翻译成英文并印刷的。

法图-里瓦鸟的窝，图中的"鸟蛋"看起来非常像骰子。

本人相当鄙视的文学体裁——异国旅行游记——品质上粗制滥造的担忧，也发起了一场恶作剧。由"华特·E.特拉普拉克"撰写的荒诞古怪冒险故事《卡瓦号航行记：南海漂泊》（*The Cruise of the Kawa: Wanderings in the South Seas*），作为一部太平洋探索发现之旅的真实记载被推出，还宣称受到了研究冒险的历史学家们的喜爱和推荐。然而，整本书其实是一个完全虚构的故事，讲述船员们乘着"卡瓦号"前往"菲尔伯特群岛"的旅程，由船长特拉普拉克撰写，据说这位船长之前还创作过改编自《悲惨世界》的另类音乐剧《跳跃的让》，以及影响深远的作品《适合中等收入者的咖喱食谱》（*Curry-Dishes for Moderate Incomes*）和《穿着轮滑鞋游遍俄罗斯》（*Around Russia on Roller Skates*）。

到达群岛后，特拉普拉克立即开始记录船员们对菲尔伯特人及当地野生动物的种种发现，包括喜欢椰奶、友善温和的乌扎蛇；力大无比，甚至能拉动小船的巨型螃蟹；而其中最奇特的，是岛上一种法图-里瓦鸟，"它们有着独特的本领，能产下方形的蛋"。【查普尔还提供了方形蛋的照片（见上图），不过它们看起来显然就是骰子。】船员们遇到的当地人有着奇怪的名字，例如Baahaabaa（海量的饮

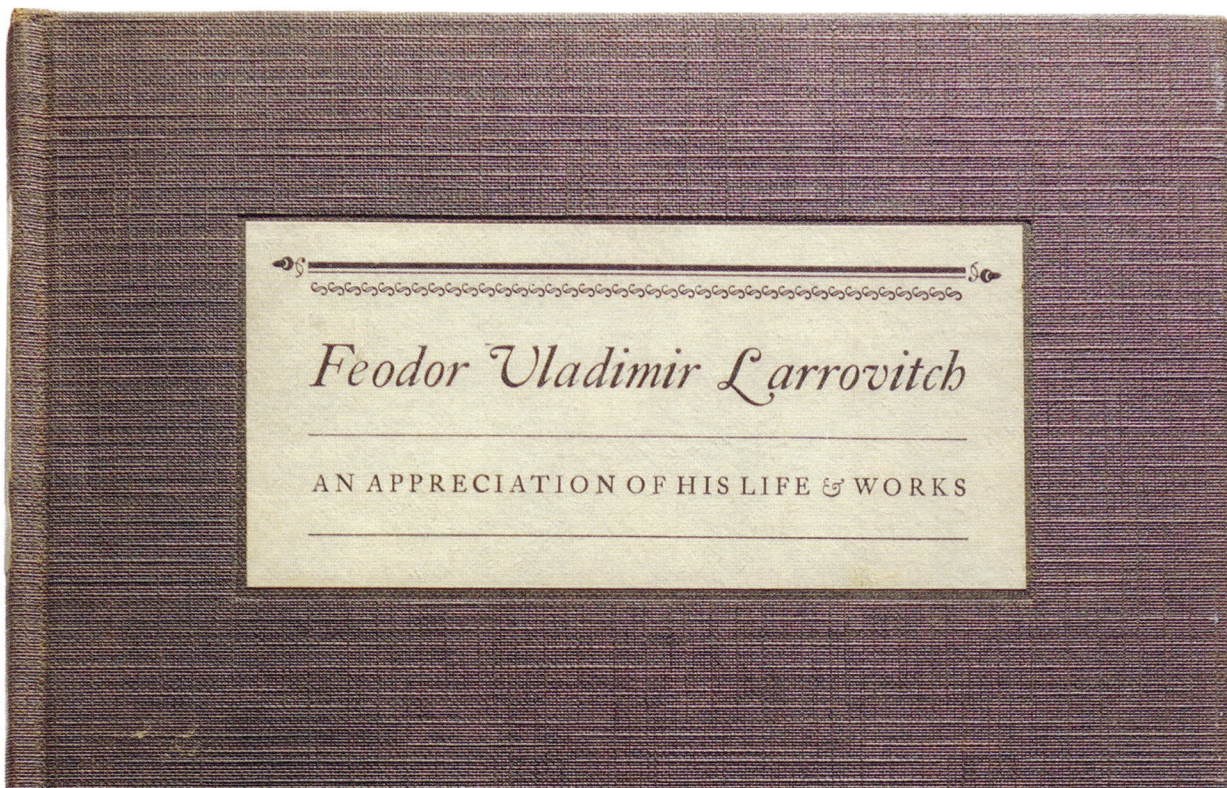

Feodor Vladimir Larrovitch

AN APPRECIATION OF HIS LIFE & WORKS

酒者)、Abulut*i*(大风不停吹)和Zam-bao-Zambino(对自己腰围十分满意的青年)。特拉普拉克还和一名当地女子结了婚,而在名为"婚姻记忆"("Marital Memories")的一章中,他提到了这段关系最初的阻碍:

> 我已经结婚一个多星期了,但还不知道妻子叫什么名字。
>
> "Kippiputuonaa。"她用音乐般悦耳的声音轻声回答。
>
> "Taro ititi aa moieha ephaa lihaha?"我问道。这句话的意思大概翻译为:"什么?"

这本书的字里行间透露着挖苦,充斥各种荒诞的元素,特别是船员和当地风景的照片,显然是在由廉价布景搭建的假背景下拍摄。但这本书还是卖得很好,并且很多人都信以为真。《国家地理杂志》的编委会甚至邀请特拉普拉克前往华盛顿,和人们分享他在这趟旅途中的见闻。

接下来这本薄薄的书,很适合和卡瓦号的旅行故事放在同一层书架上,同样也是文学骗局中不可或缺的一员,就是1917年纽约作家俱乐部为"建立文学平衡,促进美俄作家友好关系"而自行出版的《费奥多尔·弗拉基米尔·拉洛维奇:对其生平与作品的赏析》(*Feodor Vladimir Larrovitch: An Appreciation of His Life and Works*),书中赞誉这名作者为"俄国文学的祖父"。为了纪念这本书的出版,俱乐部举办了一场派对,受邀嘉宾超过300人,是当年俱乐部里最盛大的活动。组织

Angry Penguins

1944 Autumn Number
to Commemorate
the
Australian
Poet
Ern Malley

"I said to my love (who is living)
Dear we shall never be that verb
Perched on the sole Arabian Tree"

"(Here the peacock blinks the eyes
of his multipennate tail.)"

Painting by Sidney Nolan.

《愤怒的企鹅》杂志欧内斯特·马利专刊的封面。

者理查森·赖特指出，这也是"向伟大的俄罗斯人表达我们应有的尊敬"。在派对上，人们朗读了俱乐部成员所写的文章，其中最为真挚的一篇，当属俱乐部最老的成员，医学博士泰特斯·芒森·柯恩的《与拉洛维奇的谈话》。"是的，我很了解他，"柯恩这样开头道，"在50年后的今天，我的回忆依旧如此清晰，不仅是他的话语，还有他说话时的声音、微笑、眼神中的火花和他的手势。"他继续深情地回忆了两人在19世纪60年代末的巴黎街头相遇的场景，似乎完全没有意识到，大家捏造这个俄国作家其实就是为了嘲笑俄国。"那时他年事已高,"赖特后来解释道,"对拉洛维奇在巴黎访问美国使馆的那段回忆让人非常感动。"

1943年,澳大利亚最著名的文学骗局也以类似的方式发生。在墨尔本维多利亚军营的澳大利亚陆军司令部,詹姆斯·麦考利中尉和哈罗德·斯图尔特下士彼此分享了对诗歌的热爱,他们都认为"诗歌的意义和技艺正在逐渐衰落",现代前卫诗歌也逐渐"变得荒诞而无意义,连表达日常生活都做不到"。于是,他们决定创造属于自己的现代诗人"欧内斯特·拉洛·马利",他被设定为悉尼塔弗纳山帕尔默修车厂的一名汽车机械师。只用了短短一个下午的时间,两人从手边能找到的印刷品中摘抄各种短语,拼拼贴贴创作了一部诗集,包括《里普曼的押韵词典》(*Ripman's Rhyming Dictionary*)和一篇有关如何排干蚊虫肆虐的沼泽的美国报道。

他们对这些拼凑出来的糟糕诗句感到十分满意,还将其中两首投给了澳大利亚文学杂志《愤怒的企鹅》(*Angry Penguins*),它正处于当时现代主义艺术运动浪潮的前沿。没想到,该杂志的创始人兼编辑马克斯·哈里斯读完来稿后竟惊为天人,立马将1944年《愤怒的企鹅》的秋季整刊都留给了马利,完整地刊登了他的16首诗作。原本期待得到读者热烈的回应,没想到却遭到大肆嘲笑,还有人指控他就是这些烂诗的作者。情急之下,哈里斯专门聘请了一名私家侦探来寻找这位马利,但最后却被告知,这个诗人其实并不存

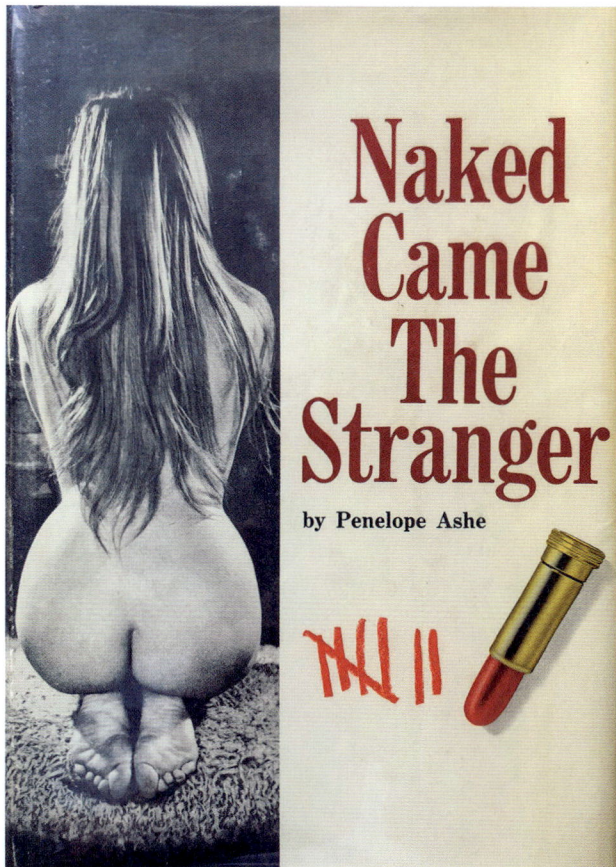

骗局文学《陌生人赤裸而来》充满挑逗性的封面,1969年。

在。悉尼的《星期日太阳报》最终曝出了这个故事的来龙去脉,始作俑者麦考利和斯图尔特得意扬扬地承认了他们的所作所为。但是,这起事件又有了新的转折:哈里斯因出版这些诗歌而被指控道德败坏,尽管该州的法院无法准确地指出它们究竟如何道德败坏。检方的沃格桑警官坚持认为,其中一首题为《夜曲》(*Night Piece*)的诗歌完全符合被指控的条件:"显然诗中描述某个人在黑暗中点燃火把,穿过公园的大门。在我看来,这种人一定有某种不可告人的动机……我发现在晚上去公园的人总是有着不检

霍华德·休斯站在他的新波音军用追击机前，1940年。

点、不道德的目的。"他还指出《观点情歌》（*Perspective Lovesong*）中的用词"乱伦"是不雅的，不过立即补充道："我不知道'乱伦'是什么意思。"另外，他还反对"诗歌中对女性身体部位的任何描述"。

尽管哈里斯满怀激情地为马利的诗作辩护，但地方法官却认为他"过于喜欢性隐喻了"，最终，他被罚款5英镑以代替6周的监禁。下面就是那首让沃格桑警官十分不舒服的《夜曲》：

> 摇曳的火把散下种子
> 在伞形黑暗中，
> 一只青蛙发出低沉的评论，
> 对这擅闯且赤裸的
> 湖中仙女。
> 符号显而易见
> 虽然，公园大门上
> 铁鸟看起来愤懑不平
> 鸟喙锈迹斑斑。
> 睡莲之间
> 飞溅——黑暗中的白色泡沫！
> 然后你躺下抽泣
> 靠在我颤抖的直觉手臂上。

1966年，美国记者迈克·麦格雷迪受杰奎琳·苏珊的《娃娃谷》（*The Valley of the Dolls*）和哈罗德·罗宾的《冒险者》（*The Adventurers*）等蹩脚性爱小说成功的案例启发，为自己的文学骗局找到了广泛的读者群。他招募了24名记者，包括普利策奖得主吉恩·戈尔茨，合作撰写了一本由各种淫乱场景构成的低俗小说，名为《陌生人赤裸而来》（*Naked Came the Stranger*）。小说的主人公是一位名叫吉莉恩·布莱克的电台谈话节目主持人，她为了报复出轨的丈夫，发誓要睡遍纽约长岛大峡区的每个已婚男人。"要在书中反复强调性，"麦格雷迪嘱咐他的写作团队，"优美的段落要删掉……作品中真正卓越的内容会被蓝笔删除，最终会被遗忘。"他们花了两周时间写完这本献给"爸爸"的小说，以下是小说中的典型段落："在黑暗房间里，吉莉恩比以往任何时候都要饥渴难耐，她突然意

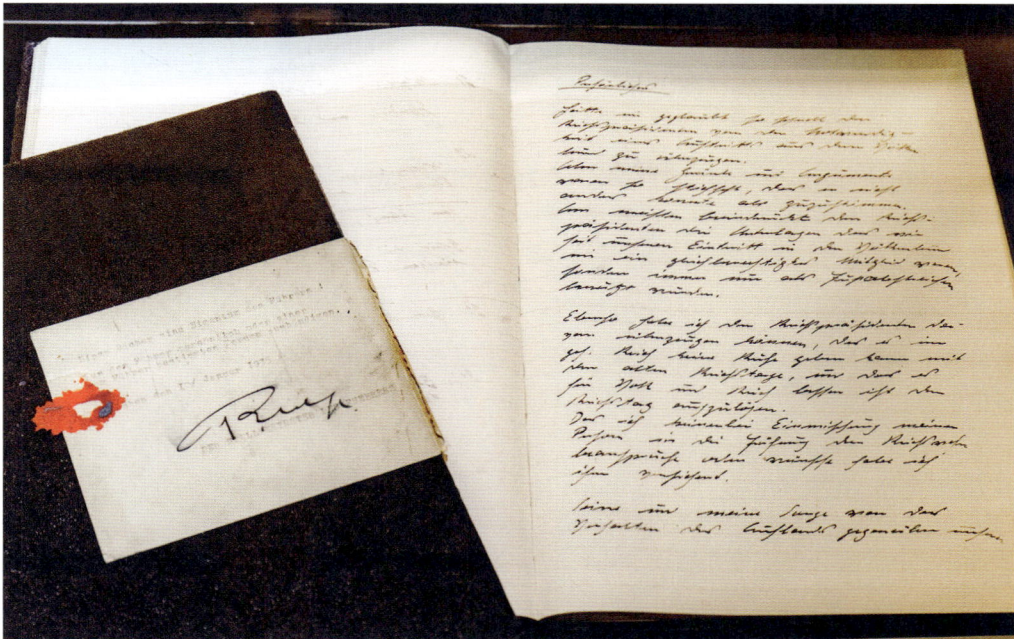

伪造的希特勒日记的其中一本。

识到马里奥·韦拉就在自己身旁。他的左肘轻轻地拂过她的身体。在任何其他环境中，在任何其他情况下，吉莉恩·布莱克都会优雅地抽身而退。但是这次她没有。她稳住自己，任由他的手肘更加肆无忌惮。"

书写好后，麦格雷迪很快便找到出版商莱尔·斯图尔特，尽管后者知道这是个骗局，但依然从中看到了成功的潜力。于是，他投注了5万美元作为小说的宣传预算，并且为它设计了一个印有裸体女郎、有伤风化的护封。单凭拿到这本书的纸质出版合约，就足以证明麦格雷迪的选择没错，但作家们还是很想知道公众的反应，其结果更加令人震惊。

《陌生人赤裸而来》在首月就卖出了2万本，尽管人们的评价褒贬不一，但团队仍旧很高兴看到竞争对手《长岛快报》的激烈反应："这部露骨的小说让《波特诺伊的烦恼》(*Portnoy's Complaint*)和《娃娃谷》读起来就像儿童文学《阳光溪农场的蕾贝卡》(*Rcbecca of Sunnybrook Farm*)。"骗局被揭穿时，大众的兴趣达到了顶峰，消息传出后一小时内就售出了9000本。这本书的最终销量大约为10万本，戴尔出版公司以6位数的价格买下了这本书的版权。更让麦格雷迪感到惊讶的是，还有一家独立出版公司出价50万美元购买这本书续集的版权，但被他拒绝了。这本书被翻译成十几种语言，还接到了20多次有关电影改编版权的报价咨询。他却因为这本书的成功感到非常尴尬。"一切都太容易了，"他表示，"一切都太顺利了。美国，你就安逸地坐着，你这丰满美人，还是从街头小贩那里买领带，还在上当受骗，猜测哪颗胡桃壳下藏着豌豆……美国，我时常为你担心。"

初学者编写假自传时往往挑选已经

去世的人物，这是降低穿帮风险的关键。说服出版商支付数十万美金来购买一个还活着的人的假自传，着实需要一种只有少数人具备的大胆无畏。克利福德·欧文便是其中的一位——他成功让麦格劳-希尔出版集团相信，自己获得了遁世的亿万富翁霍华德·休斯的授权，为他代笔写自传。欧文伪造了带有休斯签名的文件（从杂志文章中复制而来），并声称与休斯进行了一系列亲密的采访。

麦格劳-希尔出版集团本来报价10万美元，但是欧文将给他自己的版税谈到了65万美元，另加10万美元"给休斯"。交易谈妥后，欧文的瑞士籍妻子伊迪丝将开给"H.R.休斯"的支票存入了自己以"Helga R. Hughes"的名义开设在苏黎世银行的账户中。1971年底，欧文交付了书稿，还不知用什么手段搞到了专家认证，以此证明随书稿上交的一些"休斯"的笔记是其亲笔所写。

与此同时，那些熟识休斯的人却向麦格劳-希尔出版集团保证，这本《霍华德·休斯自传》(*The Autobiography of Howard Hughes*)虽然看起来颇为可信，但绝对不是真的。欧文因此被要求接受测谎仪测试。他居然想方设法通过了这次测试，但他的回答被标记上了前后"不一致"。欧文早期出版过一本书名叫《假的！》(*Fake!*)——现在回想起来，那简直就是个警告。整场骗局之所以能够成功，关键就在于欧文算好了已经遁世的休斯绝对不会知道这本书的存在，又或者他会觉得这一切太疯狂或太尴尬了，以至于根本不想跟它扯上半点联系。

不幸的是，休斯最终还是发现了他的骗局，并在1972年1月7日召开电话新闻发布会，表示他从未见过克利福德·欧文，也从未给予过他任何形式的授权。欧文最初还继续胆大妄为地声称电话里的声音是休斯的冒名顶替者，但他此时已经完蛋了，因为休斯直接告上了出版商，瑞士银行也供出了伊迪丝·欧文的行径，钱被找了回来，这对骗徒夫妇也因欺诈罪被判入狱。

德国可悲的骗子康拉德·库哈本来也没打算要伪造这么多希特勒日记，可谁让大家都疯狂地购买呢？20世纪80年代初期，德国《明星周刊》的记者格尔德·海德曼曾惊讶地在一位纳粹纪念品收藏家的家中，发现了一本据说是写于1932年到1945年间的希特勒日记，是这位收藏家从斯图加特的一名古董商那里淘来的。据说在二战快要结束的时候，一架从希特勒的地堡起飞、载满机密文件的飞机在东德附近坠毁。这个故事直到这里都还是真的，这一事件史称"哈雷姆行动"(Operation Seraglio)。当地居民将飞机残骸内的物件搜刮一空，其中就包括一大箱希特勒亲笔撰写的日记。

海德曼找到了这位"古董商"库哈，他以伪造文物卖给私人收藏家为生。海德曼对剩下的日记开出了200万马克的高价，库哈欣然接受——故事就是从这里开始变得复杂起来。库哈当然不能承认所谓剩下的日记其实压根就不存在（因为他还没开始写），所以他告诉海德曼，这些日记还需要一段时间才能从东德走私出来,而负责走私的是他任职"陆军将军"的哥哥,但其真实身份只是一名火车站的搬运工。与此同时,海德曼则努力说服自己所在的报社买下这批日记,并为此付给他一笔巨额的酬劳。最终,海德曼告诉库哈,《明星周刊》同意以每本85 000马克的价格买下这些日记,而事实上,他和报社谈定的价格是每本20万马克,海德曼将差价收入自己的囊中。

库哈使用老旧的纸张及墨水,伪造了整整60本希特勒日记,《明星周刊》最后总共为此支付了930万马克(约合233万英镑或370万美元),接着就开始兜售国际连载的版权。《星期日泰晤士报》表示出了兴趣,但他们刚刚被一批墨索里尼的假日记骗过,于是委派纳粹研究专家休·特雷弗-罗珀来为它们验明正身。然而,罗珀被它们的数量和其中的细节所震撼,他相信这些日记是真实的。《明星周刊》很高兴,还特地为特雷弗-罗珀召开了新闻发布会,想在世界媒体面前展示这批日记。然而,就在记者会上,特雷弗-罗珀却突然改变了自己的看法,说他没法为日记的真实性担保。尴尬的《明星周刊》只好将这些书打包送到德国联邦档案馆进行分析,很快便得到了它们是赝品的结果。海德曼和库哈因欺诈罪入狱,后者这才发现海德曼赚差价的事实,还出庭作证指控了海德曼。用笔迹学家肯尼思·W.伦德尔的话来说,这些日记是"糟糕的赝品,但却是一场精彩的骗局"。因为库哈必须在短时间内快速地写出大量日记,他不得不想到什么就

写什么,所以书中充满了各种各样不太像是出自希特勒本人的感叹,例如:"英国人快把我逼疯了!""斯大林到底是怎么做到的?"此外,"希特勒"还抱怨自己可怕的肠胃胀气和呼吸困难。在1938年12月的日记中"他"写道:"一年时间快过去了,我实现该为帝国达成的目标了吗?除了一些小细节之外,是的!我完成了!""他"还对自己说:"必须为伊娃拿到奥运会的门票。"除此之外,库哈还以希特勒的名义撰写了一部歌剧,甚至还有《我的奋斗》第三卷。

德国《时代周报》的主编乔瓦尼·迪·洛伦佐后来在《纽约客》杂志的访谈中这样说道:"人们仍然想知道,为什么会发生这种事。如果今天一位同事走进新闻编辑室对我说'刚从戈林的收藏品中买到了一个弗里德里希二世的拐杖',我会建议他去看看心理医生。"

珍奇收藏

距1755年塞缪尔·约翰逊博士的《英语词典》出版过去一个多世纪后,学者詹姆斯·默里于1879年3月接手编纂一部新的权威英语词典,即《牛津英语词典》,他面前的挑战是巨大的。默里在一幢名为"抄经阁"的铁皮建筑中展开了这项艰巨的任务,披荆斩棘,从语言学会收集的原始资料中整理词条。不过,他很快就意识到,单是收集到必要条目的很小一部分,就需要花费自己数年的时间,于是决定召集众人合作完成。默里通过英国和北美的书店、图书馆向公众发出邀请,鼓励人们提交带有释义和例句的单词词条。到了1880年,他已经收到了250万个词条,而且它们还在如同雪花一样源源不断地飞来。

其中,贡献词条最多的是一位默里从未听说过的人,布罗德莫尔精神病院的威廉·切斯特·迈诺尔医生。他在自己数量庞大的个人图书馆中寻找所需要的词条例句,几乎将所有的时间都投入到了词典编纂工作中,单他一人就提供了上万条词条。在多年的通信中,默里和迈诺尔成了朋友,但是每当默里提出想见面时,迈诺尔医生都表示拒绝。10多年后,迈诺尔终于心软了,于是在1891年1月,默里乘火车前往伯克郡的克罗索恩登门拜访,可当他到达时却惊讶地发现,这位迈诺尔医生根本不是伯德莫尔的员工,而是一位囚犯。

迈诺尔曾在美国内战中担任外科军医,后来被送进精神病院监禁了18个月,又搬去伦敦休养。1871年的一个夜晚,他突然开枪打死了一位名叫乔治·梅里特的无辜路人,只因为觉得他是个小偷。接着迈诺尔就被送往伯德莫尔精神病院,不过医院的工作人员觉得他并不具备什么危险性,于是将他安排在相对舒适的住处,还允许他用他的美军退休金购买和阅读书籍。梅里特的遗孀偶尔会来拜访迈诺尔,并且每次都带书给他。当迈诺尔无意中看到墨里面向公众征稿的通知时,他有足够的时间全身心沉浸于这个挑战,人们在词典的各处都能看到他的贡献。1899年,默里向迈诺尔的巨大贡献致敬,他指出:"光是从他提供的引文中,我们就能很轻易地描绘出过去4个世纪中英语的演变。"

在《牛津英语词典》成书的100多年前,《大英百科全书》的编纂人也曾面临过同样艰巨的挑战,但他们可没有这样博学的精神病患者的图书馆作为参考。《大英百科全书》的第一任编辑名叫威廉·斯梅利(1740—1795),他是苏格兰印刷商兼博物学家和古董收藏家。此外,身高只有1米37的安德鲁·贝尔也是负责人之一,他曾经因为自己巨大的鼻子而遭人嘲笑,从房

对页:来自德国动物学家恩斯特·黑克尔的《自然中的艺术形式》(*Kunstformen Der Natur*,1904),包括两卷,共有100幅版画以及描述,展现了他对大自然中的对称性和精巧结构的着迷。

Plate 269.

Dragon

1. Flower
2. Berries
3. Ripe Berry
4. Seed

Dracontium

Eliz. Blackwell delin. sculp. et Pinx.

间里逃了出去，返回时却戴着一个更大的纸质鼻子。初版的《大英百科全书》以每周连载的形式刊印，从1768年到1771年共刊行100则，并且一度因严重的错误和胡编乱造而臭名远扬。

例如，书中曾提到过度吸食烟草会使"大脑干枯萎缩成仅由脑膜组成的小黑块"，并将加利福尼亚描述为"位于西印度群岛的一个大国，很可能是一座岛屿或半

左图：一系列因爱创作的作品。图中为编号269的龙草，出自精美的《草药珍奇》（*A Curious Herbal*）。这是一套药用植物插图的合集，由艺术家伊丽莎白·布莱克威尔绘制、雕刻并手工着色。她于1737年出版了这套书，以筹集资金将她的丈夫亚历山大从债主的监狱中赎出。

下图：《心之书》（*The Hjertebogen*），收录了16世纪50年代创作于丹麦国王克里斯蒂安三世宫廷中的83首情诗。

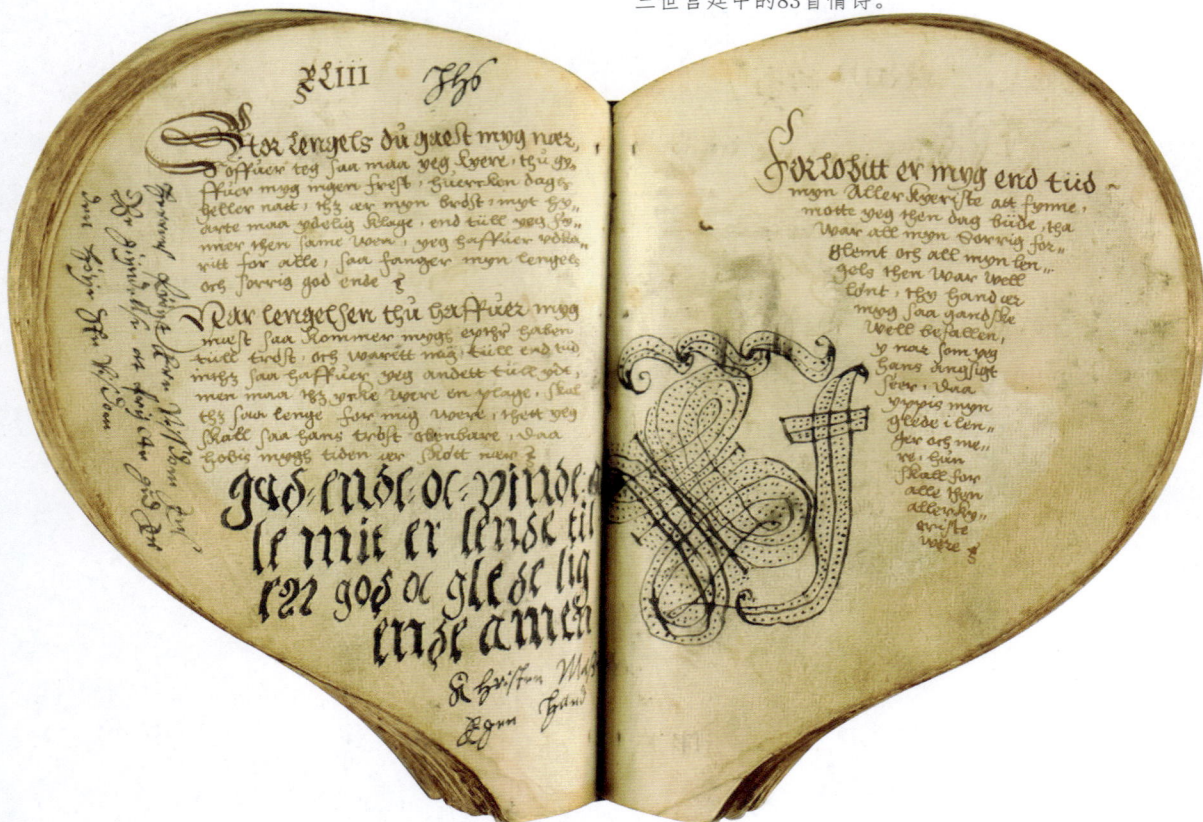

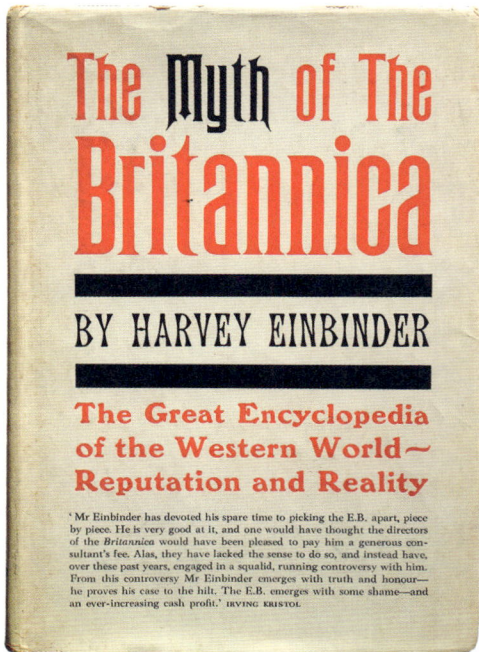

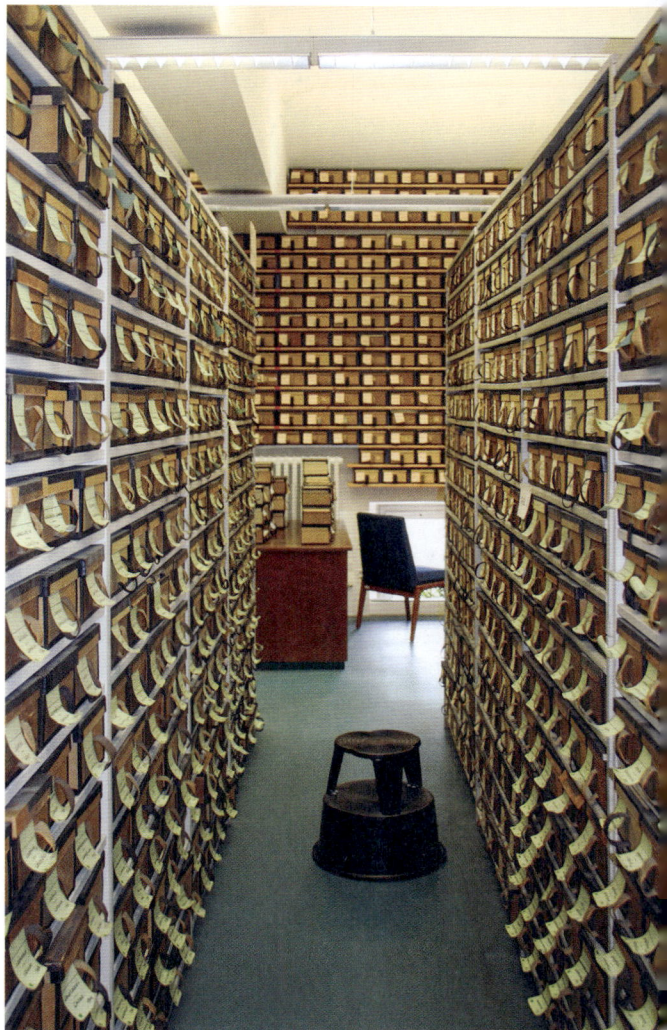

上图：1964年《大英百科全书中的迷思》，这是物理学家哈维·艾因宾德对《大英百科全书》长达390页的抨击。

右图：《拉丁文大辞典》编辑计划档案室一角，这里存放着大约1000万个单词词条。该项目由古典主义学家爱德华·沃芬于19世纪80年代在德国慕尼黑发起，旨在编纂一本跨越千年、完整收录所有拉丁语语汇的词典。125年后的今天，现代学者们才刚推进到字母R，他们希望能在2050年之前完成最后一个词条"zythum"，这是埃及的一种啤酒。

岛"。"女人"的词条则简单地写着："女性版的男人。参见'人类'。"

尽管后来出版的《大英百科全书》逐渐对书中的错误进行了修正，但距离完美还差得太远，书中还是充满了各种奇怪的定义——例如，1956年版的百科全书将摇滚乐描述为"吵个没完的野蛮噪音"。到了20世纪50年代末，未改正的不可靠词条还是如此之多，激怒了一位名叫哈维·艾因宾德（1926—2013）的美国物理学家，

他花了整整5年的时间梳理了当时的版本，收集书中的错误并将它们出版。1964年，艾因宾德的《大英百科全书中的迷思》（*Myth of the Britannica*）问世，在390页中细数了百科全书中的种种错误。《科学杂志》因此称赞艾因宾德为一位"全心反对崇拜权威的王子""从各个角度剖析他的研究对象，并产生了惊人的影响"。有的批评家甚至建议《大英百科全书》的编委会聘请艾因宾德做他们的事实核查员，但显然这对双方而言都不是什么好主意。

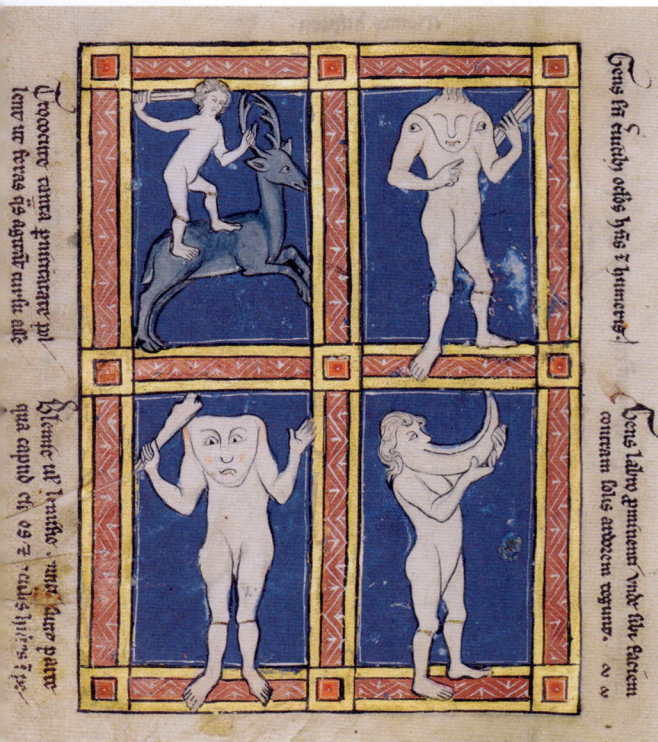

摘自动物寓言集《鸟类的本性、牧人与羊群、兽志、世界奇观、世界哲学、论灵魂》，由一位不知名的法兰西-弗拉芒派艺术家创作于1227年或更晚。

"不知火的人、骑鳄鱼的人、半人马、异人"，出自同一本动物寓言集。

对现代百科全书的鼻祖，中世纪动物寓言集的编纂者和读者来说，这种程度的事实核查显然是不可能的。不过谢天谢地，否则它们的神奇魅力也就荡然无存了。这类"野兽之书"中充满了各种动物、植物和远古人类的精美插画，是12世纪至13世纪之间最受欢迎的书籍种类之一。试图通过借鉴古典作家（如老普林尼、亚里士多德、希罗多德等）的记录，以及塞维利亚的以西多尔（约560—636）编纂的《词源》（*Etymologiae*）等早期百科全书来厘清生物世界的奥秘，尽管这些资料充满了幻想和不可靠的成分。其中的词条通常以从某种动物行为中所获得的道

德教训作结：人们相信鹈鹕会撕开自己的胸膛，用鲜血使幼鸟复生，因此被视为耶稣的象征。

在这些插图中，鸭子和鹅从树上长出来，鳄鱼吞食着九头蛇，凤凰浴火重生，还有狮鹫、蛇怪、龙，以及长着各种角的独角兽等，都按照"科学"方式分门别类。读者会看到老普林尼讲述过的一场大象和龙之间的战斗，两种猛兽的血结合在一起

对页：一只拒绝被消化的九头蛇从鳄鱼的身体里钻出，以及一头战象。取自12世纪的动物寓言集，其内容主要来自威尔士的杰拉尔德撰写的《爱尔兰志》（*Topographia Hibernica*）。

St animal in nilo flumine qd dicitur ydrus in aqua ydr
uuiens. Greci enim ydros aquam uocant. Inde di

Est animal quod dicitur elephans in quo non est con
cupiscencia coitus. Elephantem greci a magnitudine

产生了红色的矿物和朱砂；他还时常提到一种叫作"邦纳孔"或"邦纳瑟斯"的生物，那是一种生活在派奥尼亚王国（现在的马其顿）的动物，长得像牛一样。由于它的角天生向内弯曲，它依靠自己的屁股进行防御，向敌人喷射滚烫的粪便，接触到任何东西或人都会立刻着火。【另外，我们常说的"塑造成型"（lick into shape）也来自老普林尼，因为他觉得小熊出生时是一团不成形的白色肉块，母亲必须一直舔它，直到它变成幼崽的形状。】

我们很容易因这些作者看似轻信的态度而莞尔一笑，但即便是最离奇的传闻，背后也有一丝真实为其根源，只是因观察失误或跨文化间传播中的巨大距离而被扭曲了。因此，老普林尼前言不搭后语也是在所难免的。"希腊人的轻信程度真是令人惊讶。"他在《博物志》（*Natural History*）中这样嘲笑希腊人对狼人的恐惧，同时推荐将老鼠粪便涂抹在头上治疗秃顶。其后的几个世纪间，动物寓言的神话色彩都没有被完全抛弃。达·芬奇（1452—1519）就曾写过一些，反复讲述同样的神奇故事，其中包括"鳄鱼的眼泪"这个说法的起源。他写道："鳄鱼抓住人后会立即用颚将他咬死，然后，鳄鱼会为这个人的死而哭泣，表现得非常悲痛。当它完成哀悼后，又会立马残忍地把他吃进肚子里。伪君子也是如此，他会在心里高兴时流泪哭泣，表面上看着是悲伤，但在他凶残的内心深处，其实比谁都要高兴。"

绝妙的前现代时期的动物寓言集也包括爱德华·托普塞尔图文并茂的《四足兽的历史》（*The History of Four-Footed Beasts*, 1607）和《蛇的历史》（*The History of Serpents*, 1608）。这位英国神职人员兼作家在开篇写下了免责声明："我并不希望读者以为是我编造了所有关于这些动物的故事，我只是讲述了许多人所说过的。"然后，他便开始回顾从古代流传下来的有关世界上的动物的每一种迷信。托普塞尔的书中呈现出一个卡通化的自然世界：黄鼠狼从耳朵里分娩，旅鼠在云中吃草，大象崇拜太阳和月亮，并通过咀嚼曼陀罗草受孕。蟾蜍的头上有一块蟾蜍石，可以使人们免于中毒。猿类惧怕蜗牛。

除了真实存在的动物之外，书中还记录了神话生物，例如波斯蝎尾狮，它"上下各有三排牙齿……脸和耳朵长得像人，灰色的眼睛，浑身血红，尾巴和蝎子的尾巴一样……咆哮起来声音像小号或笛子"。

英国作家托马斯·布朗爵士是第一位把这些经久不衰的迷信、神话和民间传说搜集到一起的人，还用严格的科学标准对它们进行逻辑判断，他的著作横跨科学、医学、宗教和神秘学。现代英语使用者们每天都会用到他创造的单词和短语，《牛津英语词典》有4156条词条出自其著作。据统计，他大概发明了700个单词：两栖类、近似、鹰钩、两足动物、惨白的、因果关系、共存、昏迷、中断、电梯，还有毛囊、幻觉、说明性、迁徙、参与、沉思、选择、越轨的、起伏、斑斓，以及玻璃状的。

布朗发明的单词中最有名是"电力"（electricity），出自一本关于大众谬误或误解的综合百科全书，名为《世俗流行的错误观点：或对众多公认信条和普遍假定真理的探讨》（*Pseudodoxia Epidemica: or Enquiries into very many received tenets and commonly presumed truths*, 1646）。在书中，布朗以一种诙谐幽默的笔触点出人们"对古老观念的顽固坚持"，然后专门开辟篇章一一驳斥各种各样的错误观点，例如"山羊的血能使钻石软化破碎""将曼德拉草连根拔出时，它会尖叫""大象没有关节""天鹅死前叫声像唱歌""孔雀的尸体不会腐烂""鹳鸟只生活在共和国和自由国家""海狸为躲避猎人会咬掉自己的睾丸或者装死"等。

关于神话中的独角兽，他承认在自

波斯蝎尾狮，出自爱德华·托普塞尔1607年出版的《四足兽的历史》。

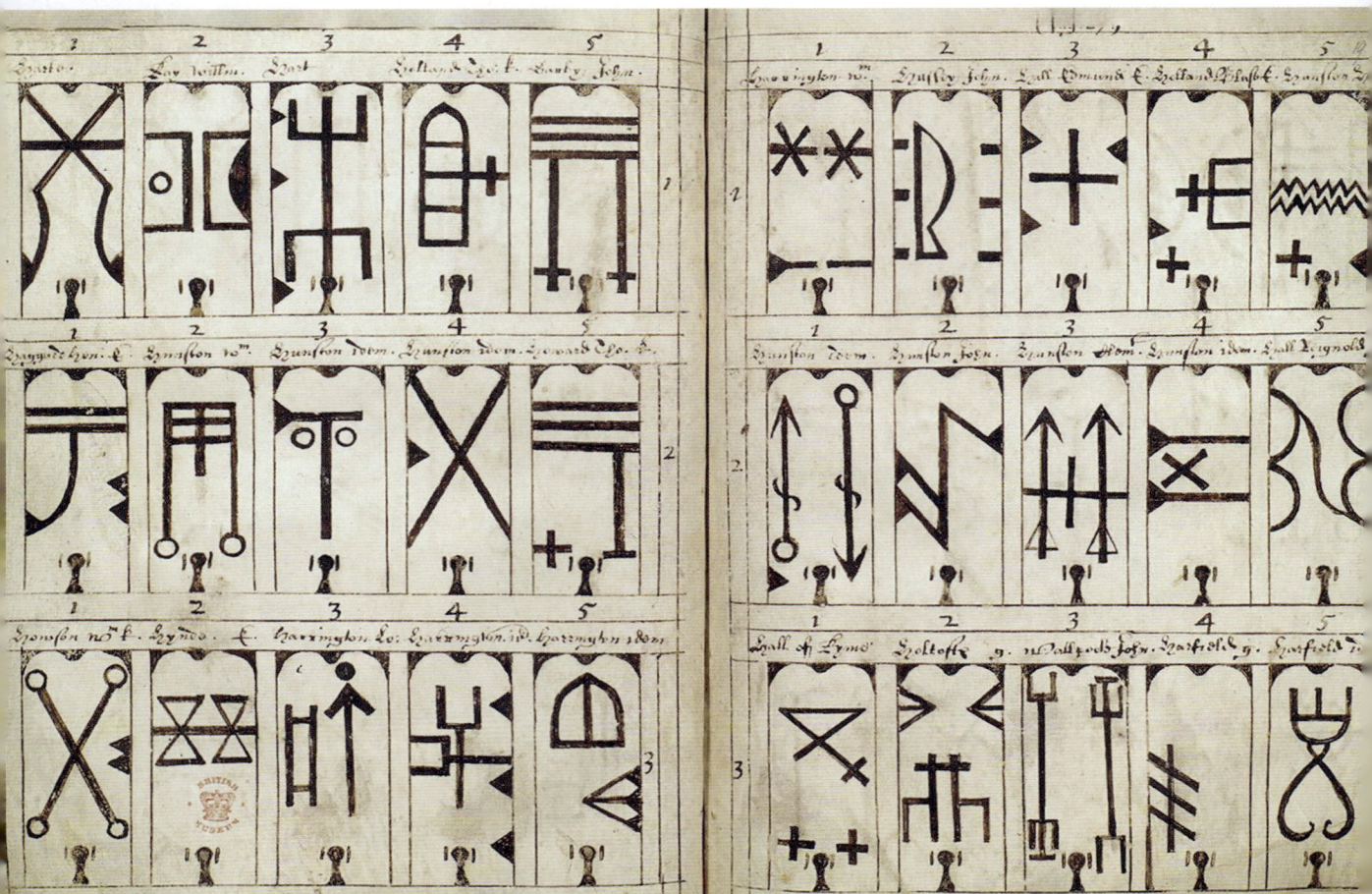

上图：16世纪的"天鹅标记"书籍的页面。这些登记簿收集了被王室授予拥有"沉默天鹅"特权的所有权标记。这些标记会被雕刻或烙印在天鹅的上喙。

然界的犀牛和独角鲸身上确实存在类似的特征，同时也指出，如果独角兽真的拥有多数绘画中表现的那么巨大的角，又以那样的角度生长的话，它根本没办法吃草，一定会把自己饿死。但布朗并不是随口反驳这些错误，无论这些观念听起来多么荒谬，也不管实验的要求多么奇怪，他都会通过实践对它们进行检验。

针对"用一根线悬挂着死掉的翠鸟可以判断风向"的说法，布朗花了一整个下午来实验。他把死翠鸟挂在天花板的悬梁上，根据观测，它只会在风中朝不同的方向乱转，并没有什么规律可言。"最好还是用真正的风向标吧。"他总结道。

像托普塞尔和布朗这样的作家，会在动物寓言集和汇编中探讨各种各样的自然奇观，而一些最奇特的合集痴迷于某一个领域的奇妙事物，比如荷兰人阿德里安·科尼兹就专门研究鱼类。这位荷兰的船只失事专家、谢夫宁根的官方鱼类拍卖员及业余鱼类学家以1577年时的63岁高龄，开始创作他长达800页的巨著《鱼书》

（Visboek）。3年间，他收集有关海洋、沿海渔场和各种各样海洋动物的资料，形成了一个配图丰富的鱼类资料库，还从奥劳斯·马格努斯的《北方民族志》（*Historia de Gentibus Septentrionalibus*）等作品和当地的民间故事中汲取了很多灵感。例如，有一则民间故事中就提到了一条拥有神奇文身的金枪鱼（见第114—115页），据说于1561年在休达附近的地中海海域捕获，鱼鳞上神秘地呈现出船只图案——大概是这条鱼在旅途中遭遇的那些船只。

另一则奇怪的条目是"海中主教"，又叫"主教鱼"，一种经常出现在16世纪文学作品中的海洋生物。它戴着主教法冠，穿着拖鞋，戴着手套，紧攥权杖和十字褡。传说曾有人将主教鱼献给波兰国王，它向天主教主教们恳求释放并获得了准许。根据1583年莱顿法庭的会议记录，我们可以得知，科尼兹本人很清楚这本精美的《鱼书》吸引力非凡。他请求法院允许他的手稿和一些干鱼在斯海弗宁恩"即将到来的年度自由市集和城市解放节上展出"，观众要想观赏鱼类标本需要支付5欧分，看书则要支付25欧分。

然而，当谈到色彩缤纷的海洋生物奇观时，没有任何一本书能够和人类历史上第一本彩色的鱼类研究著作相提并论。1719年，欧洲人对印度尼西亚的野生动物还知之甚少——路易斯·雷纳德本人更是如此，但这并没有阻止这位阿姆斯特丹书商自信地出版了两卷本色彩鲜艳的合集《发现于摩鹿加群岛及南方海岸的色彩缤纷、形态奇特的鱼类、小龙虾和螃蟹》（*Fishes, Crayfishes, and Crabs, of Di-*

下图：厚达2000多页的手抄本《摘要书》（*Libro de los Epítomes*），在历史长河中静待了300余年，直到2019年才在哥本哈根的阿尔纳·马格尼安文献馆中被人们发现。这本书是克里斯托弗·哥伦布的儿子埃尔南多·科隆（1488—1539）庞大图书馆的一部分编目，后者曾试图收集世界上每一本书的副本。他收藏了约2万本图书，是当时世界上最庞大的私人藏书。至今只有四分之一的藏书留存了下来，自1552年以来被保存在塞维利亚大教堂。因此，《摘要书》成了许多已经失传书籍的唯一资料来源。

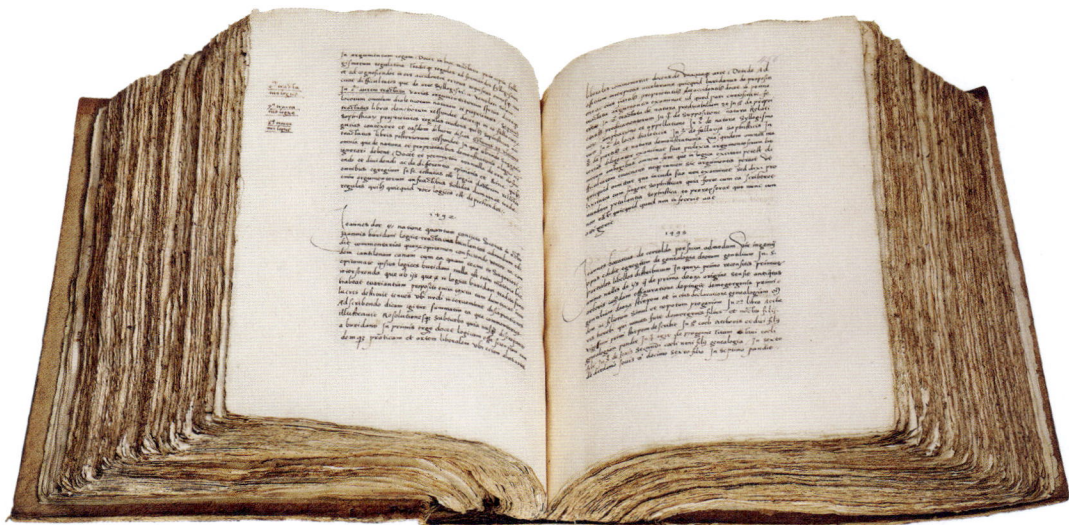

Leo rex
Bestiarū porcus

Leo
Rotarū timeŭ stre
pit, sed magiŭ igneŭ. ac
cū dormit, eiuŭ uigilant
oculi. Circa homine, leonū
natura ē, ut niŭ leŭi, nequeant
iraſci. Captiuoŭ obuioŭ repa
triare permittunt

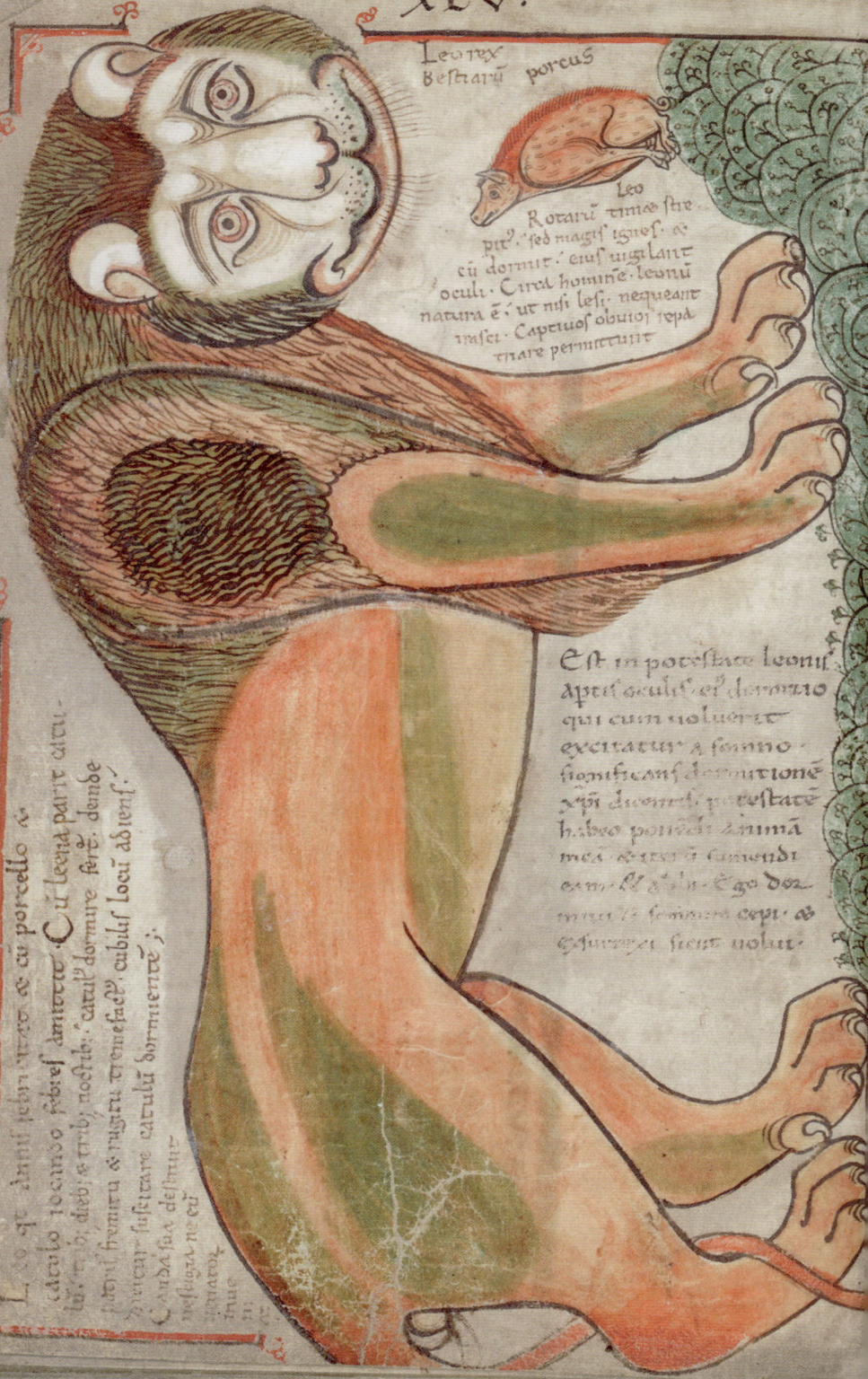

Eſt in poteſtate leonŭ
aptiŭ oculoŭ ſed dormio
qui cum noluerit
excitatur a ſomno
ſignificanŭ dormitione
xpī dicentiŭ poteſtate
habeo ponendi animā
meā et iterū ſumendi
eam. Et alibi. Ego dor
mio et ſomnum cepi. et
exurrexi ſicut nolui

Leo qŭ dinū ſeñ ueŭ et cŭ porcello et
catulo ioconſo ſebreŭ ſanitreŭ. Cŭ leena parit catu
luŭ, bz dieŭ, et triŭ noctiŭ, catulŭ dormire ſert. deinde
patriŭ fremitu et rugitŭ tremeſacŭ cubilŭ locuū ſtienŭ
rancar ſuſcitare catulŭ dormiente ſ
Caudaſat deſinit
neſ fuga noeŭ
ſparat
inuer

ISIDORVS SPAESS

EPS DE NATVRIS BESTIARVO;

LEO cauda ppria opiens uestigia ne uenator eu
nueniat. leone ortu de tribu iuda significat. q in fine sclox
umanitatis sue cauda, ne auenatore diabolo agnosceretur
tam deitatis occuluit. LEO rex bestiaru æ dns. rugitu suo
fremitu. catulu suu excitat triduo dormiente. ds deox æ dns
lu sun. die tercia. amorte susctat incolam. LEO cauda
ra pauiendo circulu faciens. que desiderat inde abstrait.
ps di filiu fine sue mortis que p caudam notat que finis est
estie. pcutiens baratru. quos uoluit inde eripuit. *Irē de leone*
LEO sibi resistentes occidit æ deuorit ac peregrinos repair
re pmittit. Xps u supbos destruens. humiles exaltat ngia
peregrinos pauperes spiritu ad paradysi gaudia repatare æcec;
Tygris bestia uariis distincta maculis. uirtute *De tygride;*
æ uelocitate mirabis crudelis est nemini parcens;
Pantein bestia nigra ut alba uarietate distinguitur.
fulus depicta orbiculis. Hec semel omino parit. nam
erata fetib; uuluam taq obstante partui unguib; lacerunt
a ut semen infusum postea retinere non possit; *De antilope;*
Antalops animal nimis acerrimu auenatorib; capi non
potest. Habæ aute longa cornua ferri similitudinē ha
entia. ita ut possit etiã arbores secare altas. æ ad tru psior
re Du u sint quens ad eusinven ribus. Est amo fru
xta fluuiu que dr hercma habæ uirgulta subtilia
ua. Cuq incipit ludere obligat ornub; in uirgultu hercia
cu diu pugna uerit æ se liberaro ii possit. exclamat
uius uoce uenens audiens. uenit æ tinuo æ oc
Pardus uarietate distinctus. uelox nimis æ prec
guinem. saltu ad mortem ruit festinanter.
eopardus ex adulterino concubitu leonis
do æ leena nascitur. salun ut leo. nigris dc

守护着《花之书》（*Liber
Floridus*）章节的狮子。
这是一本中世纪的百科全
书，由法国圣奥梅尔的教
士兰伯特于1090年至1120
年之间编纂，详细记载了
世界及宇宙的历史。

Certificatus uot
Gibzaltiz ogheiromi

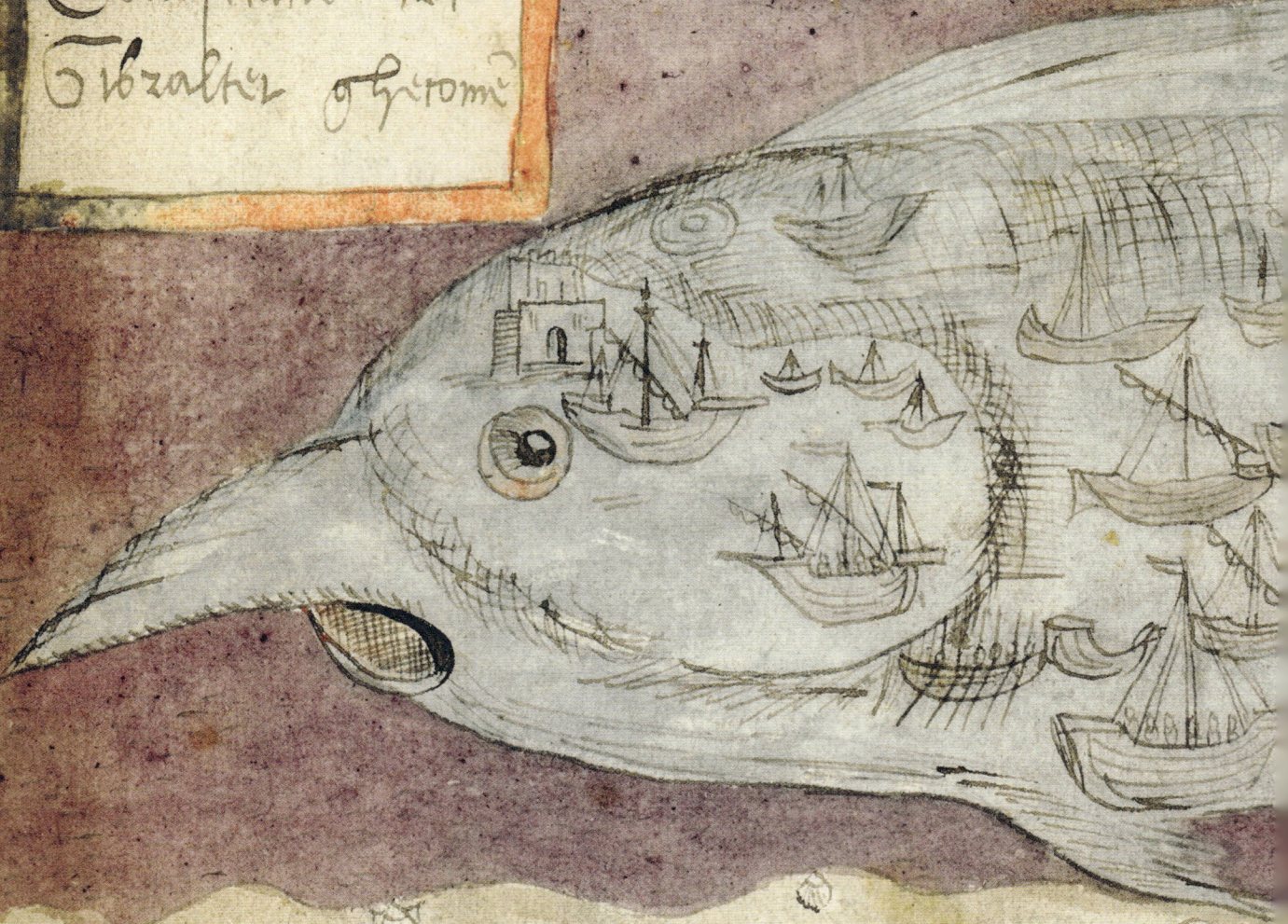

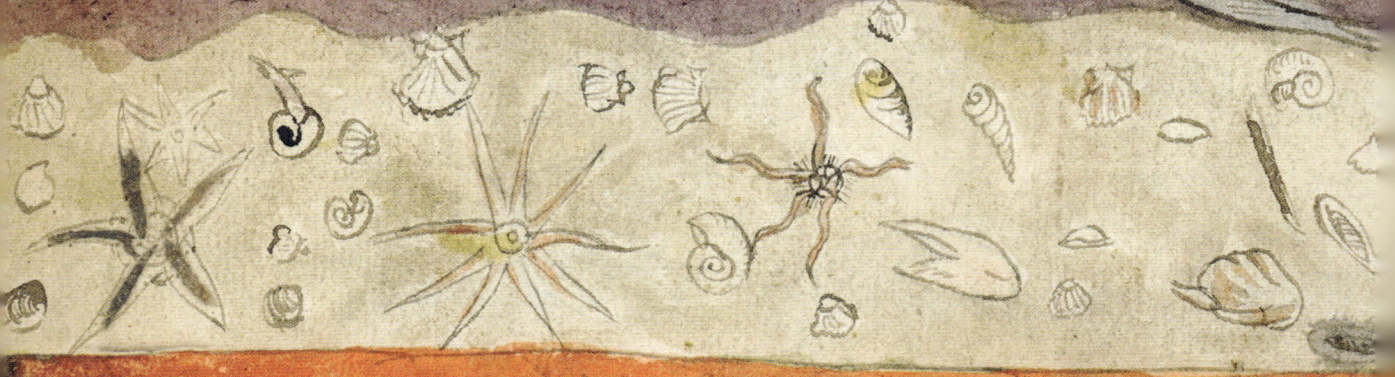

拥有神奇文身的金枪鱼，出自阿德里安·科尼兹完成于1580年的著作《鱼书》。

30

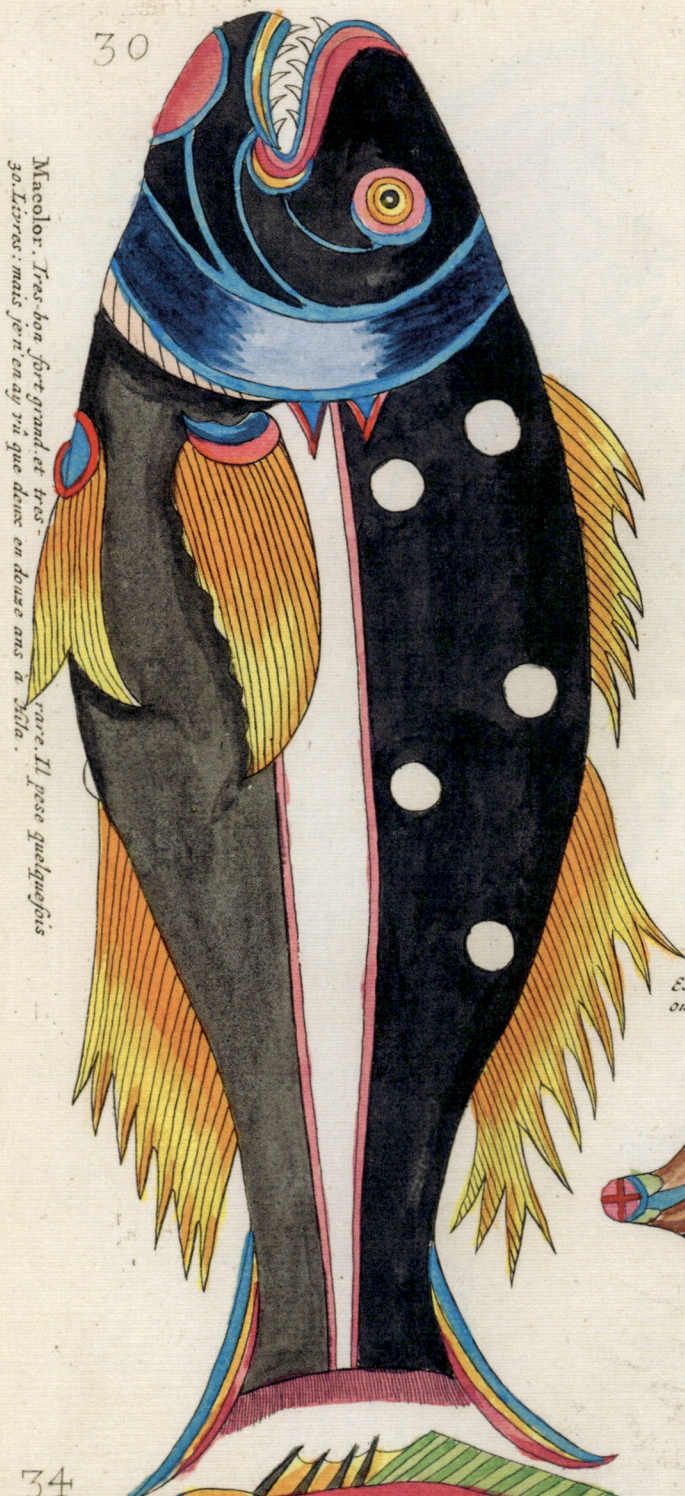

Macolor. *Tres-bon fort grand, et tres-rare. Il pese quelquefois 30. Livras: mais je n'en ay vu que deux en douze ans a Mela.*

31

Sosor. *Perche panachée d'Arokoe, commune, delicieuse, et propre à être conservée dans les étangs. Je l'ay dessinée après l'avoir écaillée; car alors elle est plus belle qu'avec ses écailles.*

Espece de Carcasse dont on a parlé N°. 29.

32

Sambia. *Loop visch, ou Poisson courant d'Amboine. Je l'ay atrapé sur le Sable et l'ay gardé trois jours en vie dans ma maison comme un petit chien qui me suivoit par tout fort familierement. Mr. Scott en a un à Amsterdam dans l'esprit de vin.*

33

34

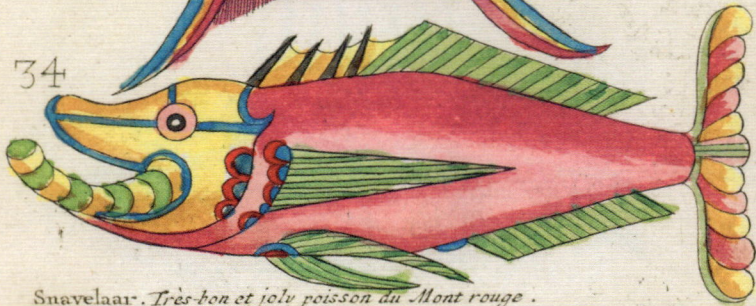

Snavelaar. *Très-bon et joly poisson du Mont rouge.*

G

156. Klip-vifchje. *Petit poiffon des Roches dont il eft parlé amplement à la Remarque N°.5.et 7.*

157. *Gros* Poupou Indien *bigarré. Voyez N°.136.*

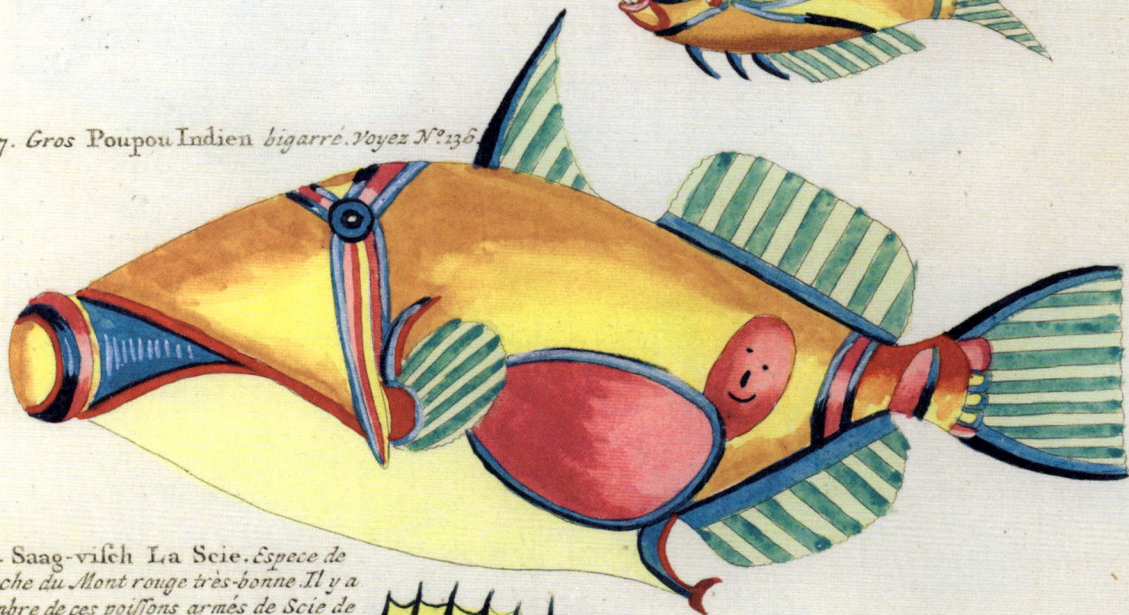

158. Saag-vifch La Scie. *Espece de Perche du Mont rouge très-bonne. Il y a Nombre de ces poiffons armés de Scie de differentes manieres.*

159. Keyfers Krabbe *ou* Krabbe Imperiale de la Rique, *peu commune mais dont il y a pourtant plufieurs en Hollande où elles ont été envoyées d'Amboine par curiofité.*

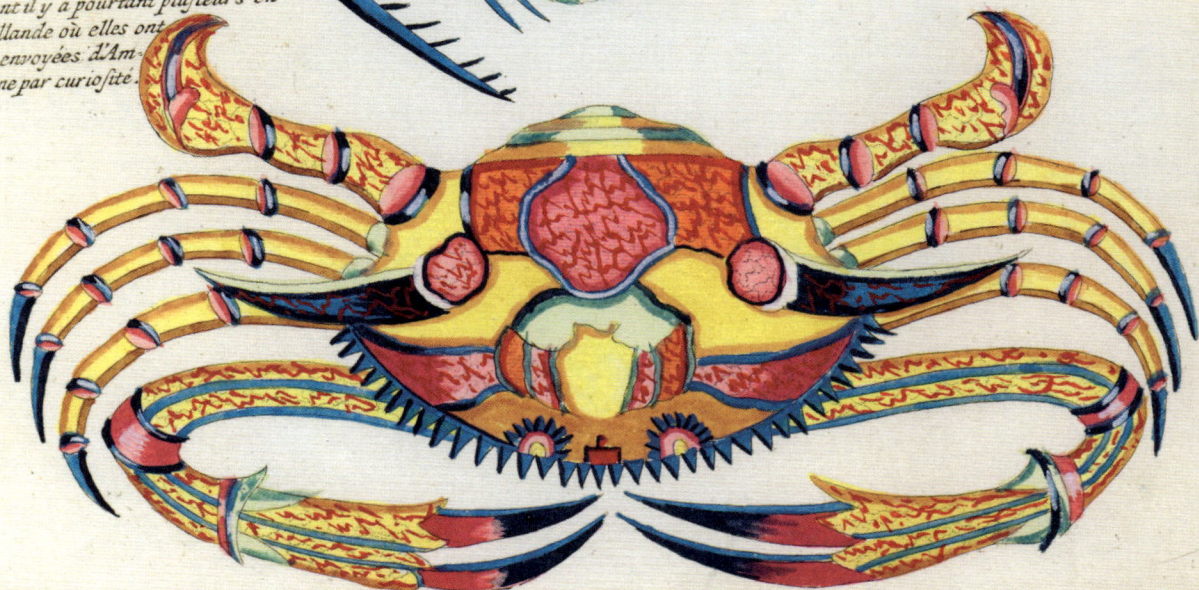

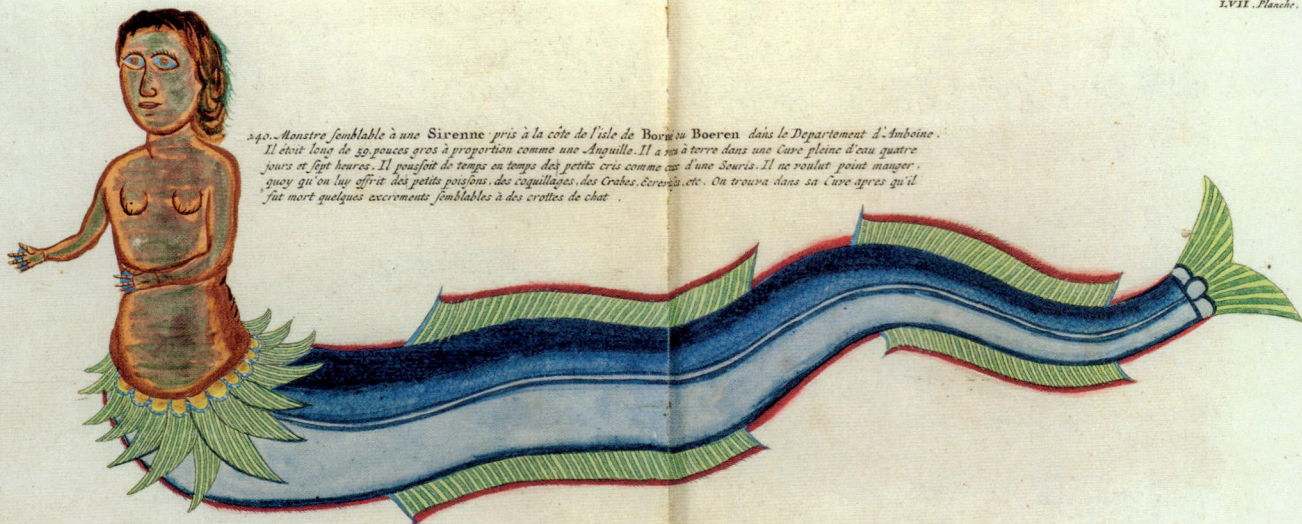

240. Monstre semblable à une Sirenne pris à la côte de l'isle de Borne ou Boeren dans le Departement d'Amboine.
Il étoit long de 59 pouces gros à proportion comme une Anguille. Il a vécu à terre dans une Cuve pleine d'eau quatre
jours et sept heures. Il poussoit de temps en temps des petits cris comme ceux d'une Souris. Il ne vouloit point manger
quoy qu'on luy offrit des petits poissons, des coquillages, des Crabes, Ecrevis, etc. On trouva dans sa Cuve apres qu'il
fut mort quelques excremens semblables à des crottes de chat.

241. Ecrevisse extraordinaire qui étoit longue de 39 pouces depuis l'extremité des jambes
jusques à la queuë. Voyez la Planche XLV. N.° 187.

Kkk.

前一对页（左图）：长着四条腿的"跑鱼"，"像小狗一样"跟着它的发现者。图片出自路易斯·雷纳德的《鱼类、小龙虾和螃蟹》一书。

前一对页（右图）："帝国蟹"，以及其他3种色彩奇异的生物。图片出自路易斯·雷纳德的《鱼类、小龙虾和螃蟹》一书。

上图：美人鱼，雷纳德作品的压轴之作（或致命一击）。"一只塞壬，"原文说明道，"身长59英寸，比例与鳗鱼相当。"（或许就是在暗示它是一条大鳗鱼。）

verse Colours and Extraordinary Form, that are Found Around the Islands of the Moluccas and on the Coasts of the Southern Lands, 1719）。这套书的制作花费了30年，100页的篇幅中包含460幅精美的海洋生物插画。然而，在第二卷中，科学的准确性却成了艺术家奔放创意的牺牲品，又或者正如雷纳德本人在编者序中所解释的那样："虽然第二卷的插图不太准确，但其中充满着新奇的创意，每条

鱼旁边的说明文字也同样别出心裁。"

书中的大部分鱼与东印度群岛水域的真实物种间至少有一些相似之处，而另一部分则很明显地拥有一些鸟类，甚至人类的特征，还配以太阳、月亮、星星，乃至高顶帽等图案作为装饰。艺术家的设计变得越来越具有实验性，某些鱼的色彩几乎成了荧光色，极鲜艳却也极失真。

书中亮点之一是"刺龙虾"，据称它们喜好栖息在山地，并且有爬树的习性，还会产下"像鸽子蛋一样大"布满红色斑点的卵。此外，还有一种叫声像猫

的"Crabbe-Criarde"(某种螃蟹)。另一种螃蟹的身上有完美十字架标记,据说是当地人崇拜的对象,因为它的同类曾经从海中浮起,将一位愤怒的国王满怀厌恶扔进水里的十字架归还给了圣方济·沙勿略。根据图注,第116页上的四足鱼是"安汶跑鱼",作者写道:"我在沙滩上抓到它,它在我家活了3天。我走到哪儿它就跟到哪儿,就像一只十分友善的小狗。斯科特先生在阿姆斯特丹也有一条,只不过被泡在酒里。"另外,书中提到的"帝国蟹"(见第117页)令人眼花缭乱,但最精彩的往往都留在最后——该卷的最后一页用精致入微的插图详细地描绘了一条被捕获的美人鱼,据说它能发出老鼠一般的叫声。

尽管具有一定误导性,《鱼类、小龙虾和螃蟹》这本书仍然让欧洲读者对东印度群岛水域的生物有了一些了解。现在,我们不妨想象一本书,能让读者看到、摸到,甚至闻到来自世界另一端文化的材质。《库克船长三次南半球航行中收集的布料样本目录》(*A Catalogue of the Different Specimens of Cloth Collected in the Three Voyages of Captain Cook, to the Southern Hemisphere*, 1787)一书就提供了这样的体验,书中收集了各种裁剪整齐的塔帕布样本(由树皮制作),詹姆斯·库克船长在探索南太平洋时遇到的土著部落会将塔帕布用于制作服装、床上用品,以及其他传统用途。翻开库克船长的塔帕布"图集",就如同踏上一场18世纪的跨太平洋岛屿之旅。当时,塔帕布在新西兰、萨摩亚、汤加塔布岛、斐济和所罗门群岛等地广泛使用。夏威夷人将这种布料

库克船长的塔帕布书,是这位探险者在环太平洋旅行中,从多种异国文化收集的各种充满异国情调的素材的集合。

称为"塔帕",书中收集的样本大多来自那里,而船长本人最终也在那里惨遭不幸。

塔帕布书的稀有程度是不言而喻的,目前全世界仅存45本,而且每一本都独一无二。据说,这本书的署名编者亚历山大·肖曾小批量定制过一些书籍,以满足他位于伦敦河岸街的小店的顾客需求。其中最夸张的,或许是威尔士博物学家托马斯·彭南特。当他第一次看到这本书时,就立刻提出要全部买下肖所有的异国布料存货,并在之后着手制作自己的"加量"版。他将肖的文本、库克船员的采访,以及92种塔帕布样本(裁剪成整页的大小)拼接起来。这本书是整个欧洲探索历史中最能触动回忆的作品之一。

FRANCIS GROSE ESQ^R F.A.S.

当全英国都在为死于夏威夷的英雄库克船长哀悼时，一名男子在伦敦展开了他自己不同寻常的探险。他在夜深人静的时候潜入了这座城市最破败的区域，只带着一本笔记本和一位紧张的助手。

他就是弗朗西斯·格罗斯（1731—1791），曾形容自己"胖到骑不上马，穷到雇不起马车"，时常在午夜晃荡于伦敦最黑暗的角落，为他最著名的作品，《经典俗语词典》（*A Classical Dictionary of the Vulgar Tongue*, 1785）收集素材。他毫不畏惧，渴望撰写一部粗话和犯罪俚语的合集——专门收录约翰逊博士的《英语词典》中遗漏的那词汇。格罗斯和他的助手汤姆·科金打着研究的名义，频繁出入贫民窟、酒馆和造船厂，收集"长途行军中的士兵、绞盘旁的水手、卖鱼的女人，以及格雷夫森船上的行话"，来编纂他那有史以来

最伟大的脏话词典，或者说是"非标准词汇"和怪异语言的合集。

1785年，初版《经典俗语词典》共收录了9千多个词条，不过，随着英国从乔治时代的猥亵风气向维多利亚时代的端庄气质过渡，其中有近100个词条在后续版本中被删改了。作者再也没法将"BURNING SHAME（燃烧的耻辱）：一根点燃的蜡烛插进女人的私处"这样的条目蒙混过关了。（他还在自己的副本中补充道："显然，自然并没有将其设计成烛台。"）此外，他还很不情愿地删除了"FUN THRUSTER（趣味推进器）：肛交"和"APPLE DUMPLING SHOP（苹果饺子店）：女人的胸部"等词条。初版中还有其他一些值得注意的有趣内容：

ARSY VARSEY（上下颠倒）：摔得四脚朝天。

BEARD SPLITTER（撩须汉）：喜爱嫖娼的男人。

BLINDMAN'S HOLIDAY（盲人假日）：晚上、黑暗。

A BLOWSABELLA（吹莎贝拉）：蓬头垢面、头发垂在脸前的女人。

CACKLING FARTS（咯咯笑的屁）：鸡蛋。

CASTING UP ONE'S ACCOUNTS（清点账目）：呕吐。

CUP OF THE CREATURE（生灵之杯）：一杯好酒。

CURTAIN LECTURE（床帷讲座）：数落丈夫床技的女人，会说给他开了一场床帷讲座。

DUKE OF LIMBS（手脚公爵）：高个子、动作笨拙、病恹恹的男人。

DUTCH FEAST（荷兰盛宴）：艺人在客人面前喝得烂醉。

FRENCHIFIED（法国化）：感染性病。

LOUSELAND（虱子国）：苏格兰。

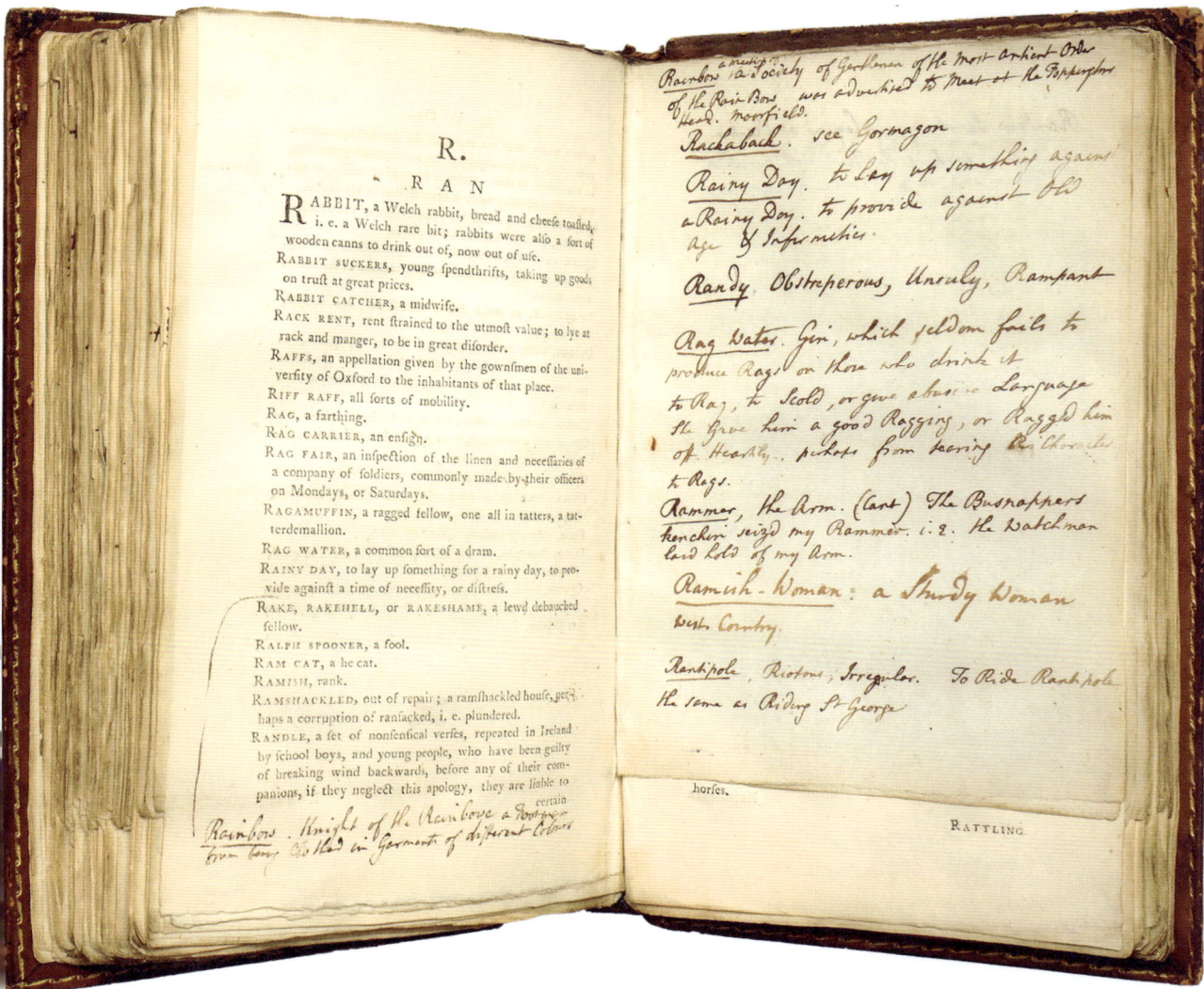

对页：弗朗西斯·格罗斯肖像，选自他的《地方词汇表》（*A Provincial Glossary*，1787）。

上图：弗朗西斯·格罗斯自己编纂的《经典俗语词典》注解版。

MARRIAGE MUSICK（婚礼乐章）：小孩的哭闹声。

MILK THE PIDGEON（挤鸽子奶）：试图完成荒谬的、不现实的任务。

PUFF GUTS（肥肠）：一个胖子。

SHAG BAG（傻包）：可怜的猥琐男，没有灵魂的人。

SLUBBER DE GULLION（邋遢鬼）：肮脏下流的男人。

TORMENTOR OF CATGUT（猫肠折磨者）：民间乐手。

《经典俗语词典》中收录的一组短语和伦敦的某个特定地区有关："COVENT GARDEN AGUE（考文特花园疟疾）：各种性病""COVENT GARDEN ABBESS（考文特花园女修道院院长）：鸨母""COVENT GARDEN NUN（考文特花园修女）：妓女"。考文特花园是18世纪臭名昭著的妓院区，夜里在那里流连忘返的男人们虽没有和格罗斯同样的学术热忱，却有着属于自己的指南。《哈里斯的考文特花园女士名单》（*Harris' List of Cov-*

HARRIS's LIST

OF

Covent-Garden Ladies:

OR

MAN OF PLEASURE's

KALENDAR,

For the YEAR 1773.

CONTAINING

An exact Description of the most cele-
brated Ladies of Pleasure who fre-
quent COVENT-GARDEN, and other
Parts of this Metropolis.

LONDON:

Printed for H. RANGER, Temple-Ex-
change Passage, Fleet-Street.

MDCCLXXIII.

1773年版《哈里斯的考文特花园女士名单》的
扉页。

ent-Garden Ladies)是一本150页左右的
小册子, 在1757 年至 1795 年间每年出版
一次, 书中记录了在考文特花园和伦敦西
区工作的120至190名妓女的信息。这本
售价2先令6便士的小册子, 每年大约能卖
出8千本, 但其作者的身份却始终是一个
谜。(据传, 作者可能是"格拉布街写手"塞
缪尔·德里克, 或是一位名叫杰克·哈里斯
的考文特花园皮条客。)

　　让这本俗艳的"名单"读起来如此颇
有趣味的, 是书中列举的这些18世纪下半

叶女子的种种信息, 除了名字、年龄和身
体特征, 还包括她们在卧室内外的专长和
才能(包括歌唱、舞蹈), 以及独特的个性
和背景的片段。例如, 1788年版中收录的
弗里斯街28号"文雅讨人喜欢"的伯*德小
姐, "更因优雅的衣着而非美丽的容貌而
著称, 若非天花如此不幸地摧残了她的容
貌, 她或许还能被列入'尚可'之列。然而,
她依然是个令人渴望、脾气温和的佳人"。

　　达文波特小姐的条目这样描写: "她
的牙齿非常整齐。她那高挑的身材、匀称的
胴体(如果你审视过她的裸体——只要你
像一位能干的祭司一样执行爱神的仪式,

她就会允许你看)简直就是第四位美神，或说是栩栩如生的'美第奇的维纳斯'。"另一位米德尔塞克斯医院附近约克街2号的克利坎普小姐则"拥有最美丽、最丰满的身材，无论是从趣味或欢愉角度来看，都是丰饶的想象力所能塑造的完美典范……对于真正喜爱丰满之美的人来说，遇到她是何等幸运，是命运的眷顾让他们拥有如此成熟美丽的丰盈美人"。

然而，公众对低俗内容态度的转变迫使格罗斯对《经典俗语词典》进行了删改，也引发了对性产业更加强烈的抵制以及呼吁改革的声音。而1795年版的"哈里斯名单"(最下流的一个版本)也成了最后一版，因为负责其印刷的人员都被罚款并被关进了监狱。

在弗朗西斯·格罗斯和《哈里斯名单》记录伦敦地下世界的不法勾当时，一本被称为《大学骚乱日志》(*Journal of College Disorders*, 1788)的日记本出现在大洋彼岸的美国，记载了另一个更加危险的领域：教学。这本日记出自哈佛大学前任教师伊利法莱特·皮尔逊(1752—1826)之笔，现藏于哈佛大学图书馆。他从1785年起在哈佛大学担任教授希伯来语和其他东方语言的"汉考克教授"。在这本充满苦楚的日记中，皮尔逊记录了学生们的残酷且通常伴随暴力的叛逆行径，或称为"骚乱"，大学导师们每日饱受折磨。这本书描绘了大学职员长期处于持续"围攻"下的景象：食物、木柴、蜡烛、《圣经》等几乎所有没有固定在地板上的东西都被偷走；学生们酗酒成风，甚至掏出武器；在井里淹死狗，破坏门锁，用碎石在教室墙壁上乱

涂乱画；甚至把厨房里的白镴盘子熔化，倒进校钟从而导致其彻底损坏。在这里向大家展示一些让我印象深刻的荒唐至极的段落：

1788年12月4日："晚间，一阵杂乱无章的喧闹声引起了韦伯先生的注意，他请学生保持安静。但他一离开，吵闹更加激烈，这促使他返回。他随后命令所有人回到自己的房间，但没有人理他。他只好逐个点名，命令他们离开。沙利文两兄弟拒绝离开，而詹姆斯表示他们想走了自然会走。后来，沙利文两兄弟对史密斯先生不敬地挑衅，并违抗詹姆斯先生的明确命令。"

1788年12月5日："韦伯先生正在桌前晚祷时，被一颗雪球砸中了。校方接到他的投诉，随后在12月6日召开了一次会议。不过，就和其他人之前一样，这名沙利文2号声称自己当时喝醉了。他被要求在12月8日的会议上进行公开忏悔。"

1788年12月9日："校长公开朗读了沙利文2号的忏悔书，但是台下实在太吵，特别是低年级，根本没人听到校长在说什么。校长命令所有人安静，然而毫无效果。骚乱从礼拜堂散布开来。"

1788年12月9日："另外……早餐时……饼干、茶和小刀被扔向导师们。"

1788年12月12日："礼拜堂的好几扇窗户都被砸碎了。"

1788年12月16日："威格尔斯沃思博士的公开课上骚乱更加严重。他经过过道时，左右各向他投来一轮碎石……还没走到下一个长椅，又一轮碎石从过道的北边投来……博士和另外两位导师走下过道时，一块石头从窗户射入礼拜堂，玻璃碎片扎中了其中一位先生。"

上图：被"围困"的教师，伊利法莱特·皮尔逊。

最后，皮尔逊明显松了一口气。

1789 年 1 月 7 日："假期开始了。"

不过，最有趣的收藏，是一本创作于19世纪中叶的作品。当时，葡萄牙作家佩德罗·卡罗利诺正雄心勃勃地着手创作世界上最好的葡英实用会话手册——这是一个令人钦佩的理想，因为卡罗利诺本人一句英语都不会说，而他手上也只有一本葡法会话手册和一本法英词典。他十分卖力地逐字逐句将葡萄牙语句子翻译成法语，然后通过第二本词典再将这些法语句子转换成英语。当然，就像所有经过多次转译的东西一样，结果是一团糟。

抛弃了不同语言中的习惯性表达和微妙差异，卡罗利诺成功创作了一本世界上最糟糕的语言指南，一个荒诞不经的无厘头著作，就是这本1855年在巴黎出版的《全新葡英会话指南》(*O Novo Guia de Conversação, em Portuguez e Inglez*)。这本书逐渐吸引了一群文学界的狂热追随者，促使它在伦敦和波士顿都得以印刷，并更名为《如她所说的英语》(*English as She is Spoke*)。马克·吐温就是狂热的粉丝之一，他在美国版的序言中写道："没有人能望其项背。它是完美的，注定并将永远独树一帜。它必将永恒不朽……随便翻开任何一页都精彩万分……只要英语继续存在，这本著名的小会话手册就永远不会消亡。"当然，这本书仍然是一本很有趣的读物。在"常用短语"一部分，我们可以找到各种难以理解的句子，诸如"这顶帽子是在哪个？""她很丑，至少她很优雅"和"所有的树都有非常交易的熊"。"穿上你的头发"一定会让人感到十分困惑，还有"小心地弄脏你自己""你们的父母还存在吗？"和"他拒绝和自己结婚"。人们不禁想知道，读者们看到这些生硬、唐突的会话短语会做何感想："你打破了我的头""你跳得不好""你的吉他调了吗？"，以及"你打断了我"。相比之下，"你做出笑容"显得相当迷人。书中短语的排列顺序也很有趣，例如，"快九点了"紧跟"他们都死了"；"我学会了法语"之后则跟着"我的头很疼"。而那个广为人知的英语短语"捏扁小猴子（marmoset）"，似乎是卡罗利诺将法语短语"croquer le marmot"译错的结果，原意为"耐心地等待某人开门"。

下面是一些对话范例。在"与洗衣女工的对话"中有一句："你必须弯折我的衬衣。"标题为"关于骑马"的对话显然是如何以枪指着对方要求退款的指南："这匹马看起来很糟糕，给我换一匹；我不会。它不会走路，它胖乎乎的，它跛着脚。给我这种马，你不觉得羞愧吗？它没有鞋子，指甲上翻；它想去找马夫。"对此，马贩子紧张地答道："你的手枪是它的负担吗？"

O NOVO GUIA

DA

CONVERSAÇÃO,

em Portuguez e Inglez,

OU

ESCOLHA DE DIALOGOS FAMILIARES

SÔBRE VARIOS ASSUMPTOS;

precedido

d'um copioso Vocabulario de nomes proprios,
com a pronuncia figurada das palavras inglezas,
e o accento prosodico nas portuguezas, para se poder aprender com perfeição
e a inda sem mestre, qualquer dos dous idiomas.

OFFERECIDO

A' ESTUDIOSA MOCIDADE PORTUGUEZA E BRAZILEIRA

por JOSÉ DA FONSECA

E PEDRO CAROLINO.

PARIS.

Vª J.-P. AILLAUD, MONLON E Cª.

**Livreiros de suas Magestades o Imperador do Brasil
e el Rei de Portugal,**

RUA SAINT-ANDRÉ-DES-ARTS, Nº 47.

1855

《全新葡英会话指南》，后来以英语出版，更名为《如她所说的英语》。

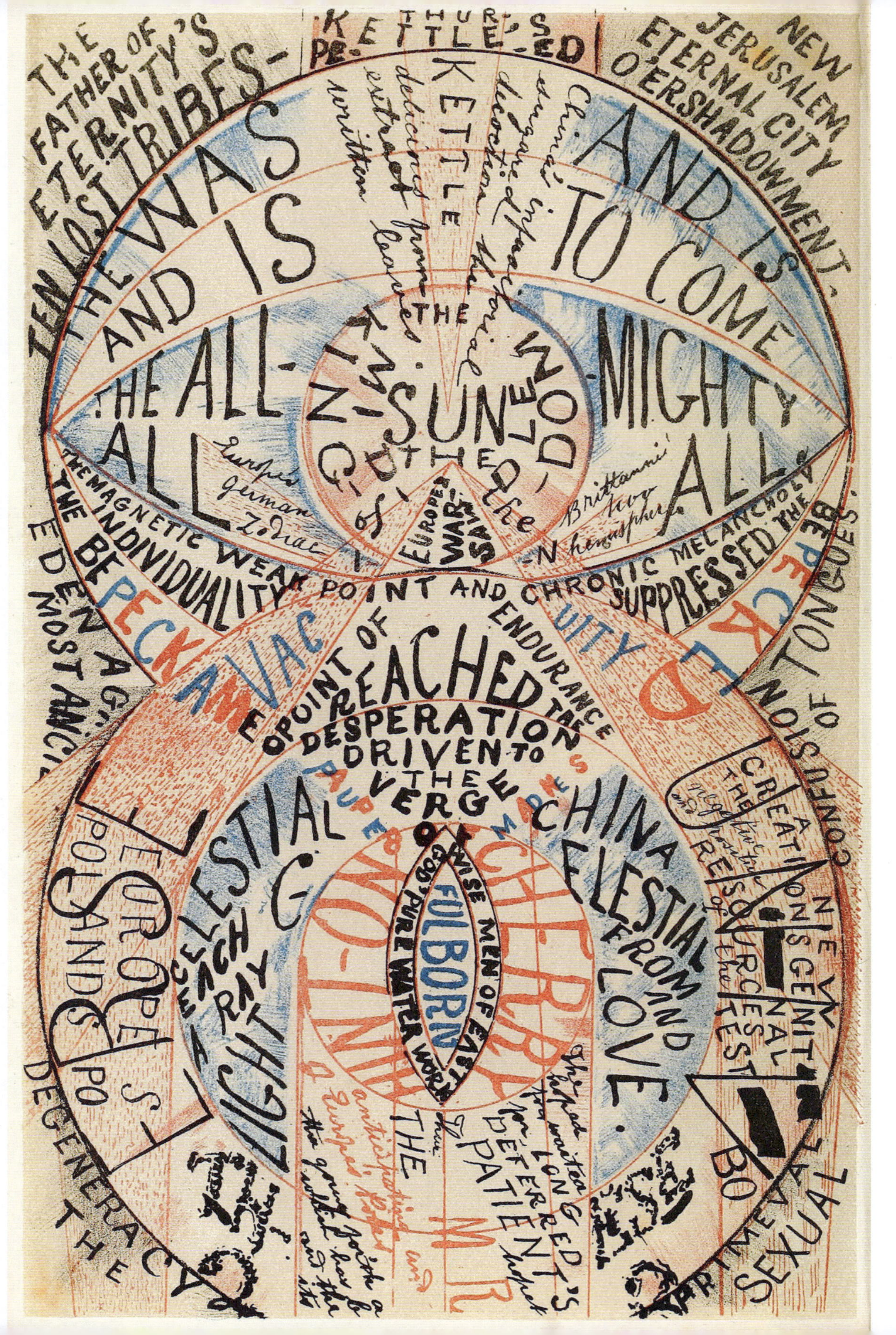
THE FATHER OF ETERNITY'S TEN LOST TRIBES
NEW JERUSALEM ETERNAL CITY O'ERSHADOWMENT
KETTLE
THE WAS AND IS
AND IS TO COME
THE ALL-MIGHTY
ALL ALL
SUN
THE KING-DOM
THE MAGNETIC WEAK POINT AND CHRONIC MELANCHOLY
INDIVIDUALITY
SUPPRESSED
BE OF TONGUES
CONFUSION
REACHED THE ENDURANCE
POINT OF
DESPERATION
DRIVEN TO THE VERGE
CELESTIAL CHINA
CELESTIAL FROM LOVE
EACH RAY LIGHT
FOLBORN
WISE MEN OF EAST
PURE WATER WORK
PAUPER MADE'S
CREATION
DEGENERACY
SEXUAL

《疯子的写作》（*On the Writing of the Insane*，1870）中的两幅插图。作者是英国剑桥附近一家精神病院的医疗主管G. 麦肯齐·培根，插图为一名患者所绘，他被描述为一位"拥有过人智慧、受人尊敬的工匠"。19世纪出现了很多这种医生制作出版的关于精神疾病的书籍，目的是教育社会大众，消除人们对精神疾病的误解。

美丽却致命的美国图书《死亡之墙的阴影》（*Shadows From the Walls of Death*，1874），这本书是19世纪含有高浓度砷的壁纸大合集。密歇根州卫生局向公立图书馆发放超过了100本此书，以提高公众对有毒壁纸的关注。

珍奇打字机

左图：日本KEIEIKI公司于1976年生产的日本打字机，配备了数千个刻有汉字字符的独立铅字。

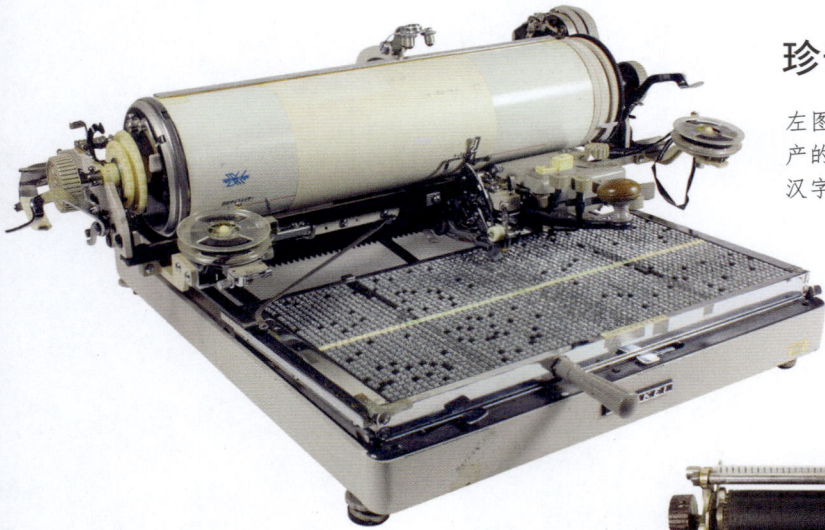

下图：维克多打字机，于1889年在美国获得专利。与米尼翁打字机一样，使用带有指针的半圆形索引和一个输入键。

上图：1869年上市的兰伯特牌打字机，美丽又独特，是收藏家们的最爱。打字时要先将圆盘转到要打的字母并按下，圆盘便会倾斜并接触到纸张。

右图：米尼翁AEG第4型打字机，索引打字机之母。它于1905年问市，直到1934年停产前都非常受欢迎。打字时要先将指针移到索引卡上要打的字母，再按下输入键，索引卡可以随时更换。只要稍加练习，操作员的打字速度平均为每分钟100次。

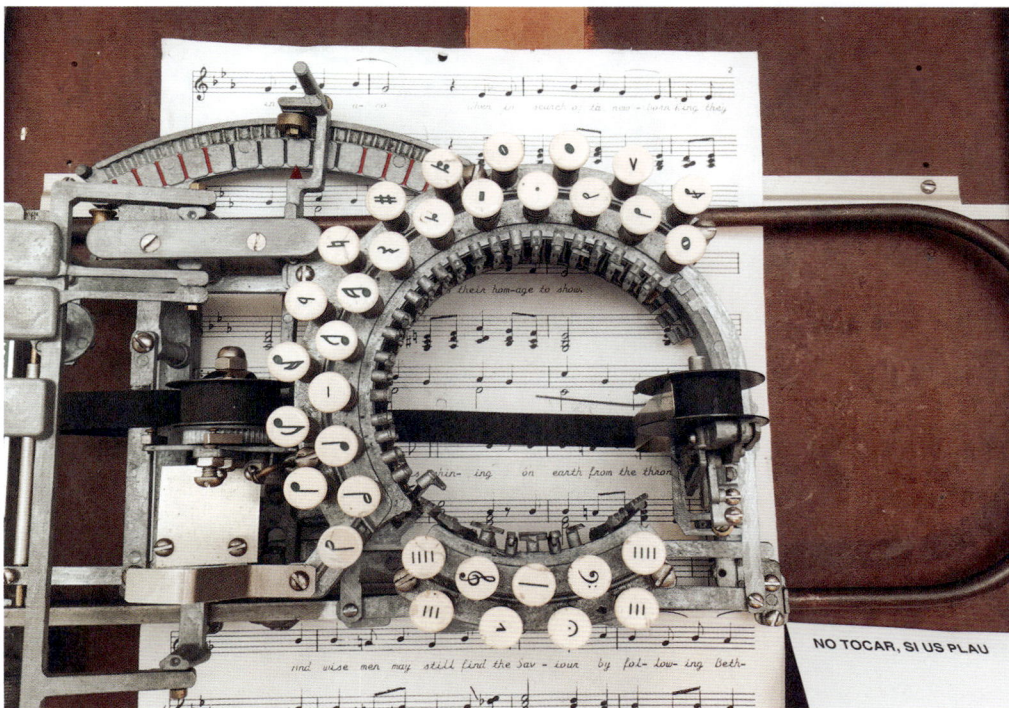

上图：基顿音乐打字机，1936年由加利福尼亚州旧金山的罗伯特·H.基顿申请获得专利，它可以快速且大批量地复制乐谱。

右图：汉森打字机，一款稀有的早期打字机，1865年发明于丹麦，也是第一台商业化生产的打字机。它设计独特，在一个巨大的黄铜半球上装有52个按键，元音在左侧，辅音在右侧。

超自然之书

数百年以来，中世纪欧洲魔法师的法术盒中，最受欢迎的道具就是《圣经》。《圣经》书页的碎片可以用作治愈护符，其中的祷文和章节也可以当作具有魔法的咒语在宗教仪式中大声朗读。当然，《圣经》本身就可以被当成护身符，藏在枕头下可以驱赶女巫和恶灵。不过，《圣经》最奇特的魔法用途，正是字面上的食用和饮用其文字和书页，期望通过吸收其神圣的力量来达到治愈的效果。许多中世纪的宗教手稿显示出被水洗过的痕迹，人们会将得到的墨水溶液饮下。《杜罗之书》（*The Book of Durrow*）是一部精心创作于公元650年至700年之间的福音书手稿，尽管它曾一度被一位农民浸在水桶中，用于制成一种神奇的药物来给奶牛治病，但它还是幸运地被保存到了17世纪末，现藏于都柏林圣三一学院图书馆。

时至今日，在信仰伊斯兰教的西非地区，人们还是会用类似的方式冲洗《古兰经》的部分章节并饮用，以此来治病和抵御巫术。苏丹北达尔富尔州的贝尔提族的Fakis（教师和治疗师），会给病人提供瓶装的"《古兰经》墨水"，让他们在全天饮用。印尼巴塔克草药师的学徒则会将老师口授的咒语刻在竹片上，然后放在煮熟的米饭上。男孩们通过吃下落入米饭中的竹片碎屑来摄取"文字的灵魂"。

要找到比《圣经》更早的奇特魔法文稿，我们可以追溯到埃及的古王国时期（约公元前2686年到前2181年）。[1]埃及人将文字的发明归功于月神托特，因此认为象形文字中蕴含着强大的魔法能量。最著名的古埃及文学是《死者之书》（*Book of the Dead*），它由一众祭司历时约千年编纂而成，是一本用在葬礼上的魔法咒语集，旨在帮助亡者安全地穿越杜阿特，也就是冥界，前往来世。《死者之书》原本有一个更为积极的书名《通往光明之书》（*Book of Emerging Forth into the light*），在它的第一批手抄本出现之前，古埃及就已经有了"金字塔铭文"。这是已知最古老的埃及魔法文本，尤其是其中一篇名为《食人圣歌》（*Cannibal Hymn*）的非凡佳作。

《食人圣歌》由两组咒语构成，分别是咒语273号和咒语274号，就刻在法老乌纳斯的陵墓前室中，以赞美逝去的国王狩猎并吃下诸神躯体的事迹。作为超越凡

对页：描绘灵媒D. D. 霍姆悬浮在空中的素描图，出自路易斯·菲吉耶的《科学的奥秘》（*Les mystères de la science*，1880年，巴黎）。

1　为了让读者对这一时期究竟有多古老有个概念，应该指出此时的埃及人与猛犸象共享同一个地球，这些猛犸象尚未灭绝。尽管大部分猛犸象在约6000年前的冰河时代就已灭绝，但仍有一小部分猛犸象在远东西伯利亚北部的弗兰格尔岛上存活着，直到公元前1650年。

俗的隐喻，已故的法老在神祇谢兹穆的协助下完成了一场祭祀仪式，宰杀、烹饪并吞食了化为祭品公牛形态的诸神。通过这种方式，他吸收了众神的神力，进而顺利地进入来世，并确保自己转变为天界神灵，统治苍穹。

《食人圣歌》中唱道："天倾大水，星辰暗淡……乌纳斯是天上的公牛，内心狂暴，吞噬众神，当祂们从火之岛归来，周身充满魔力，乌纳斯会吃掉祂们的内脏。"这段圣歌成为后来"棺椁铭文"中的咒语573号，但是当人们开始翻印《死者之书》（约公元前1550年），这首圣歌便和坟墓的尘埃一起逐渐被世界遗忘了。

随着基督教在欧洲兴起，非《圣经》的魔法文本（从18世纪起被称为"魔法书"），成了当局打压和焚烧的对象。然而，最困难的是如何定义"魔法"——它与科学和宗教研究的重叠之处，使得它永远没办法被彻底区分。以盎格鲁-撒克逊晚期英格兰的"血蛭书"为例，这些医学手册同时提供了治疗的咒语和符咒，以及科学指导——这究竟算是魔法还是医学呢？一种解决方法，可以参考西班牙出生的里昂大主教阿戈巴德（约779—840）的观点，即采用理性的思维来破除迷信。他曾撰写过好几部反对异教习俗的著作，还有一部神秘专著《关于冰雹和雷霆》（*De Grandine et Tonitruis*），该书于1605年被重新发现。在这本书中，他系统地驳斥了当时

流行的天气魔法信仰。

特别是当时的人们相信有些船能在云层间飞行，上面载着邪恶的天空海盗。他们定期到地面搜刮被风暴（由风暴巫师召唤的）破坏的庄稼，并将这些战利品带回他们的地盘"马戈尼亚"。[2]

使用巫术的指控也一度被用来抹黑天主教会的神职人员，包括两位教皇。西尔韦斯特二世（约946—1003）是历史上第一位法国教皇，也是一位多产的学者。他支持阿拉伯文献的相关研究，但却发现自己成了英国修道士马姆斯伯里的威廉和反对者红衣主教贝诺散布谣言的主角。据传，年轻的西尔韦斯特二世在西班牙的穆斯林城市科尔多瓦和塞维利亚学习时，曾偷走了一本阿拉伯语咒语书，并自学了巫术。传言他还拥有一颗青铜机器人头，具有预言功能，对于他提出的问题能大声

地回答"是"或"否"。此外，他还和魔鬼签订了一项法斯图斯式的协议（出自《浮士德》），凭借魔法登上了教皇的宝座。[3]

另一方面，针对教皇博尼法斯八世的指控，导致他在1303年去世后直到1311年，还被追加审判，理由是他曾使用魔法书召唤恶魔，控制着三只宠物恶魔。还有一位证人指出，曾看到他在自家的花园魔法阵内献祭了一只公鸡。当然，那些支持改革的新教徒自然对这些故事极感兴趣，数学家约翰·纳皮尔（1550—1617）就曾将多达22位天主教教皇记为"可憎的死灵法师"。

---

2 后来，这种关于天空之上的海洋的奇幻概念也在英国作家提伯利的杰维斯的小说《皇帝的消遣》（*Otia Imperialia*）中得到了呼应，是杰维斯于1214年为其赞助者神圣罗马帝国皇帝奥托四世所作，也被称为《奇观之书》（*Book of Wonders*）。杰维斯记载了一艘船的锚从天上掉下来，砸进了教堂墓地的事件。水手们顺着绳索滑到地面，但是遇到受惊的信徒又退回到空中飞船上。村民们设法抓住了其中一名男子，但他很快就在陆地上"淹死"了。

3 教皇西尔韦斯特二世的部分墓志铭中写着："主降临之际，此处埋葬的西尔韦斯特二世的躯体，将会回应（末日号角的）声音。"过去，人们可能是将此处"回应"误解为"发出声音"，因此才会演化出一个奇怪的传说：在一位教皇去世前，西尔韦斯特二世的遗骨就会在坟墓里发出响声。

　　留存于世的早期魔法书十分罕见，因为它们常常在虔诚的火焰中被烧毁，尤其是在猎巫活动盛行的16世纪和17世纪。

　　这种对人身安全的威胁，也使得抄写员们不愿意抄写和分发这些手稿，以免自己和这些作品一起被付之一炬。此外，制作中世纪的魔法书需要非常稀有的材料。为了保证其纯净，必须使用"处子"皮纸，即从尚未性成熟的动物身上取下的皮肤制成的皮纸；或用"未出生"皮纸，即用

上图：教皇西尔韦斯特二世和魔鬼，绘制于约公元1460年。

对页上图：一块中国的占卜用的甲骨（龟壳底面），上边的铭文刻着古体的文字"贞"，意为"占卜"。出自商朝，约公元前1200年，商王武丁统治时期。

对页下图：《易经》是中国古代的占卜手册，也是中国最古老的经典之一，可追溯至西周时期。这本书使用了一种叫做"投签占卜"的方式——通过6个随机挑选的数字形成一个六爻卦象，然后在书中寻找其释义。

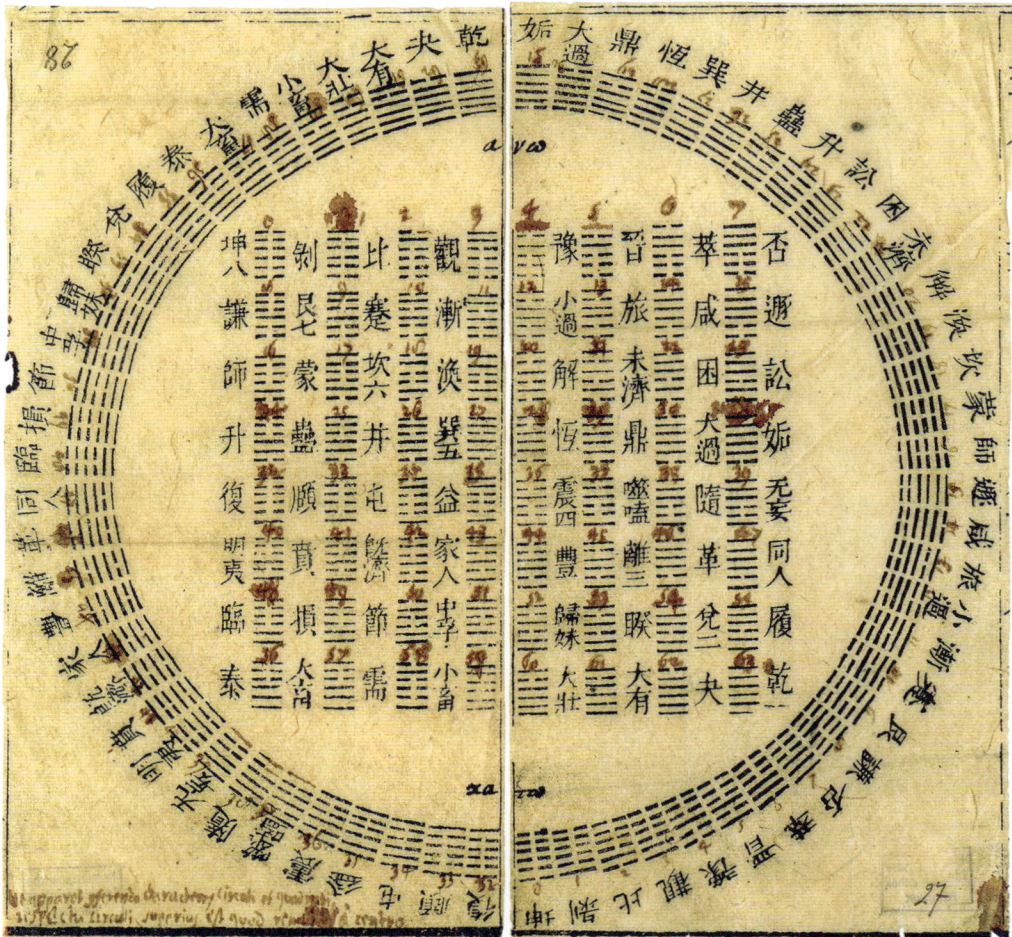

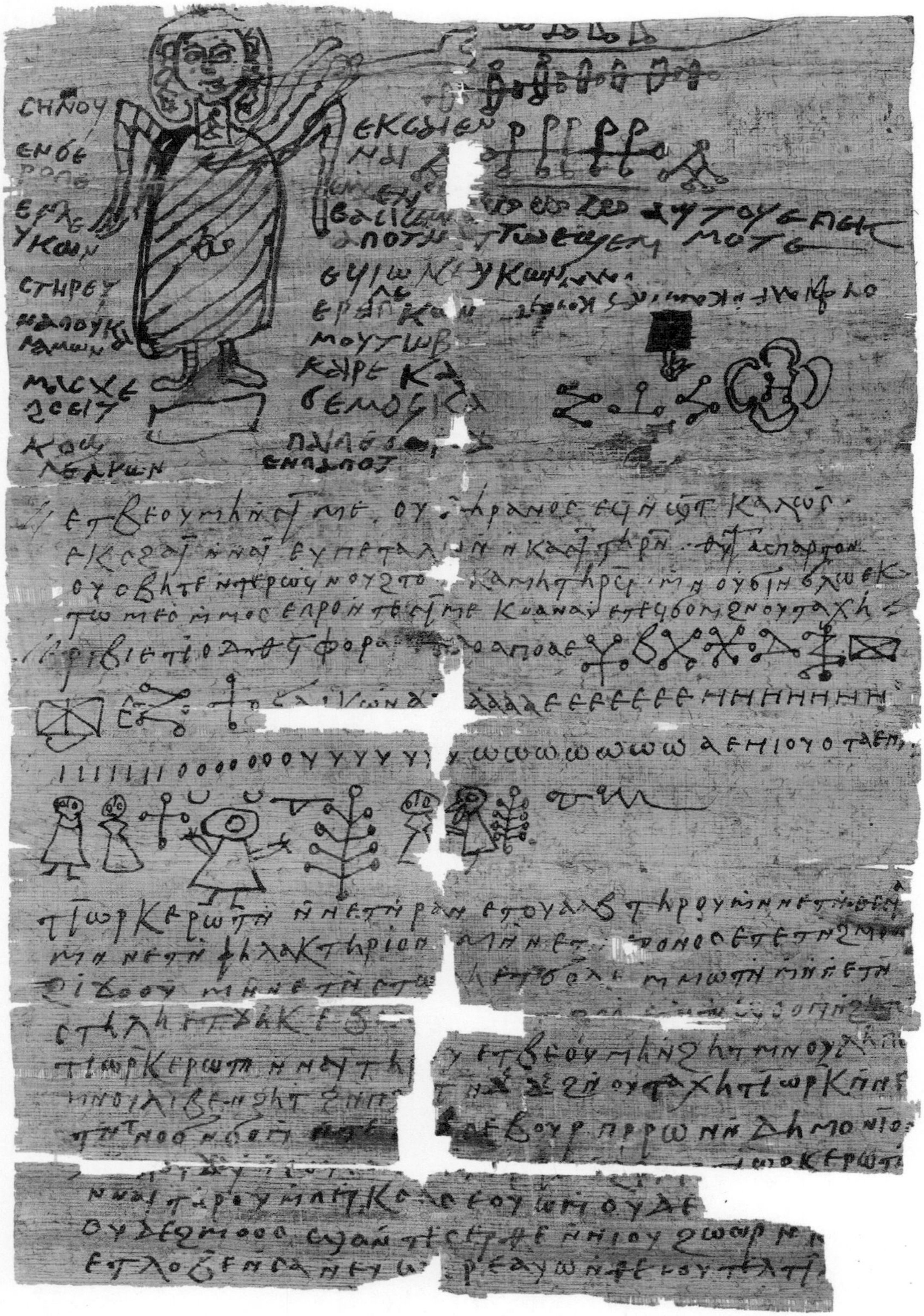

对页：来自6世纪或7世纪埃及的科普特魔法莎草纸，上面写有两个咒语：上方的咒语能赋予优美的歌声；第二条是爱情咒语，配合黑马泡沫和蝙蝠尸体一起使用，你渴望的人就会"像一条疯狂爱护幼崽的狗"一样爱上你。

羊膜囊制成的皮纸。即便到了现代，纸张已经变得相当廉价且不再如此恶心人，这项传统却依旧延续了下来。

在幸存于世的魔法书中，还是有一些杰作可供好奇的收藏家追寻，只要他们无惧恶魔的诅咒。《智者的追求》(阿拉伯原名为*Ghayat al-Hakim*，拉丁译名为*Picatrix*)是一本400页厚的魔法和占星术的百科全书，也是炼金术士的主要参考资料。这本书最初以阿拉伯语写成，大约完成于10世纪上半叶。其中最具历史厚重光环的版本藏于大英图书馆，曾为16世纪神秘学家西蒙·福曼所有。通过这位伊丽莎白时代的占星术医师保存的详细病例簿(现藏于剑桥大学)，人们可以对莎士比亚时期的英国生活进行有趣的洞察。福曼医生在治疗患者时引用了《智者的追求》这类魔法著作，包括"私处插着一把细剑"的人、给小狗哺乳的女人，以及一位因被恶灵附体并冲每个路人大喊"亲吻我的屁股"的绅士。福曼通过魔法著作向天使寻求建议，还会使用各种奇异的治疗方法，包括"鸽子拖鞋"疗法，也就是把鸽子开膛破肚，然后将它们穿在患者的脚上。[4]

有一本在欧洲大陆广为流传且臭名昭著的天使魔法宝典名为《七日谈》(*Heptameron*)，它列出了召唤一周7天分别对应的天使所需的仪式，用到的道具有香水、剑和哨子。书中还附有表格，列出了一天24小时中掌管每一个时间点的天使信息：白天的第3个小时由纳斯尼亚掌管，而如果要在晚上8点施咒，应该召唤天使塔弗拉克以获得最佳效果。人们曾一度误以为《七日谈》的作者是意大利著名作家、占星家皮埃特罗·达·阿巴诺(1257—1316)。他是帕多瓦大学的医学教授，据说非常讨厌牛奶，甚至看到有人喝牛奶都会呕吐。

因为试图区分魔法与占星术，阿巴诺两度被抓进宗教裁判所，1315年(也有消息说是1316年)第二次被监禁期间不幸在狱中去世，死前甚至还没有经受审判。17世纪的法国学者加布里埃尔·诺代写道："几乎所有作家都普遍将他视为那个时代最伟大的魔法师。他通过陪伴其的七个封印在水晶中的灵体，掌握了了七门自由艺术的知识，还拥有能让已经花掉的钱重新回到口袋中的能力。"要不是阿巴诺离世的时间比16世纪中叶的《七日谈》最早记录的时间早了250年，他还真是这本书最有可能的作者。

讽刺的是，现在我们所了解到的关于魔法书的关键细节，基本都出自当时反对魔法流行的人群。充满怀疑主义的荷兰医生约翰·魏尔，在《魔鬼的欺骗》(*De praestigiis daemonum*, 1577)中，理性地分析了各种巫术和召唤恶魔的事件。

他反复引用许多早已失传的资料，借此将《七日谈》贬斥为一本"瘟疫般的小

4　这种做法源于当时的人们相信鸽子是来世的使者——如果病人身上绑着鸽子的羽毛，他或她就不会死去。葡萄牙宫廷医生就曾孤注一掷，在查理二世的妻子，布拉甘萨的凯瑟琳身上施行过这种疗法，但她还是于1705年12月31日去世了。

书"。我们还从他的另一本书《魔鬼的伪王国》(*Pseudomonarchia daemonum*)的附录中发现了一张地狱中69种魔鬼的等级表。这样的批评内容可能反而会使批评者惹火上身。魏尔为了证明民间流行的咒语、符咒、仪式和驱魔术的荒谬性,详细地描述了它们的细节,果然适得其反,无意中引起了改革派和天主教的强烈敌意。法国法学家让·博丹就指责魏尔传播巫术,教会也迅速封禁了魏尔的作品。

为了更好地了解敌人,梵蒂冈设立了"梵蒂冈秘密档案馆",其历史最早可以追溯至1世纪,里面收藏了大量违禁物品。直到19世纪晚期,这座档案馆才由教皇利奥十三世(1810—1903)下令向学者们开放。[5]经过档案管理员证实,其中一本藏品

下图:创作于1750年至1799年间的德文版魔法书《七日谈》,附有召唤一周7天对应天使的详细说明、魔法布阵的信息和仪式所需念诵的咒语祷文。

便是后来轰动一时的畅销大众出版物《大魔法书》(*Grand Grimoire*)。这是一本关于召唤魔王的大首相路西弗吉·罗福卡尔的指南，据说其内容改编自神秘的中世纪作家底比斯的霍诺留的作品，许多人认为他在被魔鬼附身的状态下写成此书。据说，《大魔法书》中包含了召唤魔鬼的证据和神秘咒语，以及新当选的教皇逐渐被撒旦的权威所诱惑的过程。

如何召唤恶魔并命令它为你掠夺宝藏。图片出自15世纪后半叶约翰·利德盖特的《人生的朝圣》(*The Pilgrimage of the Life of Man*)。

当时，通过魔法阵召唤路西弗吉以实现愿望的仪式十分受欢迎，因为他知道许多宝藏埋藏的地点。据说，这本不惧火焰的《大魔法书》于1520年在所罗门王的坟墓中被发现。但记载显示，它首次出现于1750年左右，当时欧洲各地的寻宝者都

---

5 梵蒂冈的学者们也有属于自己的文学奇观。例如，梵蒂冈图书馆的管理员利奥·阿勒修斯（1586—1669）在1645年创作了《关于希腊人当下的某些迷信》(*De graecorum hodie quorundam opinationibus*)一文，首次系统性地对吸血鬼进行了探讨，尤其是一种特殊的希腊吸血鬼，被称为"卡里坎查罗斯"，通常活跃在圣诞节前后。不过，阿勒修斯最著名的作品应该是他未曾发表、完全靠传闻流传下来的论文《论我们的主耶稣基督的包皮》(*De Praeputio Domini Nostri Jesu Christi Diatriba*)，他在文中指出人们最近观察到的土星环其实是耶稣基督的包皮。

《路西法的铁轭，或可怕的驱魔仪式》
（*Iugum ferreum Luciferi, seu exorcismi terri-
bles*，1676）的卷首版画，这是一本西班牙驱
魔手册，由迪达科·戈麦斯·罗德萨编写，
图中描绘了一位神父成功驱魔的场景。

在吟唱其中的"伟大召唤"以呼唤路西弗
吉现身："路西法大帝，所有叛逆灵魂的主
宰，我请求您回应我的召唤，让您的大首

相路西弗吉·罗福卡尔与我签订契约。"

在19世纪的巴黎，这本《大魔法书》以
《红龙》之名重新出版。它被公开陈列在
闹市街道的书店橱窗里，正是在这里，英
国藏书家托马斯·弗罗格纳尔·迪布丁随
意地询问店员有没有什么"古老且奇特的
书"，并购入了两本。

在大部分魔法书的作者和读者都忙于召唤恶魔时，英国最著名的神秘学哲学家约翰·迪伊博士则更专注于和天使建立联系。为此，他寻求占卜者的帮助，占卜者是通过凝视水晶球或其他媒介来解读灵体回应的中间人。1582年，迪伊博士找到了爱德华·凯利，后者一直以爱德华·塔尔博特的假名掩盖其伪造货币或文书的罪行。[6]通过凯利，迪伊终于能够寻求天界的帮助，破译一份他痴迷已久的神秘魔法手稿《索亚之书》(*Book of Soyga*)。这本147页的手稿中包含咒语、占星术、魔鬼学、月球宫位和天使族谱，其中最让他着迷的是最后36页，每一页都有一张36行、36列的正方形表格，内容完全无法破译。

幸运的是，凯利设法帮他和大天使乌列尔取得了联系，根据迪伊日记记录，他向恩典的使者开门见山地问道："我的那本《索亚之书》有任何卓越之处吗？"乌列尔则借凯利之口用拉丁语回答，这本书是上帝的好天使们在伊甸园给亚当揭示启示时所用，自然十分卓越。"那您能不能给我一点提示，如何解读《索亚之书》中的表格？"迪伊问道。可惜，乌列尔的回答令人失望："只有大天使米迦勒本人才能解读这本书。"长久以来，此书被认为已经失传，直到1994年美国学者德博拉·哈克尼斯重新找到两份副本——就是现在收藏于大英图书馆的"MS Sloane 8"，以及收藏

《红龙》中画有魔鬼的卷首插图，约出版于1820年。

6　凯利将迪伊玩弄于股掌之间多年，甚至曾在1587年向迪伊透露天使们——特别是一位名为麦迪米的灵体——要求他们交换妻子一夜。天使们的命令使迪伊倍感痛苦，因此停止了一切通灵活动。不过，他确实曾和人分享过自己32岁的妻子简，这次"交换"记录在1587年5月22日的日记中。最终，凯利和迪伊在1589年分道扬镳。

爱德华·凯利正在召唤亡灵，出自1784年埃比尼泽·西布利的《占星科学新版插图大全》（*New and Complete Illustration of the Celestial Science of Astrology...*）。

对页：路西法和法国天主教神父于尔班·格朗迪埃签订的契约。1634年格朗迪埃因"卢丹附身事件"被判处死刑，他被指控召唤邪恶灵体附在一群修道院中信奉乌苏拉的修女身上。他们的契约用倒写的拉丁文写成，上面有路西法和其手下恶魔的签名。后来，这份契约被当成与恶魔勾结的证据刊印了出来。

于博德利图书馆的"Bodley MS 908"。两份手稿都以开头词"Aldaraia"编目。

在所有的魔法手稿中，我个人最喜欢的是伦敦惠康资料馆收藏的"MS1766"，也被称为《魔鬼学和魔法汇编》。这部作品以拉丁文和德文写成，作者和创作日期均未知。尽管书的扉页上标注了"1057"（以及"不要碰我"的警告），但这显然是魔法书的传统，也就是让书看起来比实际古老得多。通常认为本书可以追溯到1775年，随着当时猎巫活动的狂热逐渐消散，艺术家又开始在书中尽情地发挥（或许是"驱除"）他们的想象力。

在超过35张精美插图中，作者描绘了召唤仪式、恶魔吞噬人的肢体、从胯部冲出的火焰和蛇、墨水绘制的符号和神秘符纹，以及鲜红的恶魔资料表，显示出本书受到早期的魔法书影响，包括17世纪的《阿布拉梅林之书》（*Book of Abramelin*）和阿格里帕的《神秘哲学三部曲》（*Three Books of Occult Philosophy*）。其中一幅图描绘一个在法阵中施展死灵术的男人，他的身旁有一本魔法书和一具悬挂的尸体。另一幅图展示的是一位巫师正在挖掘宝藏，却发现他的同伙被一只2.7米高的鸡头人身恶魔抓住，它还在他们提着的灯笼上撒尿。这无疑是对当时"魔法寻宝"这一"时髦的犯罪行为"的警告。此后，这种犯罪行为还在欧洲流行了一段时间。

埃及饱受魔法书引发的挖掘宝藏风潮的破坏，从15世纪起一本中世纪的阿拉伯盗墓魔典就一直"引导"着当地投机的盗墓者。《知识的宝藏及秩序的珍珠，揭示知识的真正含义和自然科学的错综复杂》，也被称为《埋藏的珍珠之书》（*The Book of Buried Pearls*）。书中不仅提供了一张宝藏埋藏地点的清单，还附有如何驱逐守护宝藏的精灵和其他灵体的信息。此书是

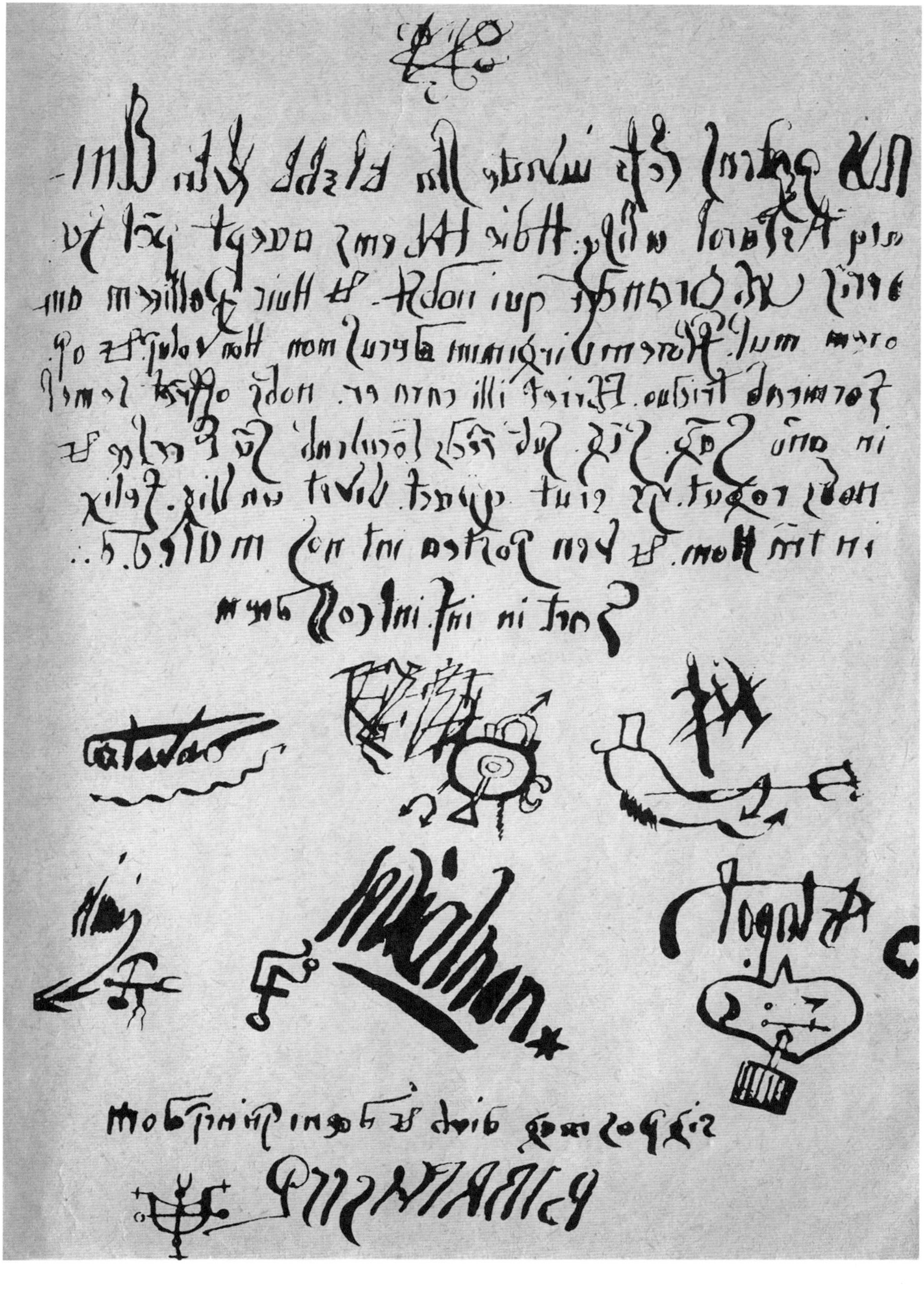

The Mowing-Devil:
Or, Strange NEWS out of
Hartford-ſhire.

Being a True Relation of a Farmer, who Bargaining with a Poor *Mower*, about the Cutting down Three Half Acres of *Oats*; upon the *Mower's* asking too much, the *Farmer* ſwore, *That the Devil ſhould Mow it, rather than He*: And ſo it fell out, that that very Night, the Crop of *Oats* ſhew'd as if it had been all of a Flame; but next Morning appear'd ſo neatly Mow'd by the Devil, or ſome Infernal Spirit, that no Mortal Man was able to do the like.

Alſo, How the ſaid *Oats* ly now in the Field, and the Owner has not Power to fetch them away.

Licenſed, *Auguſt* 22th. 1678.

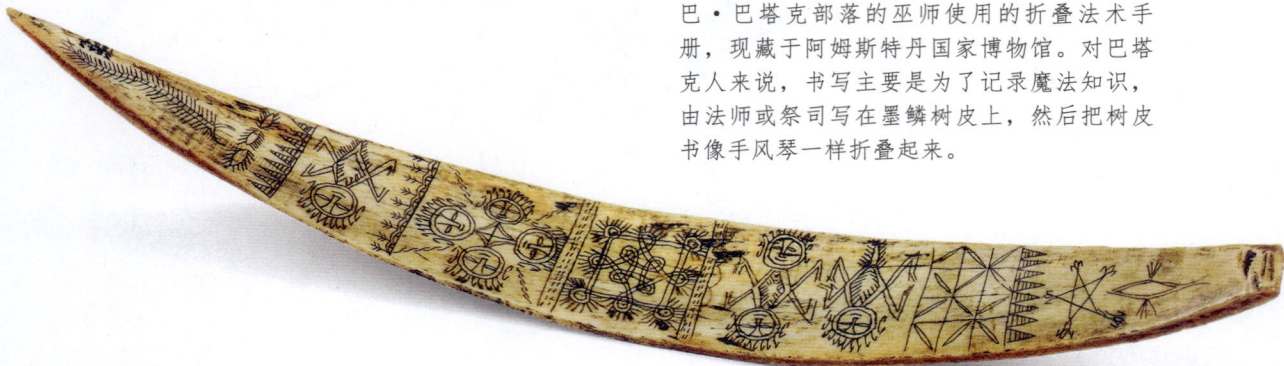

Sigilla Planetarū, vt ſunt apud Balemyn.

上图：《割草的恶魔：或称来自赫特福德郡的奇闻》（*The Mowing-Devil: Or, Strange News out of Hartford-Shire*，1678）。这本小册子讲述的是英国赫特福德郡有一名农民拒绝花钱雇人割草，并发誓宁愿魔鬼来给他割草。那天他在半夜醒来，看到田地燃起大火，等到早上时，整片田地以一种凡人没法做到的方式被完美地割好了。麦田圈的研究人员将这视为麦田圈事件最早的记录。

下图：巴塔克人（Batak）的防弹护身符，用水牛肋骨制成，背面刻有魔法图案。

上图：能够召唤行星灵体的魔法符号，出自17世纪中叶的《巴勒门之书》（*Book of Balemyn*）。

对页上图：1750年的埃塞俄比亚魔法配方手稿，包括护身符、符咒和魔法咒语。这大概是驱魔人所使用的手册。

对页下图：印度尼西亚苏门答腊北部，托巴·巴塔克部落的巫师使用的折叠法术手册，现藏于阿姆斯特丹国家博物馆。对巴塔克人来说，书写主要是为了记录魔法知识，由法师或祭司写在墨鳞树皮上，然后把树皮书像手风琴一样折叠起来。

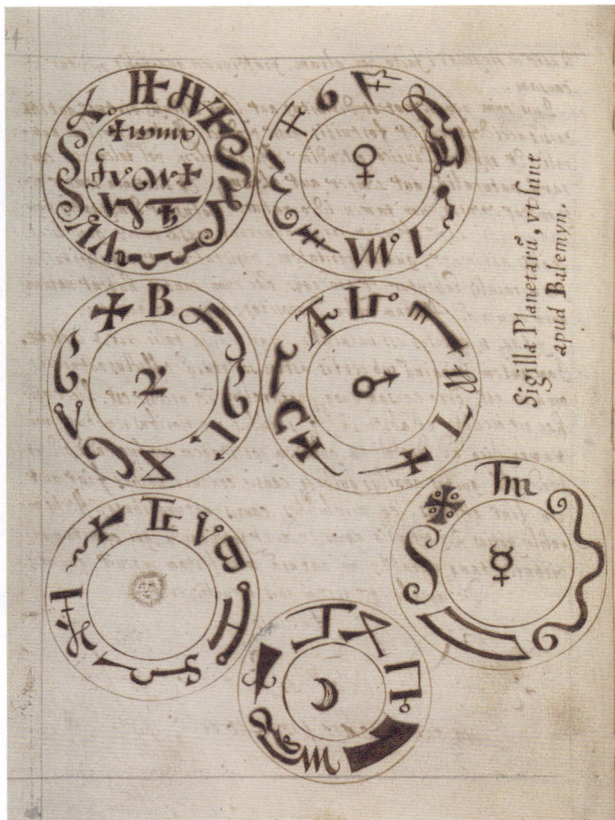

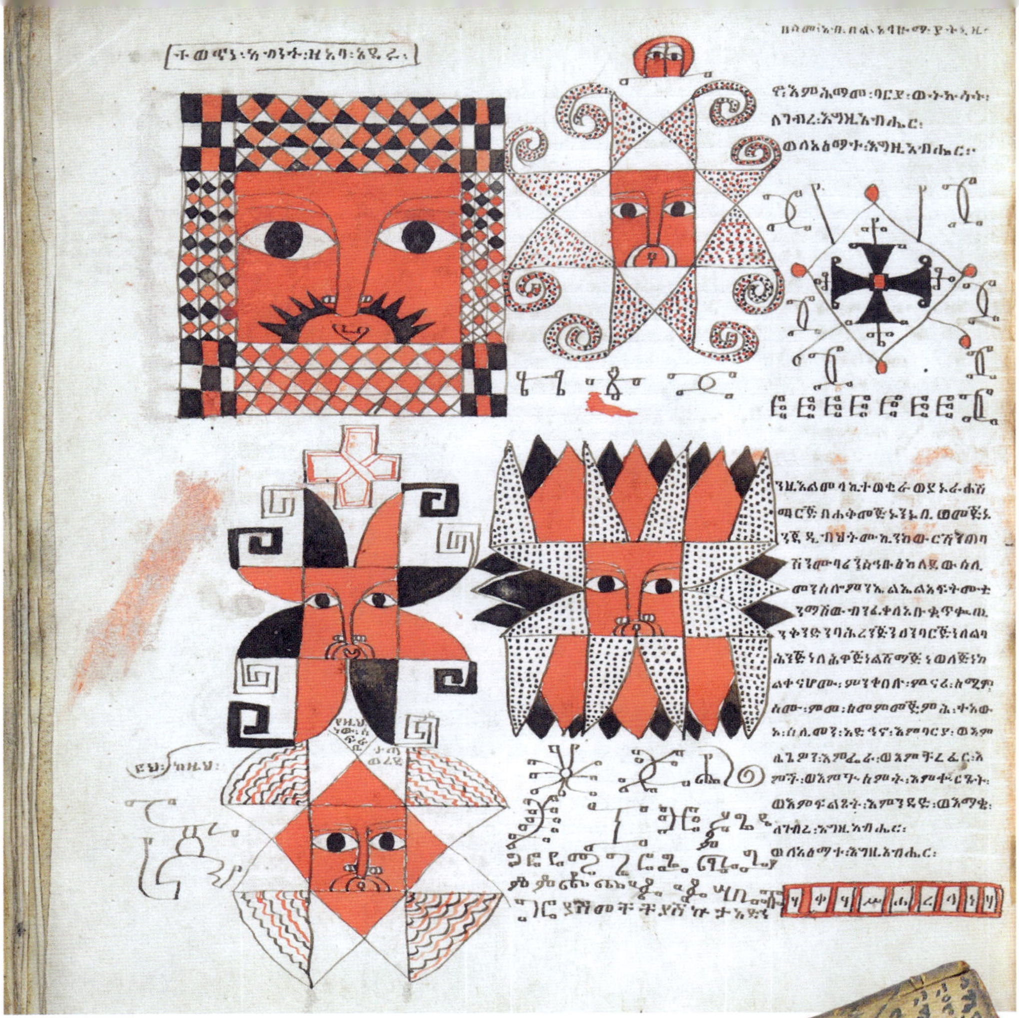

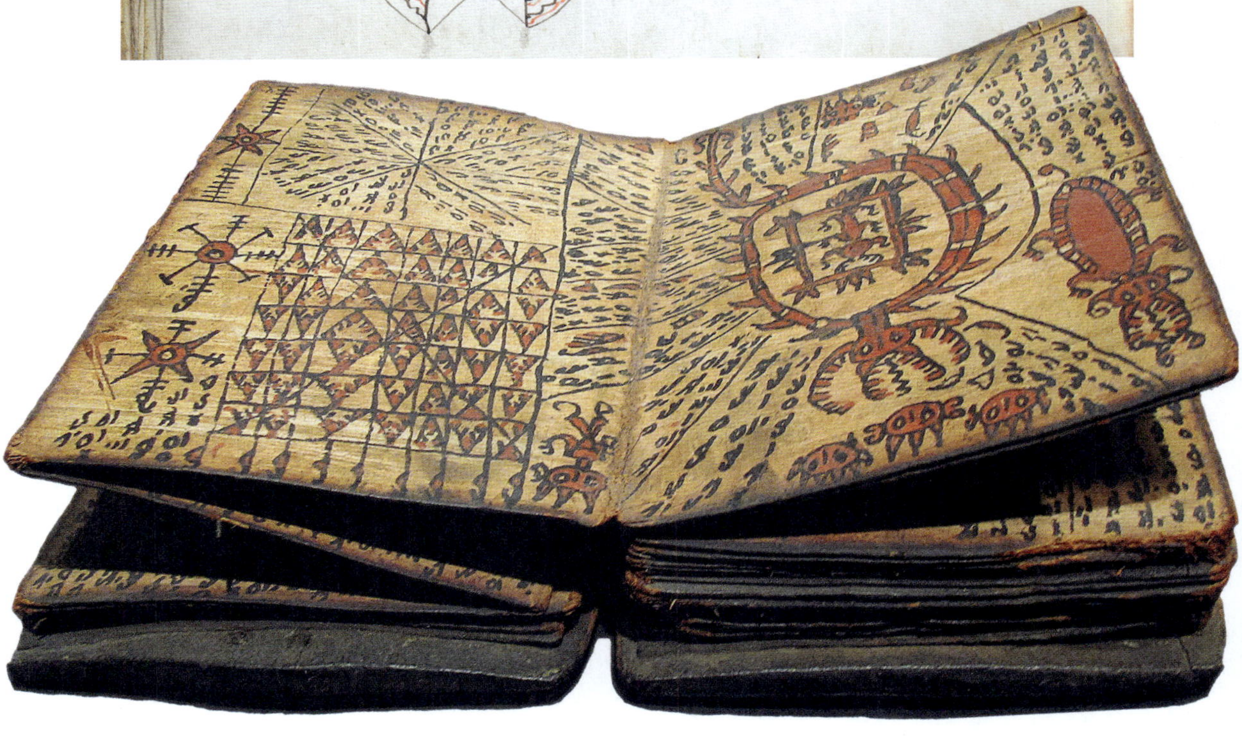

后四页均出自《魔鬼学和魔法汇编》（约1775年）。依次为：撒旦吞噬罪人的肢体；同魔鬼一起寻宝；一个看似友好的蝙蝠耳魔鬼；一个迎面扑来的蛇妖。

Frevelhaftes Schaz=Graben.
ohne Kantnis der Operation. A: 1668.
zu N.

So erscheinet der Belzebub.
Sein Rauch i:A: Mandragora mit Mäuschen Ham.

Magots.
Carufar
Arisop.

Turitel.
Nelion
Eloson.

So gfilngt das Astharoth zu verschwören.

Oriens. Baimon. Ariton. Gogaledon. Zugula.

Asa

Vezol

Chez

Caracter Eliles.

Caracter Astharots.

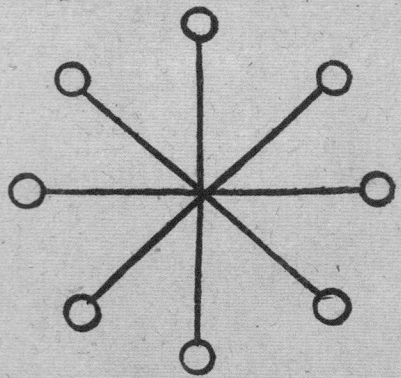

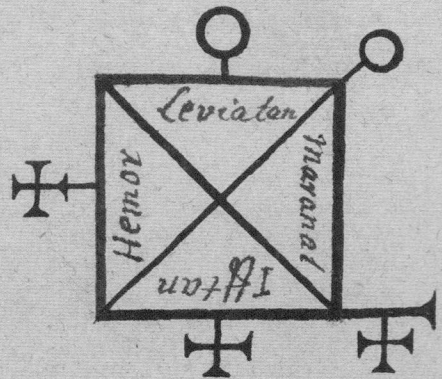

Caracter Belzebúbs

Caracter Sathans

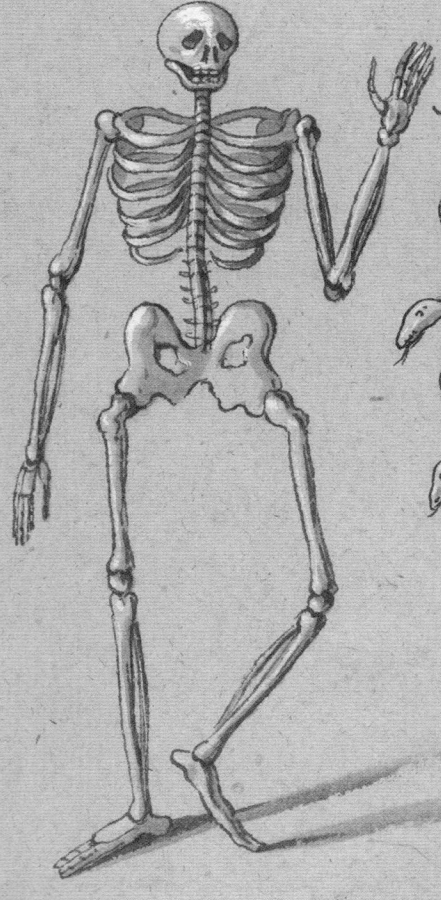

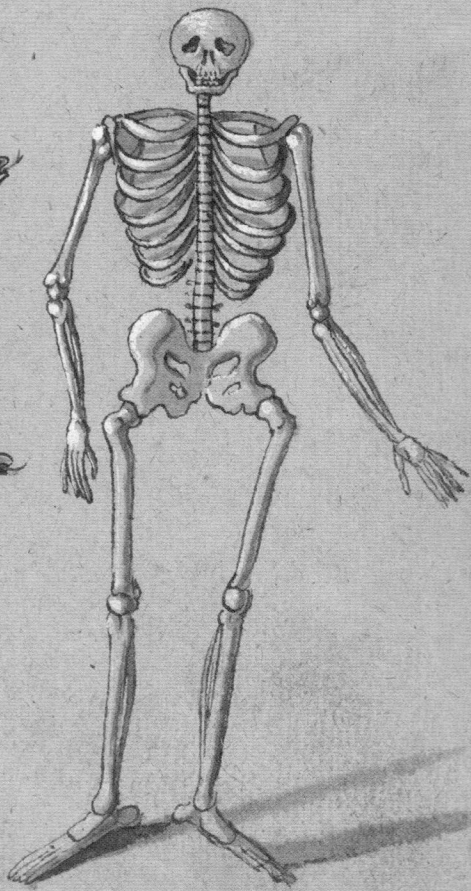

Leviatan

Hemor

Maranal

Tiffan

Belial.

约1775年《魔鬼学和魔法汇编》中的另一幅插图：蛇魔鬼及魔鬼符号。

几个世纪以来猖狂盗墓事件的根源，使得埃及的土地千疮百孔。为抵消该书延续至20世纪的破坏性影响，埃及古迹管理部门负责人加斯顿·马斯佩罗于1907年下令印制了一批低廉的阿拉伯语和法语版本，希望通过大量发行削弱其神秘感和可信度，然而一切都是徒劳。新版本的编辑艾哈迈德·贝·卡迈勒指出，《埋藏的珍珠之书》对埃及古代遗迹造成的破坏，甚至比战争和自然侵蚀的影响加起来还要严重。

大多数魔法书不太会透露作者的相关信息，这种匿名形式既保护作者，又营造出一种神秘感，从而获得更大的影响。与此相反，我们接下来要介绍的"超灵书写"文学流派，则会重点关注作者，因为这

《地狱之钥》（Clavis inferni），18世纪末的黑魔法书，作者为"西普里亚努斯"，是一种当时常见的笔名。据说，该书是德国维滕堡黑魔法学校教科书。图片中描绘了北方、东方、南方和西方的四位国王及他们各自对应的野兽。

些作者能在死后继续创作。在超自然作者的指引下，灵媒能够使用通灵板（装有轮子和直立铅笔的写字板）和一只普通的笔，或通过口述的方式，写下各种信息、预言，甚至一整本书。幸运的是，这种灵魂连接似乎在与文学巨擘们沟通时最为强烈，但他们的写作技巧似乎在死后有所退化。正如书籍历史学家沃尔特·哈特·布卢门塔尔在1955年冷静地指出："他们的风格出现了奇怪的转变，沦为平庸，甚至有些矫

画中带着王冠的红翼龙正在吞食蜥蜴，也出自《地狱之钥》。

上图：弗朗西斯·巴雷特《魔术师》(*The Magus*，1801)中的肖像画：死亡天使、蝗虫军团之王阿波利翁（又称亚巴顿），以及堕落天使彼列，也被称为魔王。

下图："火之王"亚得米勒，十大恶魔中的第八位，是地狱大总管。出自《地狱辞典》（*Dictionnaire infernal*，1863版），这是一本按首字母排序的恶魔百科，于1818年首次出版。

Adramelech, grand chancelier des enfers

揉造作，不禁让人怀疑死后的世界是否能对文学精神产生什么特别的刺激。"

根据大英图书馆和美国图书馆协会遵循的权威指南《书籍编目：基本原则》（*Essential Cataloguing: The Basics*, 2002），由作者鬼魂所写的书籍应被收录于本人灵魂的名下，而不是负责记录的灵媒名下。这就意味着，严格来说莎士比亚的最后一部作品不是《两位贵亲戚》（*The Two Noble Kinsmen*, 1613—1614），而是《看在上帝的分上——由莎士比亚的灵魂所作》（*For Jesus' Sake–By Shakespeare's Spirit*, 1920）。读者可以在"莎士比亚，威廉（灵魂）"的条目下找到这本书。1870年查尔斯·狄更斯去世前，仅完成了《埃德温·德鲁德之谜》（*The Mystery of Edwin Drood*）的前半部分。不久，他的灵魂便找上了美国佛蒙特州布拉特尔伯勒一家小型出版社的出版商T.P.詹姆斯，要给他口述遗著故事的后半部分。这本《埃德温·德鲁德之谜第二部，出自查尔斯·狄更斯的灵魂之笔》（*Part Second of the Mystery of Edwin Drood, by the Spirit Pen of Charles Dickens*）于1873年出版。可惜，这个冷漠的世界并没有关注到它。

1884年，美国作家、"卑微的工具"奥利弗·佩蒂斯全力以赴，创作了《拿撒勒人耶稣的自传》（*Autobiography by Jesus of Nazareth*）。从这本书中我们了解到，像赐予世人鱼和面包一样，耶稣基督也慷慨地赐予读者冗长的句子和感叹号。马克·吐温去世7年后，他的灵魂被认为是《日本赫伦：一本用通灵板写成的小说》（*Jap Her-*

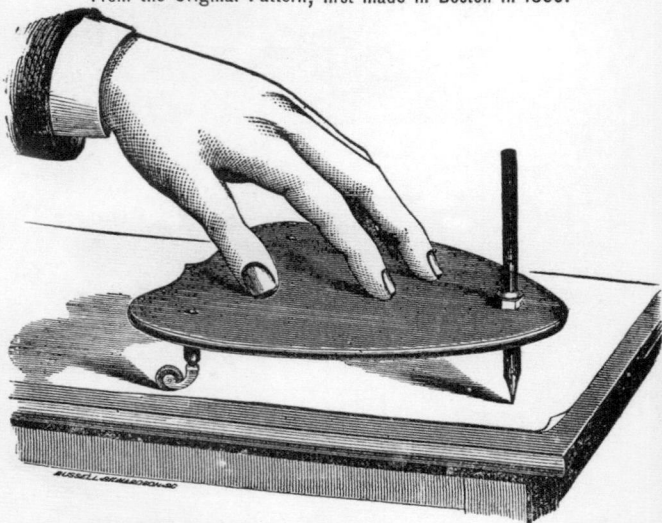

THE
BOSTON PLANCHETTE.
From the Original Pattern, first made in Boston in 1860.

RETAIL PRICES OF THE BOSTON PLANCHETTE.
Black Walnut Board, neatly finished, durable castors $1.00
Polished Board, silvered castors. 1.50
Holly Wood, handsomely painted 2.00

通灵板的广告，这是一块自带轮子的木板，上边还有一个可以固定铅笔的孔，灵媒借助这块板和死去的作家，以及其他的灵魂沟通。

ron: A Novel Written From the Ouija Board, 1917）的作者。另外，由于过度迷信而被嘲笑，并失去了贵族头衔的阿瑟·柯南·道尔爵士，其灵魂也在1983年再次与世人接触，传达了《死后人生之谜》（*The Great Mystery of Life Beyond Death*）的内容。顺便一提，道尔爵士还曾在1927年出版过他妻子的自动写作作品《菲尼亚斯的话语》（*Pheneas Speaks*），整本书只在致谢中提及了道尔夫人的名字。

如果你对这类作品实在感兴趣，可以去读读"由简·舍伍德通过自动写作记录"的T.E.劳伦斯的《死后日记》（*Post-Mortem Journal*, 1964），以及《奥斯卡·王尔德的灵魂讯息》（*Psychic Messages from Oscar Wilde*, 1934）。在后者中王尔德避免了对作品的深入讨论，反而针对詹姆斯·乔伊斯进行了出人意料且冗长的抨击。

接近20世纪，随着科幻小说的兴起和各种天文学的新发现，情况变得愈加疯狂。这段时期，日内瓦大学的心理学教授，特奥多尔·弗卢努瓦的《从印度到火星》（*From India to the Planet Mars*, 1899）十分引人入胜。这本书实际上是关于法国灵媒埃莱娜·史密斯的案例报告，她的"通灵卫星接收器"不仅能够与亡灵沟通（她与玛丽·玛丽·安托瓦内特，以及一位15世纪的印度公主都打过招呼），还能和活生生的火星人交流。在1894年到1901年间，她举行了60多次通灵会，传递了火星语言和生物学信息，还陈述了一份火星交通报告。"这些车真有趣！"史密斯说，"几乎没有任何马匹或走动的人。想象一下没有转轮却可以滑行的扶手椅。正是那些小轮子产生了火花……人们在行走。他们的体型和我们一样，彼此抓着小指相互搀扶。"

到了20世纪40年代后期，美国加利福尼亚州的玛丽·斯蒂芬森·巴恩斯跟风开始了自己的"顺风耳"新诗写作。她声称自己听到了罗伯特·布朗宁在第四维空间广播的新诗。她有点先发制人地承认："布朗宁选择与我合作确实有些奇

JAP HERRON

A NOVEL WRITTEN FROM THE OUIJA BOARD

WITH AN INTRODUCTION
THE COMING OF JAP HERRON

Mark Twain

NEW YORK
MITCHELL KENNERLEY
MCMXVII

马克·吐温逝世7年后创作的小说——《日本赫伦》的扉页。

怪，但事实就是如此。"1953年，一位名叫弗洛伦斯·安斯帕赫尔的美国女性则在通灵板的帮助下，记录了她已故丈夫创作的诗作，并集结成诗集《谜题：一个诗意的谜团》（*Enigma: A Poetic Mystery*）。这些通灵会是在两位家庭好友的帮助下进行的，他们分别是哥伦比亚大学的诗歌教授约瑟夫·奥斯兰德和普利策奖得主、诗人奥

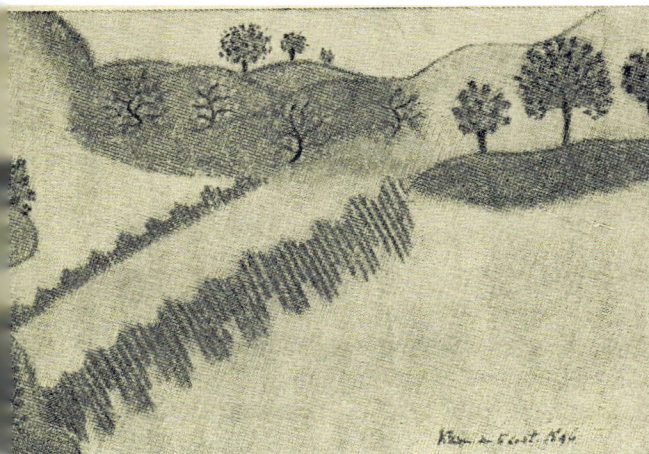

对页和上图：法国灵媒埃莱娜·史密斯接收并写下的火星文字，以及她绘制的火星景观草图，收录于《从印度到火星》。

黛丽·沃德曼。

　　近代的道德恐慌催生了越来越多抵御黑魔法艺术的文学作品，其中值得一读的是《执法机构的神秘学基础指南》（*A Basic Guide to the Occult for Law Enforcement Agencies*, 1986）。不过这本书非常罕见，或许只有寻宝恶魔才能帮你找到一本。这本小册子由美国科罗拉多州虔诚的家庭主妇玛丽·安·赫罗尔德夫人所写，她在书中建议警察对有着风干的血迹、人类头骨（不论是否点有蜡烛），以及"被改造成地牢或酷刑室的房间"，应该

上图：《神秘犯罪：侦查、调查与验证》（*Occult Crime: Detection, Investigation, and Verification*, 1992），为美国执法机构处理超自然犯罪提供了参考和建议。

持怀疑态度。此外，文身、黑色妆容和光头也是撒旦教杀人魔的明显特征。赫罗尔德夫人总结道（也可以说是我与这一章节的情感共鸣）："我希望这本指南中的信息不仅能使您免遭伤害，也将有助于保护公共安全。只要有一个无辜的孩子能够免遭活人献祭……那么我的目的就达成了。"

宗教奇闻

在剑桥市场，1626年6月23日，一条异常肥大的鳕鱼引起了不小的骚动。当人们把它的腹部切开时，一个帆布小包裹从鱼腹中滑了出来。鱼贩清理掉上面的内脏，揭开已经湿透的外层，露出了里面的东西：一本薄薄的小书。尽管它几乎已经被这不寻常的包装的消化汁液腐蚀殆尽，人们还是能够依稀分辨出它是一本怪异的宗教论文集，名为《上十字架前的准备》（*Preparation to the Crosse*）。在后来交给大英博物馆的一封信中，剑桥大学基督学院的约瑟夫·米德博士兴奋地向马丁·斯图特维尔爵士证实了这一发现："当我第一眼见到它时，它看起来就像果冻一样，几乎快被消化完了……我亲眼见到了，那条鱼、鱼的胃、那块帆布、那本书……要是有人像我昨天早上那样将鼻子凑得那么近，就会知道这事千真万确，即使没有人见证。"

据说，这本书是在将近100年前，由新教牧师约翰·弗里思所写。当时他被红衣主教沃尔西囚禁在一个鱼窖中，那里环境恶劣至极，以至于他的好几个狱友都不堪折磨死在了里边。不久后的1533年7月4日，弗里思也被活活烧死在火刑柱上，"以拯救他的灵魂"。然而一个世纪后，随着鱼市的事件在人们之间传开，他的《上十字架前的准备》也终于重见天日。这本书在1627年被重新印制出版，标题为《鱼之声》（*Vox Piscis*），又名《书鱼；包含在鳕鱼腹中发现的三篇论文》（*Book-Fish; contaynning three Treatises which were found in the belly of a Cod-fish…*），还附有一幅木刻插画，鱼摊、鱼腹中的书和鱼贩的刀。至于这本书是如何奇迹般地出现在鱼腹内的，尚未有明确的定论。一位年轻的剑桥学者曾在期刊《注解与查询》（*Notes and Queries*）中用谐音开玩笑

左图：一部出自15世纪左右的"腰带书"，是中世纪欧洲修士服的配件。这些口袋书的皮革封面可以打成一个土耳其结，然后挂在腰带上。

对页：《卢特雷尔诗篇》（*Luttrell Psalter*，大英图书馆馆藏编号"Add MS 42130"）的一页。这本诗集创作于1320年至1345年间，专为富有的地主杰弗里·卢特雷尔爵士定制。这本书的独特之处在于其中的插图以超现实，甚至怪诞的独特风格描绘14世纪日常生活，显然出于艺术家的奇思妙想。

Et clamauerunt ad dominum
cum tribularentur: ⁊ de necessitati
bus eorum eduxit eos

Et statuit procellam eius in aura̅:
et siluerunt fluctus eius

Et letati sunt quia siluerunt: ⁊ de
duxit eos in portum uoluntatis
eorum

Confiteantur domino misericor
die eius: ⁊ mirabilia eius filiis ho
minum

Et exaltent eum in ecclesia plebis:
et in cathedra seniorum laudent eu̅

Posuit flumina in desertum: et

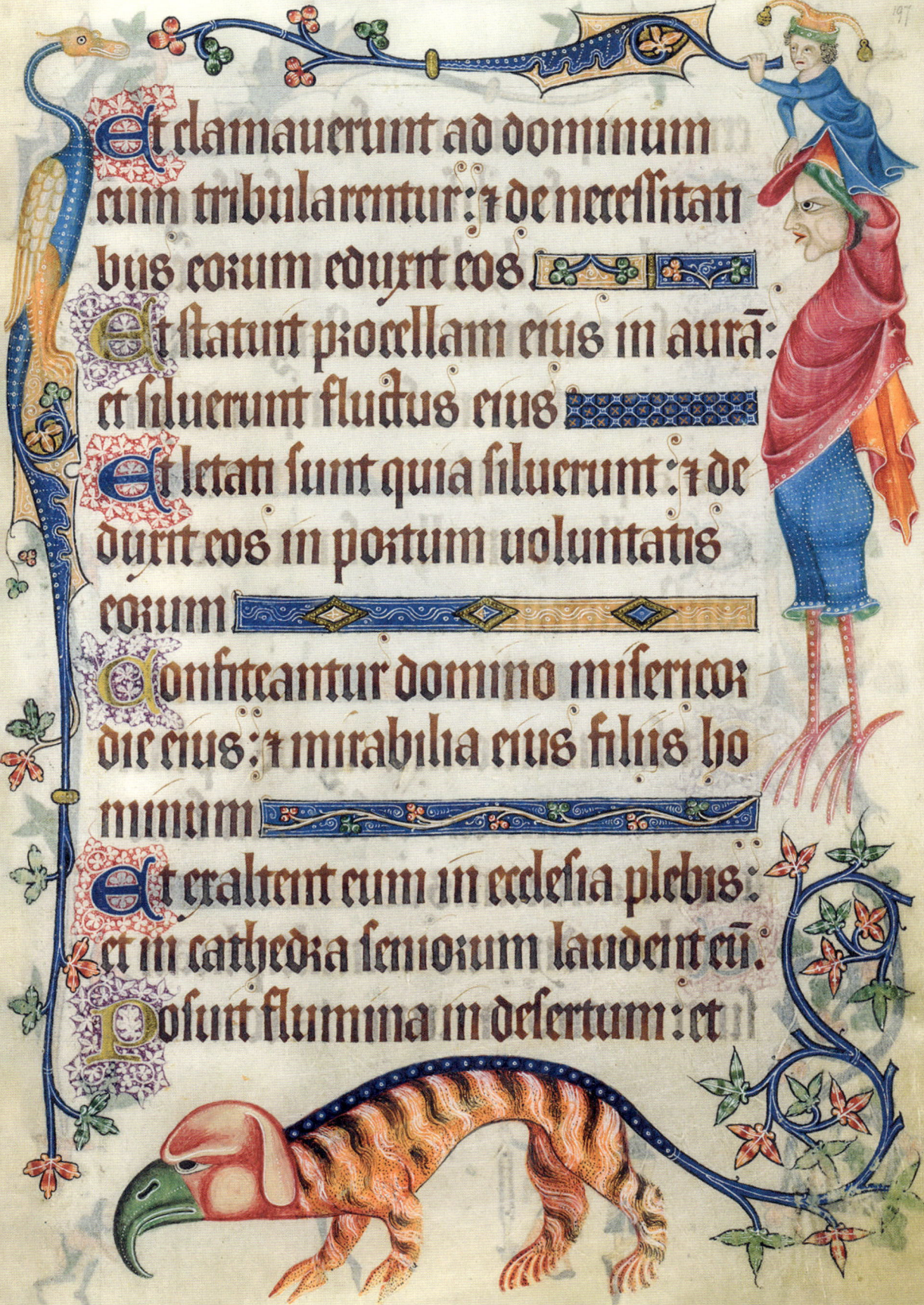

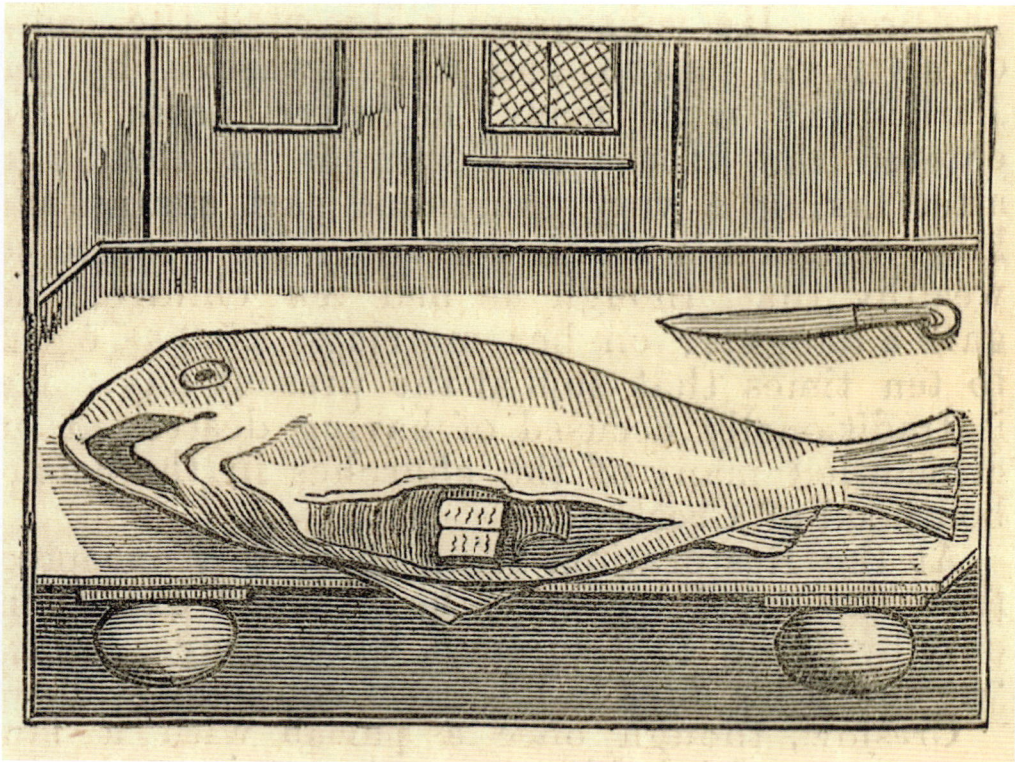

《鱼之声》的插图中所绘《鱼书》。

说，这本书"或许能在《法典》(*Code*) 里找到，但永远不能进《法学大纲》(*Digest*)"。

尽管许多作家的作品都和《鱼之声》一样，拥有忠实的追随者。但是据我所知，读者通过与一本书结婚，来表达强烈爱意的事件只发生过一次。萨巴泰·泽维（1626—1676）是一位塞法迪裔的受封拉比，他在22岁时宣称自己就是众人企盼已久的弥赛亚。为了证明这一点，他直呼"四字神名"，而念出这个名字是被严格禁止的，只有耶路撒冷圣殿中的犹太大祭司才能在赎罪日念出。

他还告诉追随者他能飞，不过不能在公共场合展示飞行，因为普通人没有资格见证这一奇迹。

萨巴泰·泽维，《妥拉》的"合法丈夫"。

内藏《史托弥撒经文》（*Stowe Missal*，约写于792年）的圣书匣复制品。

为了强化自己的权威，泽维还策划了一场婚礼仪式，见证他自己（永生者）与《妥拉》（律法卷轴）的结合。隆重的仪式大约举办于1653年至1658年之间的萨洛尼卡（当时属于土耳其），神圣经典被套上婚礼礼服，按照传统犹太婚礼的方式，在众人的见证下完成。泽维则满怀深情地将戒指戴在卷轴的一根木轴上。新郎笑逐颜开，观众欢呼雀跃。随后，萨洛尼卡的拉比火速将泽维驱逐出城。

虔诚的信仰和书籍的魔力，能够结合生成一种强大的结合体，比如袖珍《古兰经》，战士们将其挂在铠甲下或绑在战旗上以求得护佑（见第215页）。在中世纪早期的爱尔兰，与重要基督教人物相关的伟大经典会被存放在"圣书匣"中加以保护。这些装饰奢华的金属圣物匣或书籍神龛，表面通常配有以十字架为装饰的金属工艺，还可以镶上各式精美的珠宝。人们以绳子或链子将其佩戴在脖子上，紧贴心脏，据说这样能够保佑佩戴之人，还具有一定的药用价值。因此，士兵会在战争中随身携带圣书匣和里面的战斗《圣经》。全世界仅存五个圣书匣。

其中最著名的当属存放《圣哥伦巴诗篇》（*Cathach of St Columba*）的铜镀

《约书亚卷轴》（*The Joshua Roll*）是一部拜占庭时期的彩绘手稿，大约制作于10世纪，其独特之处在于它以单幅水平卷轴的形式呈现，全长10米（33英尺）。这种形式在基督教手稿中极为罕见，但在中国艺术中较为常见。

银圣匣，这部《诗篇》被认为是现存最古老的爱尔兰书籍，很可能是在597年哥伦巴去世不久后创作的。《诗篇》及其圣书匣都属于古老盖尔王室的奥唐奈家族。家族成员会在战场上将其高举作为战旗（Cathach是"战士"的意思，因此用来激起战意）。按照传统，一名修士将圣匣挂在脖子上，绕着奥唐奈军队行走三圈，以激活保护符咒的力量。

和人们一般的想法相反，在手抄本时代，制作无论是单卷还是多卷的大开本《圣经》，都非常罕见。由于精心誊写的手稿需要大量的人力和成本，人们往往会优先考虑使用率高的文本。因此，在这1500年间，工匠们通常会选择复制四大福音书。当然，即便是最细心的抄写员（或是后来的印刷工）也不免会犯错——神的话语是无谬的，其凡人抄录者却显然并非如此。当重读时发现有漏写的单词或句子，抄写员通常会补充在行间或旁边。如果遗漏太多，抄写员会加上一个"连接符号"（通常是十字、线条或一组点），指向写在页边的注释。这种标记方式就是现代脚注的前身。

对页：1641年到1643年间，伦敦作家约翰·泰勒与其对手作家亨利·沃克展开了一场"小册子战争"，两人通过出版物相互羞辱。约翰·泰勒在《致一则粗糙、无耻、荒谬、谎话连篇的谣言，如钢铁般真实的回应》（A Reply as true as Steele, To a Rusty, Rayling, Ridiculous, Lying, Libell，1641）的扉页上，生动绘制了沃克和魔鬼交媾的场景。

A Reply as true as Steele,

To a Rusty, Rayling, Ridiculous, Lying, Libell; which was lately written by an impudent unsoder'd *Ironmonger* and called by the name of *An Answer to a foolish Pamphlet Entituled, A Swarme of Sectaries and Schismatiques.*

By IOHN TAYLOVR.

The Divell is hard bound and did hardly straine,
To shit a Libeller a knave in graine.

Printed Anno Dom. 1641.

绘有"抄写员的守护恶魔"提提维勒斯的细密画，出自1510年左右的法国手抄本。

要是不小心写上了错误的单词，抄写员会用小刀把错字从羊皮纸上刮掉（英语中的擦除"erase"就来自拉丁语的"eras"，原意是"刮掉"），然后在清理后的空白处重新书写。

寻找书中未被发现的错误是非常有趣的体验，要知道，即使是创作于800年极

负盛名的《凯尔斯之书》（*Book of Kells*），作为岛屿手抄本艺术[1]最重要的瑰宝，其绘有华丽插图的340张优质小牛皮纸令人叹为观止，但还是出现了许多人为的错误。例如，抄写员在耶稣的家谱中额外添加了一位祖先。在《路加福音》的第3章第26节中，抄写员将拉丁文"QUI FUIT MATHATHIAE"（"他是玛他提亚的儿子"）误读为"QUI FUIT MATHATH

---

1 约公元500年至公元900年间，盛行于不列颠群岛的修道院艺术。

IAE"，误以为"IAE"是一个独立的人名。这位神秘的"IAE"便留在了家谱中。

即使是最熟练的抄写员，也无法避免犯错，这种困扰在一些文献和插图中被具象化为恶魔的形象。据说，"提提维勒斯"又被戏称为"抄写员的守护恶魔"，是被路西法派来折磨疲惫的抄写员，并诱使他们在工作中犯错误的。1285年左右，提提维勒斯首次出现在约翰·加伦西斯（威尔士的约翰）的《论忏悔》（*Tractatus de penitentia*）中。据说，它还会偷走修士们在教堂服务中的闲聊和含糊不清的祷词，然后带回地狱。显然，这位提提维勒斯的工作直到现在也没有完成，马克·德罗金其《中世纪书法：历史和技术》（*Medieval Calligraphy: Its History and Technique*, 1980）中指出："在过去的半个世纪里，《牛津英语词典》的每一版都有一条错误的引用，偏偏不是别的，正是一条关于提提维勒斯最早出处的脚注。"

当然，除了在书页边缘写下修正和注解之外，抄写员还可以绘制各种边饰来装饰书籍。这种装饰性手法可以将作品的视觉效果提升到一个令人惊叹的层次，教皇格里高利九世的《史密斯菲尔德教令》（*Smithfield Decretals*）就是其中一个非凡的例子。格里高利九世在位期间（1227—1241）颁布的教令有大约675份流传下来，内容涉及教会法典的各项教令。在这份厚达626页的教令中，每一页都绘满了图像，最初是由14世纪初法国南部某地的抄写员抄写的。1340年落入一位伦敦买家的手中，买家还聘请了一群艺术家在页缘的空白处又填充了许

圣母玛利亚在世界末日来临时骑着象征撒旦的蛇，出自海因里希·基尔赫尔的《启示录预言》（Prophetia Apocalyptica, 1676），这是一本十分罕见的德国书。

多图像和符号，以帮助阐明书中的一些信息。这部《教令》是研究中世纪法律的重要参考资料。不难想象，读者在阅读这些冗长的法律文本时，将会多么感激这些精美的插画提供的些许舒缓。不过，这本法令本身就相当有特色，在第314页的正面，疲惫的抄写员偷偷留下了自己的诉求。此时，他（和他的同事们）已经抄写了1971封教皇信件和相关文件，长达310页。"一切都结束了，"他得意地喊，"给抄完这些东西的人来一杯酒吧。"

印刷术发明后，收藏家们对收集有印刷错误（错字和其他复制错误）的《圣经》的奇特追求也应运而生。这也导致某些版本成为今天备受追捧的珍品，人们还会以其中的错误赋予相应的昵称。许多作

品中看似滑稽的错误都是无意的，只要想想当时这些制作者发现错误后该是如何恐惧便可知。比如1631年由巴克和卢卡斯印制的《邪恶圣经》（Wicked Bible），又称《通奸圣经》（Adulterous Bible）或《罪人的圣经》（Sinner's Bible），在《出埃及记》第20章第14节中漏印了一个关键的"不"字，错误地将十诫的第七诫印成了"可以奸淫"。由于这一错误，印刷商被罚款300英镑，大部分成书被销毁，只有11本流传了下来。类似的情况，在1716年版的《罪恶圣经》（Sin On Bible）中也出现了，《耶利米书》第31章第34节的"不再犯罪"被印成了"再犯罪"。在这个错误被发现之前，该版本已经印刷了8000本。

埃德蒙·贝克的1549年版《圣经》以其插入的个人注释而闻名，其中最著名的一个在《彼得前书》的第3章第7节，关于丈夫应当敬重妻子的指示。贝克在在此处标注："如果她不顺从且不帮助丈夫，努力将对上帝的敬畏敲进她的脑

左图：《史密斯菲尔德教令》，右页中间的插图描绘了格里高利九世被他的红衣主教们围绕着，组织分发这部作品的场景。

下图：《史密斯菲尔德教令》精疲力尽的抄写员写道："一切都结束了，给抄完这些东西的人来一杯酒吧。"

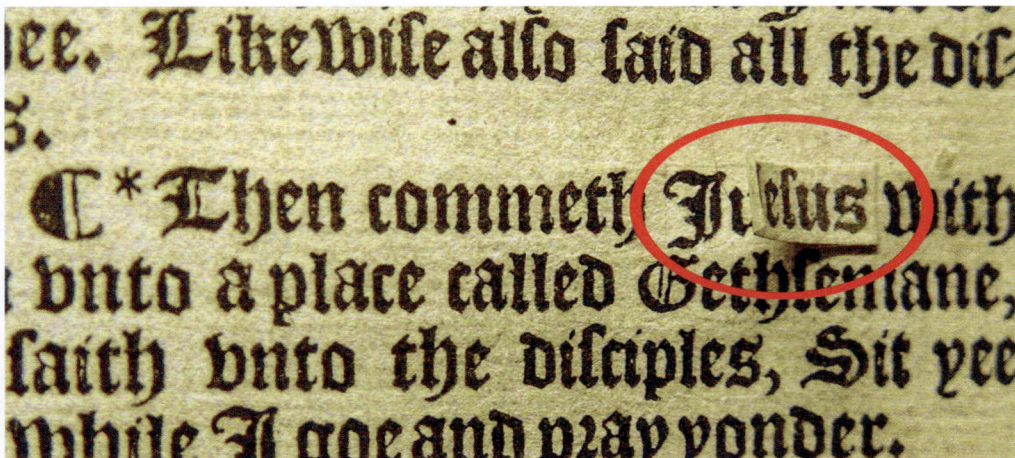

以纸片遮盖印刷错误的《犹大圣经》。

袋里，这样才可能迫使她学习并履行自己的职责。"正因如此，该版本又被称为《殴打妻子圣经》。至于1613年的《犹大圣经》，则将一处耶稣印成了犹大，犹大说道："你们坐在这里，等我到那边去祷告。"（《马太福音》第26章第36节）这处错误到了詹姆斯国王的印刷商罗伯特·巴克印刷的第二版中仍然存在。目前，英国德文郡托特尼斯的圣玛丽教堂所保存的一份《犹大圣经》中，这一印刷错误被人们用一张小纸片给盖住了（见上面的图片）。最后，由于印刷机的字母"n"坏掉了，1944年版的《猫头鹰圣经》（Owl Bible）中《彼得前书》第3章第5节的"n"被印成了"l"，使得内容显得十分诡异："因为古时仰赖神的圣洁妇人正是以此为妆饰，顺服自己的猫头鹰丈夫。"[2]

时至今日，中世纪手抄本中描绘地狱景象、酷刑和恶魔劳役的画面依旧令现代的读者毛骨悚然。这些画面充满了奇异的想象，其中一些观念后来逐渐被遗忘在地狱的路旁。以"地狱之口"为例，这是一个通往撒旦地下王国的可怕入口，形象常被描绘为一个巨兽的血盆大口，受尽折磨的灵魂和恶魔试图从中逃脱。这一概念起源于盎格鲁-撒克逊时期，当时流传下来的文献就以这种兽化的形式描绘地狱的入口，有时甚至是恶魔撒旦本身的嘴巴。"他们永远无法逃出蛇坑和被称为撒旦的巨龙的喉咙。"《传道篇》第46章第8节的作者在10世纪晚期的宗教经典《韦尔切利书》（Vercelli Book）中这样写道。此外，对"地狱之口"最壮观的描绘来自12世纪的《温彻斯特诗篇》（Winchester

---

2 除了《圣经》的印刷外，另一个不幸的印刷错误出现在罗伯特·福比1830年版的《东安格利亚词典：记录姐妹郡诺福克和萨福克方言的尝试》（The Vocabulary...）中，其前言（PREFACE）中的"R"全都被不小心印成了"E"，变成了"尿脸"。

DESENGANNO

DOS

PECCADORES

Descendant in infernum viuentes Ne descendant morientes S. Bern.

对页及上图：1724年《罪人的醒悟》（*Desenganno dos Peccadores*）的扉页和插图，作者为耶稣会神父亚历山大·佩里尔。此书插图生动地描绘了地狱中罪恶之人将会面临的各种感官折磨，比如眼睛被恶魔穿过金属钉，耳朵受撒旦号角的刺耳声响和地狱犬狂吠的摧残。

TORMENTO DOS OVVIDOS

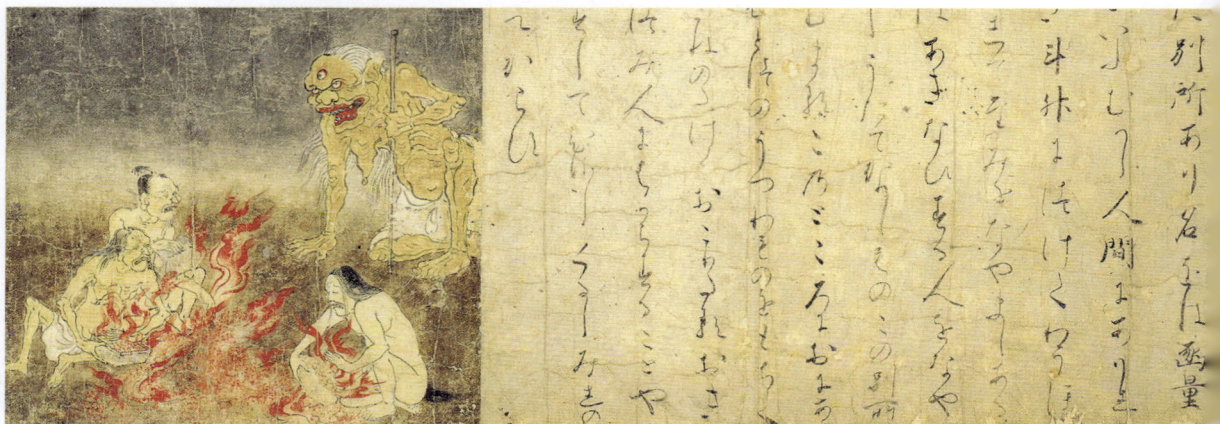

顶图："鸡"地狱，日本《地狱草纸》的第四部分，16个地狱中的第11个。

上图："函量"地狱，画卷的第二部分，16个地狱中的第10个。

Psalter），该书现藏于大英图书馆（编号为"Cotton MS Nero C IV"）。在最后审判的场景里，大天使米迦勒锁住浑身鳞片的撒旦巨龙的嘴，龙嘴中则咬着一堆因痛苦而扭动的灵魂（包括长矛刺中的国王和王后），还有负责监督的恶魔。这就是那些未能进入天堂乐园的人所面临的永恒命运，在现代读者看来依旧震撼。

大约在同一时期，世界的另一端的一位不知名的日本抄写员，正在为一份同样主题的画卷杰作做最后的润色。这部《地狱草纸》画卷现存于奈良国立博物馆，并被正式认定为日本的国宝之一。画卷描绘了《起世经》中所提到的7个小地狱，并附文描述了其中的6个，每个条目都以"另有一地狱"开头。

从中我们能够了解到"粪屎泥"地狱、"函量"地狱、"铁碾"地狱、"鸡"地狱（由一只巨大的喷火公鸡掌管）、"黑云沙"地狱、"脓血"地狱和"狐狼"地狱里各种惩罚的细节。整个画卷展开长为4.55米，景象充溢着恐怖压抑。

如果在意大利探寻同一主题，会发现雅各布斯·帕拉迪努斯·德·泰拉莫（1349—1417）。他身兼大主教和教会法学家，来自强大的帕拉迪尼家族。虽然德·

上图：出自雅各布斯·德·泰拉莫的《彼列之书》（1461年版）。图中的撒旦得意洋洋地返回地狱，手中挥舞着他对耶稣基督提起诉讼的判决书，一众爪牙也兴高采烈。

泰拉莫是以更为严谨的作品闻名，例如他对彼得·隆巴德《四卷语录》的注释版（该书1472年印制于奥格斯堡），我却格外喜欢他在1382年左右创作的古怪小书《罪人的安慰，或路西法对耶稣基督的控诉》（Consolatio peccatorum···），又名《彼列之书》（Liber Belial）。

这部作品以诉讼的方式呈现，描述了路西法和地狱势力对耶稣基督提起的诉讼。前者指控神子闯入地狱，并要求其赔偿损失。此案由所罗门王主持，摩西为耶稣基督辩护，受过法律训练的恶魔彼列则作为撒旦的代表出庭。在第二场审判中，约瑟夫担任法官，亚里士多德和以赛亚出现在耶稣基督的律师团队中，与撒旦方的奥古斯都皇帝和耶利米对阵。

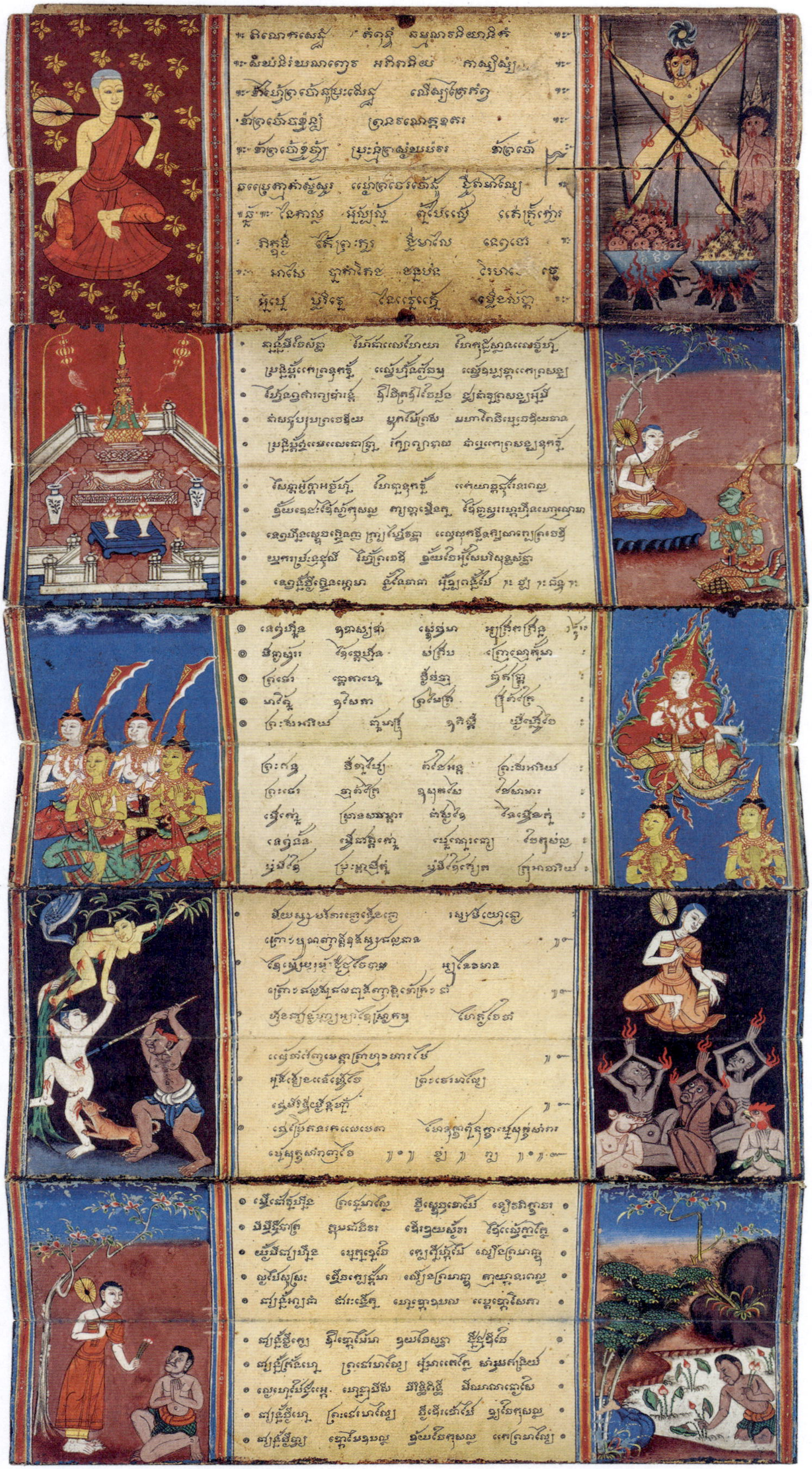

对页：树皮制成的泰国“折叠书”手稿内页，讲述了高僧帕玛莱前往地狱的故事。

两次审判都倾向于耶稣基督，认为他无罪。但在最终判决中，做出了一项让步，允许撒旦在最后的审判中获得罪人的灵魂。[3]

如第175页所示，1461年版《彼列之书》是唯一一部包含全彩插页的版本。据说，其中的插图由中世纪晚期中莱茵地区最负盛名的插画师和图形艺术家——“家族之书大师”创作。这本书遵循教会法的正式要求，在中世纪时期广为流传，多次印刷并被翻译成多种语言。

在泰国文学中，地狱的描绘在“折叠书”手稿中占有突出的地位。这些手稿最早可以追溯到18世纪，由逝者的亲属委托制作，目的是为他们的亲人积累来世的功德。当然，手稿的艺术水平的越高，投入的金钱越多，“精神回报”的程度也就越大。这些插图精美的书籍通常讲述的是帕玛莱的传说，他是上座部佛教传统的僧侣，据说通过冥想和修行获得了超自然的力量。这位高僧曾飞到地狱，给予地狱中的灵魂以怜悯和安慰。他带着逝者的警告回到人间，鼓励那些还活着的人通过冥想和遵佛教戒律积累功德，避免死后堕入地狱。（这个故事本身可能比现存最早的18世纪手抄本要古老得多，因为它基于古老的巴利圣典。）

这些书大多以黑色墨水写在鹊肾树树皮制成的结实纸页上，更高级一点的会使用金色的墨水，并配有奢华的镀金工艺，配以漆面书封。“折叠书”完全展开时令人叹为观止，比如一本叠起来仅宽69厘米、高14厘米的书，完全展开后长度可以达到13.41米。传统上，泰国僧侣会用生动且戏剧性的方式大声朗诵书中的帕玛莱传说，这种做法违反了僧侣严格的行为规

下图：“圭多之手”是意大利音乐理论家阿雷佐的圭多（约991—1033）设计的一种图解，借此指导唱诗班成员学习歌曲。此体系建立在古希腊、罗马及中世纪早期的音乐理论基础上，将六声音阶（即六个音符组成的系统）中的每个音符分配到手掌上的19个点。

3 顺便说一句，近代历史中，上帝和撒旦都曾成为真正的诉讼对象。例如，1971年“美国杰拉尔德·梅奥诉撒旦及其仆人”一案，由匹兹堡西部监狱的囚犯杰拉尔德·梅奥提起，控告撒旦“剥夺了宪法赋予他的权利”。不过，他的诉讼最终被法院驳回，因为撒旦作为一名外邦领主，可以主张主权豁免权；1970年，亚利桑那州的律师拉塞尔·T. 坦西代表他的秘书贝蒂·彭罗斯起诉上帝，控诉因上帝的“疏忽”导致彭罗斯的房子被闪电劈坏，要求赔偿10万美元。最终因被告“未能出庭”，彭罗斯通过缺席判决赢得了官司。

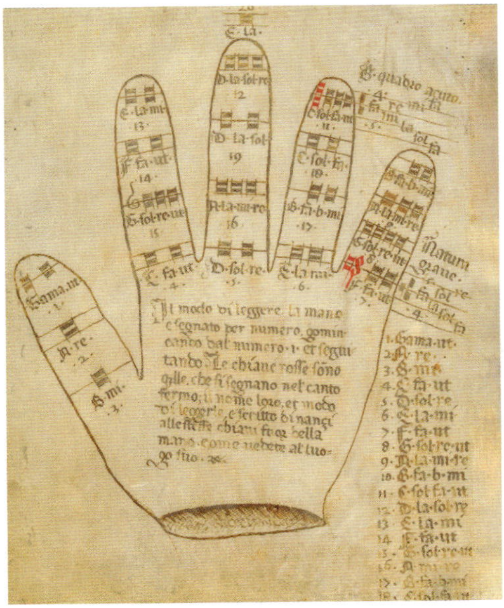

范。但到了19世纪末，这种不太庄重的娱乐活动遭到正式禁止，这些书也令人遗憾地随之不再流行。

地狱的异象有效地警告着信徒要走正道，但还有一种同样令人好奇的书，能够为虔诚的信徒提供更实用的记忆辅助工具，帮助虔诚的信徒更顺利地"开启天堂之门"。其中一部独特的作品是出版于纽伦堡的《记忆福音作者图记术》(*Ars memorandi per figuras evangelistarum*, 约1470)，这是一本尤其受多明我会修道士欢迎的记忆工具书，书里的象征性图案能够帮助那些受教育程度不高的人记忆福音书中的内容。这些图像奇妙而怪异，四位福音书作者分别由天使、老鹰、狮子和公牛的形象代表，并绘有象征基督生

平事件的符号，相关的解释性文字则附在对页。

我们还可以将17世纪法国神职人员克里斯托夫·勒特布吕尔设计的一本用来"激发记忆"的口袋书纳入讨论。《剪裁版忏悔书，或忏悔准备的简易方式》(*La Confession Coupée... ou la méthode facile pour se preparer aux confessions*)一书首次出版于1677年，一经发布便广受欢迎，以至于到了1751年还在不断再版。这本书对于健忘的罪人来说可谓天赐之物(也可以为需要寻找罪恶谈资的正直忏悔者提供一些帮助)，因为其中包含了人们可以想象得到的，在17世纪可能犯下的所有罪行，并按照十诫的顺序分为不同的章节。

下图：用于佛教寺院仪式的藏传乐谱，标有人声、鼓、喇叭、号和钹的记谱。

对页：《图记术》中奇怪的象征图案，旨在帮助人们背诵福音书。

Left page (24):

N'avoir pas demandé au Penit...
le nombre de ses péchez.

N'avoir pas eu égard aux ci...
stances.

Avoir donné l'absolion sans
pouvoir.

Avoir sacrifié sans préparati...

Sans avoir eu les ornemens n...
faires.

Avoir dit la messe en péché
tel.

A mauvaise intention.

Sans une science suffit...
Cérémonies.

Etant excommunié, interdit, ou
irrégulier.

N'étant pas à jeun.

Avoir célébré sans permission en
lieu qui n'étoit pas consacré.
A voir

Right page (25):

Avoir célébré avec scandale des
assistans.

Avoir mal administré les Sacre-
mens.

S'être confessé sans la préparation
requise.

Sans un suffisant examen.

Sans une vraye repentance.

Sans un ferme propos de ne plus
pécher mortellement.

s'être enfin confessé par respect
humain.

Avoir obmis par honte un péché
mortel.

L'avoir celé quelques années, ou
quelques mois.

Avoir exprimé un péché mortel
d'une façon peu intelligible.

Avoir recherché un Confesseur
que l'on croyoit moins sçavant,
ou plus doux.

C

《剪裁版忏悔书》（1721年版）中被撕开的罪名条目。

每项罪行都被印在一条可以撕开的条形区域（见上图），如此一来忏悔者就可以提前做好准备，在忏悔时快速翻到相应的页码。正如手抄本上的注释能够再现先前读者的个性，这些用过的圣籍副本也能反映过去那些忏悔者的有趣认知。例如，在我这本1721年的副本中，它的原主人挑出的罪行包括："只学会并践行虚荣""不禁食""冥顽不化"和"吐出亵渎之词"。[4]

正如我们将要看到的，印刷术的普及为每一位宗教学者和边缘思想家提供了机会，帮助他们将自己独特的理论传播到更远的人群中，尤其是那些识字而又充满好奇心的人那里。在此之前，还有许多探讨奇特主题的早期手稿值得我们研究，例如"胡须神学"——这不是一般人经常考虑的主题，但是却有着悠久的历史。大英图书馆收藏了第一本关于胡须的书——《为胡须辩护》（*Apologia de Barbis*），现仅存世一本，由法国贝勒沃修道院的伯查德院长于1160年左右写成。

院长试图通过写作这本书平息修道院里的熙笃会修道士与等级较低的平信徒之间的激烈争执（前者剃光胡子，后者

---

4 顺便说一句，约翰·特拉斯勒于1790年发明了一种巧妙的文学工具，帮助牧师布道。他将所有的布道文用一种类似手写笔迹的字体印刷在纸上，这样即便教区居民碰巧看到这些内容，也会以为那是神父自己手写的。

蓄着胡须)。院长曾在一封信中温和地斥责了某些行为不端的平信徒,他引用了先知以赛亚的话,把那些留胡子的人比作"生火的燃料"。平信徒们却误以为院长在威胁要烧掉他们的胡须,于是发起了反抗。这本书正是院长为了安抚他们的情绪所做的回应,书中将胡须的价值吹捧到接近荒谬的程度。"胡须对男人而言,是英俊的象征,"他赞美道,"也象征了他的力量、智慧、成熟和虔诚。"可是,这样写对院中剃了胡须的修道士又意味着什么呢?院长不得不迅速思考,得出的答案是"内在的胡须"。他指出,就像拥有信仰比表现得有信仰更重要,拥有胡须象征的美德也比拥有胡须本身更重要。

瑞典科学家奥劳斯·鲁德贝克(1630—1702)也有着与众不同的想法。作为乌普萨拉大学的医学教授,鲁德贝克是最早发现人体淋巴管的人之一,还建立了瑞典的第一座植物园。但是,他最自豪的发现则呈现在四卷本论文《亚特兰蒂斯》(*Atlantica*, 1679)中,全文长达3000页。文中表示失落的亚特兰蒂斯文明是真实的,正是诺亚的后裔在瑞典中部定居而建立的。他宣称,瑞典才是文明的摇篮,亚当最初说的就是瑞典语,拉丁语、希伯来语和所有其他的语言都是从瑞典语演变而来的。他花了数年时间游历全国,将自己独特的诠释套用到考古发现上,最终在1679年至1702年间发布了自己的结论。据说,艾萨克·牛顿都向他要了一套,但整体而言,鲁德贝克这种将神话、科学及历史文献相结合的做法受到了非常严厉的

ET NOS HOMINES

奥劳斯·鲁德贝克在时光之父的陪伴下剥开地球的表皮,指向他发现的亚特兰蒂斯的真正所在——瑞典。

批评。然而,他并没有气馁,还继续着进一步的研究,写下新的发现。可惜在1702年的乌普萨拉大火中,他的手稿全部被烧毁,据说当时他站在自己着火的屋顶上大声指挥,帮助其他人逃离火海。

同样古怪的还有美国灵修牧师约翰·默里·斯皮尔(1804—1887),他以两件事著称:一是他令人钦佩、坚定不移的废奴主义;二是他试图建造一个名为"新动力"的电动弥赛亚,声称这预示着一个新的乌托邦。在他的著作《来自更高国度的信息:由约翰·默里通过约翰·M.斯皮

尔转达》(*Messages From the Superior State; Communicated by John Murray, Through John M. Spear*, 1853)中，他讲述了从一个名为"电气协会"的灵修团体中，收到的对人类的指示和其他信息。该团体的成员包括本杰明·富兰克林、托马斯·杰斐逊、约翰·昆西·亚当斯、本杰明·拉什，此外还有与斯皮尔同名的牧师约翰·默里等的幽灵。

　　该书出版的那年，斯皮尔和一群忠实的追随者来到马萨诸塞州林恩高岩山顶上一座僻静的木屋中隐居，开始用铜、锌、磁铁和一张餐桌制造机械弥赛亚。经过九个月的工作，斯皮尔命令一位他称为"新玛丽"的女信徒，在一场精心设计的仪式中"生下"这部机器。各位读者，要是你得知这个电动弥赛亚未能复生，你会感到震惊吗？斯皮尔随后宣称，自己收到了来自电气协会的信息，指示他立即退休，然后就消失得无影无踪了。"我非常热爱我从事的工作，"他写道，"我受到指引，能够看到包围我的迷雾之外，有一个充满生机、引领、智慧、仁慈的使命，那就是帮助地球生灵飞升、重生、获得救赎。"

　　那些对斯皮尔的机械耶稣未能复生感到失望的人，可能会被接下来这则1933年来自日本的消息所吸引。当时，茨城县一名神社祭司发现了一批手写文件，后来被证明是耶稣基督的遗嘱。更让人感到惊讶的是，这些在第二次世界大战爆发前神秘消失的文件指出，附近青森县的新乡便是耶稣的最终安息之所。

　　根据记载，耶稣并没有死在十字架上——是他之前未曾提及的弟弟伊斯基里秘密替他而死。当伊斯基里被钉在十字架上受难时，耶稣秘密逃往日本，带着兄弟被割下的耳朵和一缕圣母玛利亚的头发作为纪念物。在之后四年的旅程中，他越过西伯利亚的苔原到达阿拉斯加，然后航行到八户，最终抵达新乡。在那里，他伪造了新的身份，过着平静的生活，种植大蒜，照顾有需要的人；他还娶了一个农民的女儿美裕子，养育了三个孩子。耶稣基督被描述为一个光头、长得像"长鼻妖怪"的人，最后他在日本去世，享年106岁。这些文件还记录了基督在21岁首次访问日本学习神学的经历（恰好填补了《新约》中耶稣生命里12年无从考证的空白），他在富士山附近一位大师的门下学习，掌握了日语，并沉浸在东方文化中。33岁时，他经摩洛哥返回犹太地区。

　　这个故事最令人惊叹的地方在于，至今人们仍然能够参观这位日本耶稣的坟墓。在新乡，耶稣被人唤作"十来太郎大天空"，死后被埋在一个立着木质大十字架的土堆里，外边围着白色的栅栏。每年约有20000名信徒乘坐7个小时的火车，从东京北上前来朝圣。这座坟墓现在由当地的酸奶厂负责维护。朝圣者只需支付100日元就能进入"基督传说博物馆"，观赏相关遗物并购买耶稣杯垫和咖啡杯。新乡的村民确信他们有着神圣的血统。2008年，一位名叫泽口纯一郎的52岁村民告诉记者："我没有为（12月）25日准备什么特别的东西，因为对我们来说这并不重要。我知道我是耶稣的后裔，但

作为一个佛教徒，这其实不是那么重要。"

当然，本章中激发作者灵感的各种宗教观念，继续在大众的想象中延展——我们只需看看近年来的畅销书籍，比如的《地狱中的23分钟》(*23 Minutes in Hell*, 2006)就能发现这一点。该书的美国作者比尔·威斯开头这样写道："我还没来得及察觉，就已经掉进了地狱。"1998年11月22日，一个平淡无奇的周日夜晚，这位南加州房地产经纪人和他的妻子躺在床上，突然间"毫无征兆地，发现自己被抛到空中……然后降落在一个类似牢房的地方。我赤身裸体……这不是梦"。威斯在书中详细描述了他遇见的两只说着渎神语言、浑身恶臭的野兽，接着他遇见了耶稣，耶稣告诉他要将自己的故事分享给其他人。最后，他在家中客厅的地板上尖叫着醒来。

基督教信徒和世俗批评家在怀疑中达成共识。关于威斯描绘的地狱温度高到"不可能有任何生物存活"的问题，《基督教今日报》(*Christianity Today*)的罗伯·莫尔回应："你要知道

位于日本新乡的"基督之墓"，标牌上写着："耶稣基督21岁时来到日本，花了12年时间追求神圣的知识。他的弟弟伊斯基里代替基督的位置，在十字架上结束了自己的生命。基督逃脱后，历经旅途的波折，再次来到日本，并选择在这里定居……终年106岁。"

那里可是地狱啊，这不是什么大问题。"《新政治家》(*New Statesman*)的书评人约翰·萨瑟兰也对威斯的写作提出了质疑，尤其是他将数十亿受尽折磨的灵魂无限痛苦地呻吟称为"烦人"。尽管受到了许多批评，这本书却着实十分畅销，在《纽约时报》的非小说类纸书畅销书排行榜上停留了三周之久。威斯不在意那些批评，说他的书"将会带给你最接近地狱的真实体验"。至于为什么上帝会选择一个房地产经纪人，还把他扔进地狱折磨呢？好吧，我们这些凡夫俗子又怎么可能理解祂的神秘方式呢？

Hebron

Isaac

Ishmael

9 And his sons Isaac and Ishmael buried him in the cave of Machpelah, in the field of Ephron the son of Zohar the Hittite, which is before Mamre;

10 The field which Abraham purchased of the sons of Heth: there was Abraham buried, and Sarah his wife.

11 And it came to pass after the death of Abraham, that God blessed his son Isaac; and Isaac dwelt by the well Lahai-roi.

12 Now these are the generations of Ishmael, Abraham's son, whom Hagar the Egyptian, Sarah's handmaid, bare unto Abraham:

13 And these are the names of the sons of Ishmael, by their names, according to their generations: the firstborn of Ishmael, Nebaioth; and Kedar, and Adbeel, and Mibsam,

14 And Mishma, and Dumah, and Massa,

15 Hadar, and Tema, Jetur, Naphish, and Kedemah:

16 These are the sons of Ishmael, and these are their names, by their towns, and by their castles; twelve princes according to their nations.

17 And these are the years of the life of Ishmael, an hundred and thirty and seven years: and he gave up the ghost and died; and was gathered unto his people.

137

18 And they dwelt from Havilah unto Shur, that is before Egypt, as thou goest toward Assyria: and he died in the presence of all his brethren.

19 And these are the generations of Isaac, Abraham's son: Abraham begat Isaac:

20 And Isaac was forty years old when he took Rebekah to wife, the daughter of Bethuel the Syrian of Padan-aram, the sister to Laban the Syrian.

21 And Isaac entreated the LORD for his wife, because she was barren: and the LORD

40

I S H M

How to Study the Bible.

THE LANGUAGE OF COLOUR.

1	YELLOW.	God Speaking.
2	BLUE.	Good. Honest.
3	GREEN.	Bad. Evil.
4	RED.	Notice or Key of the Subject.
5	VIOLET.	Name of Place.
6	VERMILLION.	Gentiles. Nations.
7	BROWN.	Quotations in the New Testament from the Old Testament.
8		Devil. Sin.

ALFRED WOODS,
INGATE LODGE, BECCLES.

20多年间，东盎格利亚商人阿尔弗雷德·伍兹（1836—1912）一直在用自己发明的绘画系统（参见左下角的指南）为他那本独特的《圣经》添加绚丽多彩的注释：黄色代表"上帝的话语"，蓝色代表"善良与诚实"，绿色代表"邪恶与恶行"，紫色代表地名，黑色代表"魔鬼与罪孽"等。伍兹偶尔还会记录自己的阅读进度，例如："花了4小时45分钟浏览了一遍，1888年"及"1909年2月10日，完成阅读并标上各种颜色（73岁）"。

科学珍奇

盖伦（约129—216）应该算是历史上最伟大的科学家之一。这位希腊医生曾游历各地并进行了广泛的研究，定居罗马后创作了许多作品，还成了数位皇帝的御医。就文学奇观而言，他也仿佛是一座金矿。盖伦有许多流传许久的古怪理论，部分原因是当时罗马法律禁止对人类尸体进行解剖，因此他有关人体的著作都是基于对猪、巴巴利猕猴和其他灵长类动物的解剖，假设这些动物的生理结构与人类相似，这简直是一个天大的误判。他大部分理论的基础是所谓的"体液学说"，可见于他发表在《医术》（*Ars medica*）和《论自然构造》（*De naturalibus facultatibus*）等的著作中。这项理论认为，身体和心智的运作主要依靠体内的四种化学物质——黑胆汁、黄胆汁、血液和黏液。这一系统通常被认为是希波克拉底（约公元前460—约公元前370）首度在医学中应用。

盖伦对人体的循环系统特别着迷。他曾提出，血液不断被身体消耗，肝脏制造新的血液作为补充，在两个独立的血液系统里循环。（据说，他对肺部系统的迷恋，源于早期他在佩加蒙担任角斗士的首席医师的经历，曾看到战士们垂死时裸露在外、还在跳动的心脏。）

事实上，人体循环系统直到几个世纪后才由威廉·哈维发现，并于1628年发表了《心血运动论》（*Exercitatio anatomica de motu cordis et sanguinis in animalibus*）一书。这一发现还引发了一系列稀奇古怪的科学研究。因设计圣保罗大教堂而闻名的克里斯托弗·雷恩爵士为了验证哈维的理论，就曾将鸦片溶解在酒中，再将溶液注入狗的静脉里。此外，从1666年康沃尔医生理查德·洛厄（1631—1691）与罗伯特·波义耳的通信中，我们得知前者受到哈维的启发，将汤水注入狗的血管，想看狗能否从中吸收营养。即便这些实验迅速宣告失败，洛厄也没有气馁，还将一只羔羊的血液输入一位名叫亚瑟·科加的疯子体内，这位疯子是自愿接受这一试验的，因为他的大脑"有点太热了"。洛尔相信病人会被治愈，因为"羊血具有某种象征性的力量，就像基督的血，因为基督是神的羔羊"。不知何故，科加在实验中幸存了下来，但是他的疯狂依旧如故。

说回盖伦，他还写到，皮肤的毛孔会被温暖血液产生的烟灰颗粒堵塞，等压力积累到一定的程度时，烟灰就会从毛孔中喷出来，形成一根结实的细绳——这就是头发。遵循着这种把人类视为行走的烟囱的想法，盖伦认为发色与体内体温相关——头发颜色越深，烟灰的浓度就越高，身体的温度也越高。因此，金发的人天生体温较低。

对页：来自狄德罗《百科全书》（*Encyclopédie*，1751—1766）中的一页骷髅插图，18世纪一位颇具幽默感的意大利律师拿它当作书写纸，潦草的文字笔迹是他为客户起草的遗嘱相关事宜。

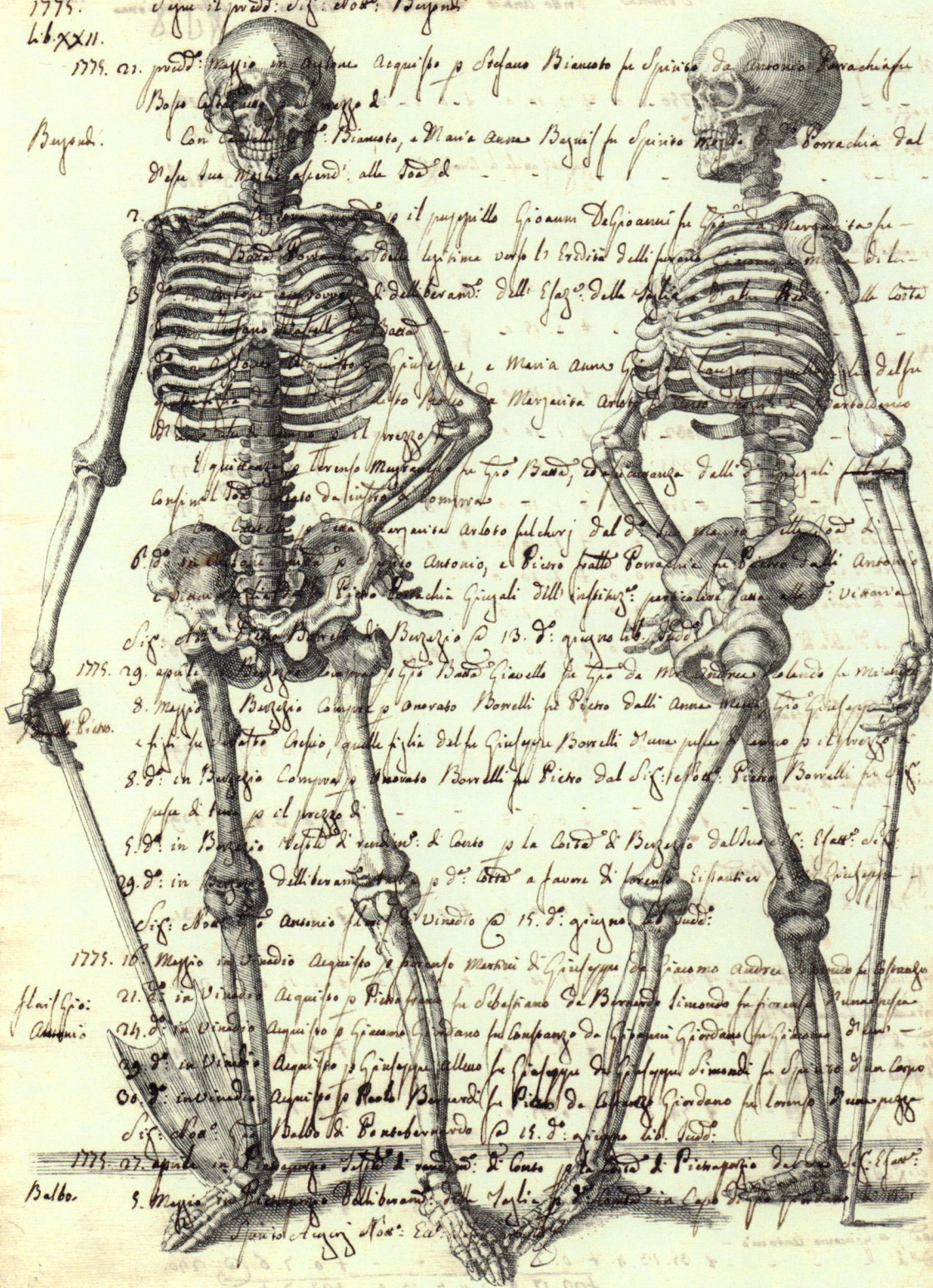

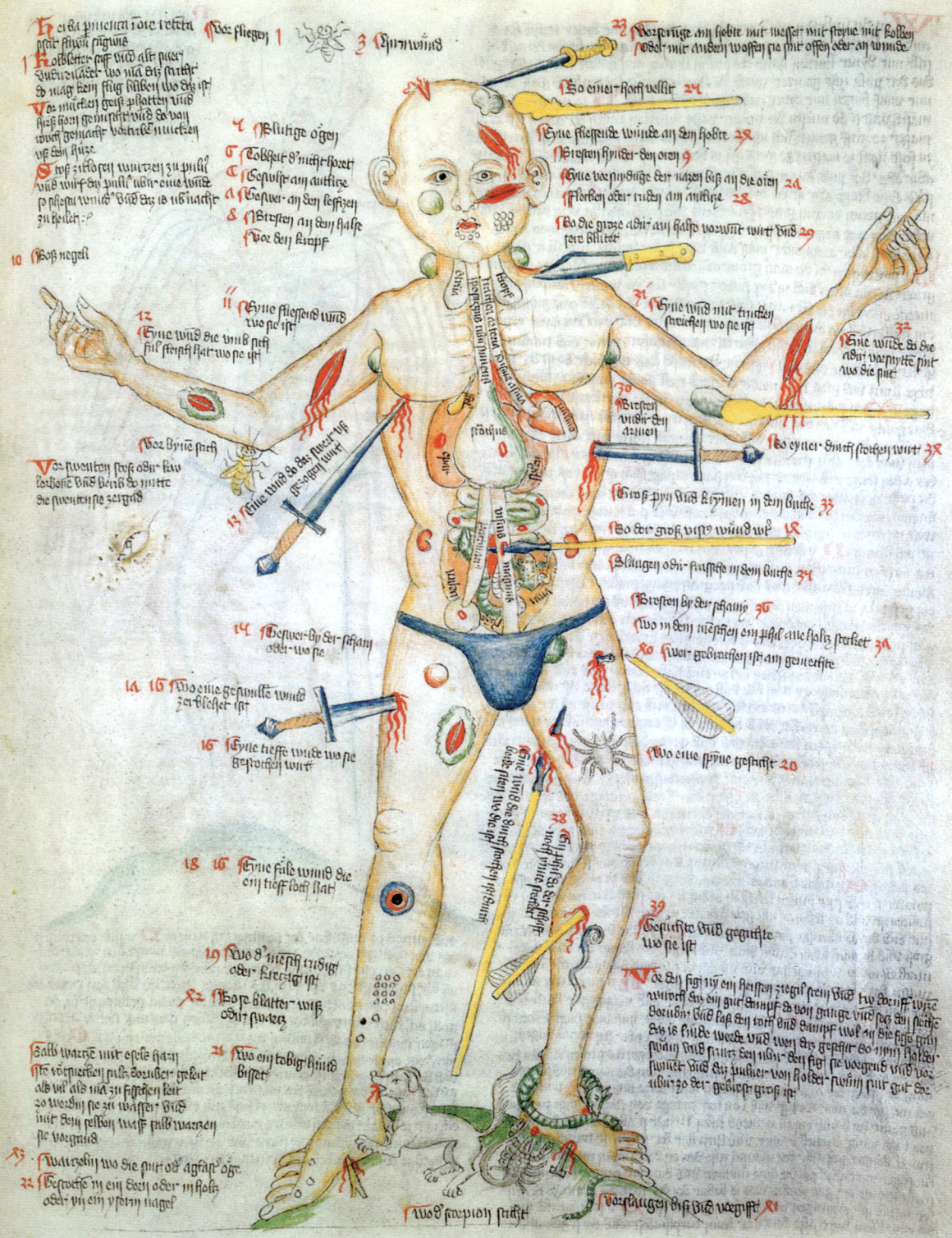

医学"伤者"插画，出自一份1420年左右的在巴伐利亚制作的手稿，展示了患者常见的躯体受伤部位。

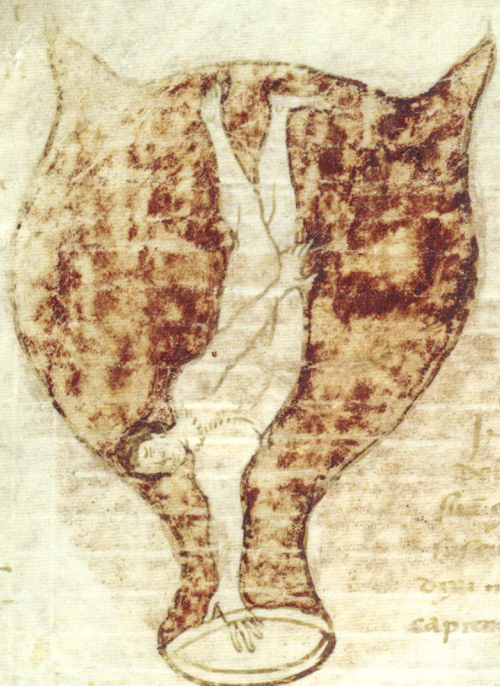

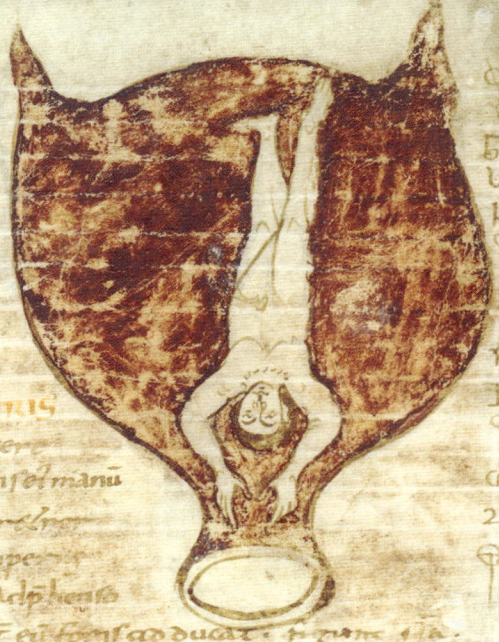

CLII
SI AMBAS
MANUS ET FORIS

Inuentrix quid facere
debeat duob; homeris et manu
sua extract; insigens celeri...
cisset reuecat et sicut supe...
duo manib; compositis adp...
eam paulatim et leuit eis foris adducat; p gene tua.

CLII ETSI BREUISSIMU
caput habeat et lambas manus foris
exerit oportet et obstetrix prius missa
manu sua, caput infantia ad orificiu cor-
rigat et comphensis manib; infantus
la foribz, et componat et sic conar nubeat
fixt fibr cur at caput orificiu uuluae
Nadiuuat inde eiciendus. e. p qua pri
ordinatus externe.

CLU SI IN PEDIB; DESCENDENS
In aliqua parte uuluae reli cu corp;
reli cu corp; inclinauerit quid facere deb...
sicut i rector sur dixi obstetrix missa
manu sua eum conponat et sic adduc
adducat foris.

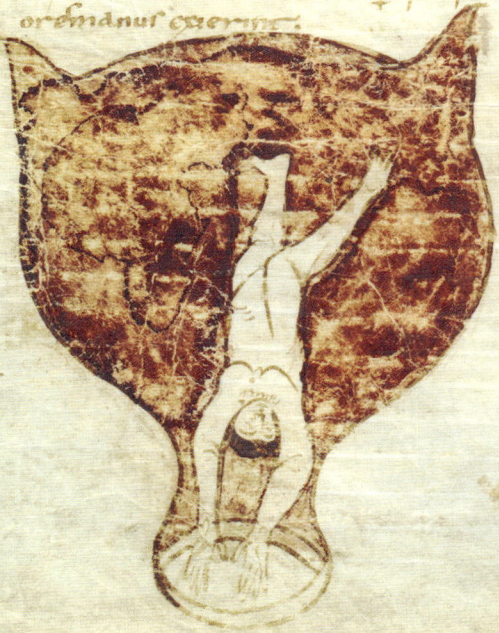

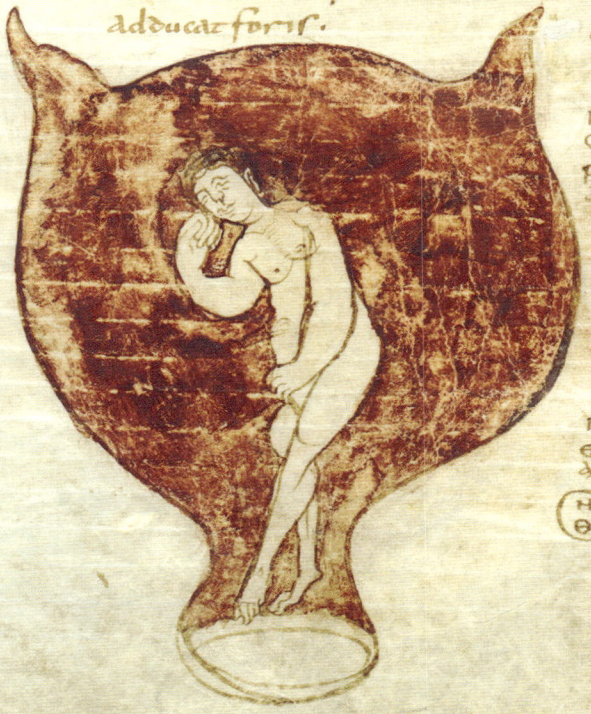

子宫中胎儿的4种形态，出自一
部9世纪的拉丁文手稿。

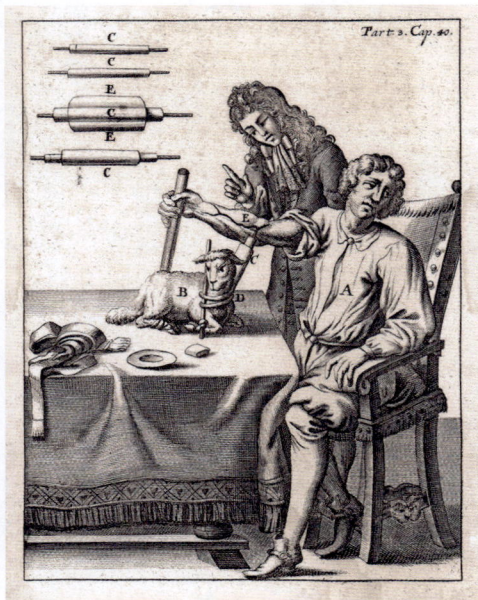

早期从羊输血至人体的实验场景，由马特乌斯·戈特弗里德·普尔曼绘制。

直到大约1300年后的1523年，盖伦的《论自然构造》才在伦敦以拉丁文出版；又过了20年，到了1543年，他的理论才被解剖学家安德烈亚斯·维萨留斯以具有里程碑意义的著作《人体构造》(De humani corporis fabrica)推翻。在英国，大约8世纪到13世纪之间的医学文献鲜少留存下来，因为那时候大多数人都是文盲，知识是以口述的方式传承的。不过，那时候出现了一种类型的作品叫"水蛭书"(leechbook)，它的名字并非源自吸血的环节动物，而是古英文中"医学处方书"的现代转写。

最有名的一本当属现藏于大英图书馆的《鲍尔德的水蛭书》(Bald's Leechbook，约925—950)，书中的药方出自希腊和罗马时代的作者，以及叫作"奥沙"(Oxa)或"邓恩"(Dun)的盎格鲁-撒克逊医生。这本书十分引人入胜，它按照从头到脚的顺序罗列出一系列治疗方法，然后还介绍了各种伤势、疾病和紊乱的情形，从被蜘蛛咬伤到秃顶，无所不包。"如果一个人的鼻子流血过多，"作者建议道，"只要在他的耳朵里塞入一个完整的麦穗，他就感觉不到流鼻血了。"书中治疗打嗝的各种措施，基本都要病人喝温水然后催吐——"拿一根羽毛沾点油，多次插入喉咙使其呕吐"。对于肩膀疼痛，应该"把老猪的粪便与陈猪油混合"，并将其擦在疼痛处。对于疣，需要使用狗尿和老鼠血的混合物来治疗。对于恶魔附身，这本书也提供了一个相当奇妙的建议，那就是饮用一种用教堂钟泡制的草药。[1]

在西欧所谓的"12世纪文艺复兴"时期，修士们拼命搜集各种古代文献和伊斯兰知识，以充实他们的图书馆。在这堆新知识中包含"灼烙"疗法的文献，教导医生如何通过将炙热的金属工具压在皮肤上，来提取前面提到的4种体液。不过，最终留下记录的案例很少，似乎通过燃烧的火钳进行治疗并不受患者欢迎。相较之下，中

1　本书里大部分药方和原始疗法都应该好好地尘封在历史中（比如用生兔肝治疗白内障）。在2015年，英国诺丁汉大学从事维京研究的克里斯蒂娜·李教授翻译了其中一款眼药膏，配方包括大蒜、葱、酒和牛胆汁，并测试了其对抗药性超高的"超级细菌"的效果。令团队惊讶的是，他们发现这个盎格鲁-撒克逊时期疗法成功地消灭了现代抗生素都束手无策的超级细菌的绝大部分。

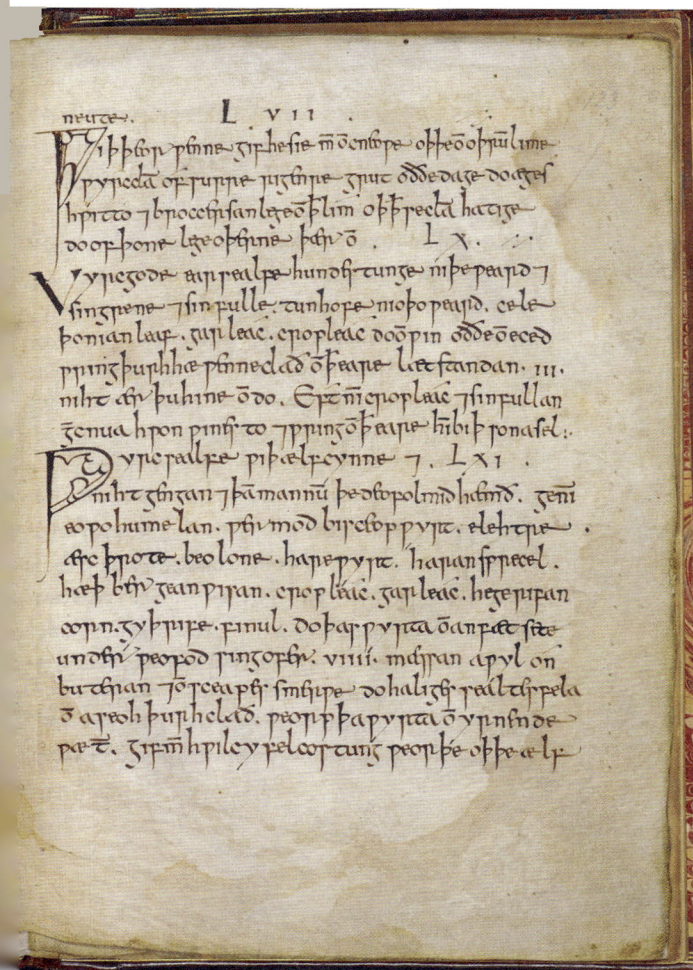

10世纪中叶的《鲍尔德的水蛭书》中优雅的字迹。

世纪诊断师的另一种分析"过滤后"体液的方法获得了巨大成功，这种液体具有不同颜色，病人不需要用到炙热的金属就能产生这种液体。

"尿液先知"，正如弗朗西斯·格罗斯在《经典俗语词典》(1785)中简介的定义，是"仅通过检查患者的尿液就可以判断其疾病的医生"。尿液先知会检查、嗅闻，甚至愉快地品尝尿液来诊断疾病。他们会参考7世纪时期西奥菲勒斯·普洛托斯萨里厄的《论尿液》(*On Urines*)等文献，其中最有用的书籍附有彩色的尿液轮图，方便比对患者的尿液样本，进而提供诊断建议。这种方法一直持续到17世纪，不过随着医学的进步而逐渐过时，再加上像托马斯·布赖恩的《尿液先知，或称关于尿壶的课程》(*The Pisse Prophet, or Certain Pisse-pot Lectures*, 1637)等讽刺作品的猛烈批判，尿液先知这一行很快便不再流行。

然而，所有这些新兴诊断科学的出现，并没有使人们完全摆脱早先水蛭书中流行的民间疗法。约翰·帕特里奇在《寡妇的宝藏》(*The Widow's Treasure*, 1595)中就建议"给小孩吃腐烂的老鼠，可以治疗尿床"，还建议用沸腾的水银熏衣服以祛除虱子（只是你的大脑功能也会一起离开）。为了唤醒昏迷者，法国内科医生伯纳德·德·戈登（约1258—1318)建议对着病人大声喊叫，或者在他们耳边大声弹奏乐器，或者把尖叫的猪带到病人的面前。如果以上方法都不奏效，那就拔他们的胸毛。

15世纪到16世纪的欧洲，最受欢迎的药剂手册是《最卓越完美的家用药方》(*A Most Excellent and Perfect Homish Apothecarye*, 1561)，德国医生兼炼金术士希罗尼穆斯·不伦瑞克在书中提出了一判定患者是否被恶魔附身的万无一失的测试方法："取来梭子鱼的心和肝，放入锅中，加入烧红的炭火，然后将锅端给病人，让病人吸入烟雾。如果他确实遭到恶魔附身，就会因为无法忍受这种烟雾而变得异常愤怒。"

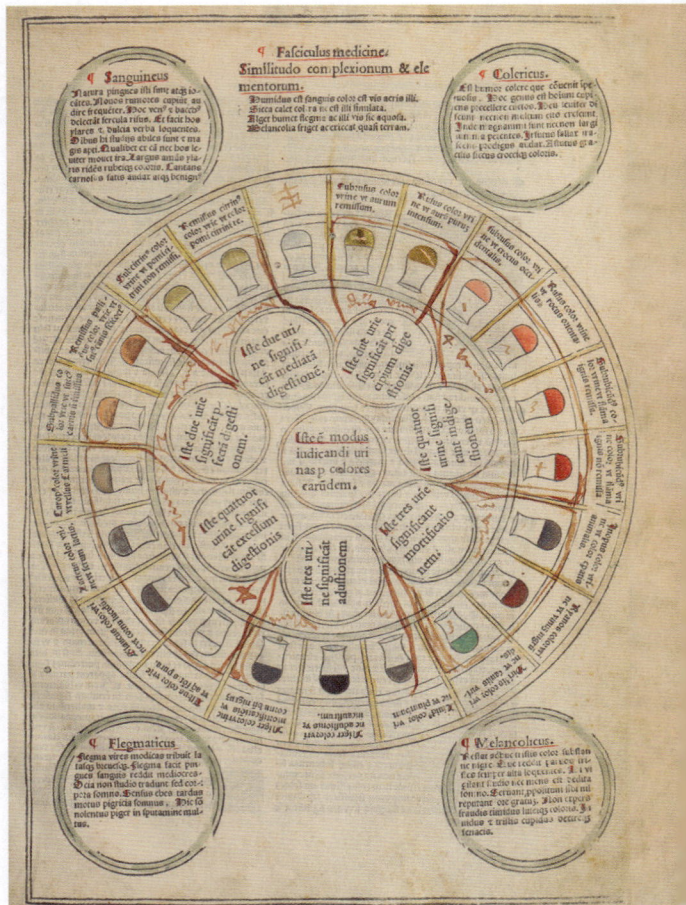

左上图：图中尿液先知正在检查尿液瓶，图片出自《医学汇编》（*Fasciculus Medicinae*），这是一本收录了6篇医学论文的手册，首次印刷于1491年。

右上图：同样出自《医学汇编》，由21只装满不同尿液的细颈瓶组成的大型"尿液轮"，并附有医生用来辨别尿液颜色的指南。

对页上图：约克理发-外科医生行会的手册，制作于1475至1499年间。左边画着"十二宫人"，各种占星符号与人体部位相关联。右边是一个历象转盘，或称纸仪表盘，显示了月份及对应的星座符号。当时的医生在进行手术前需要充分考虑月相等因素。

对页下图：出自15世纪中叶的一篇英语医学著作，作者署名为"伪盖伦"，展示了人体肌肉组成和孕妇的解剖结构图。

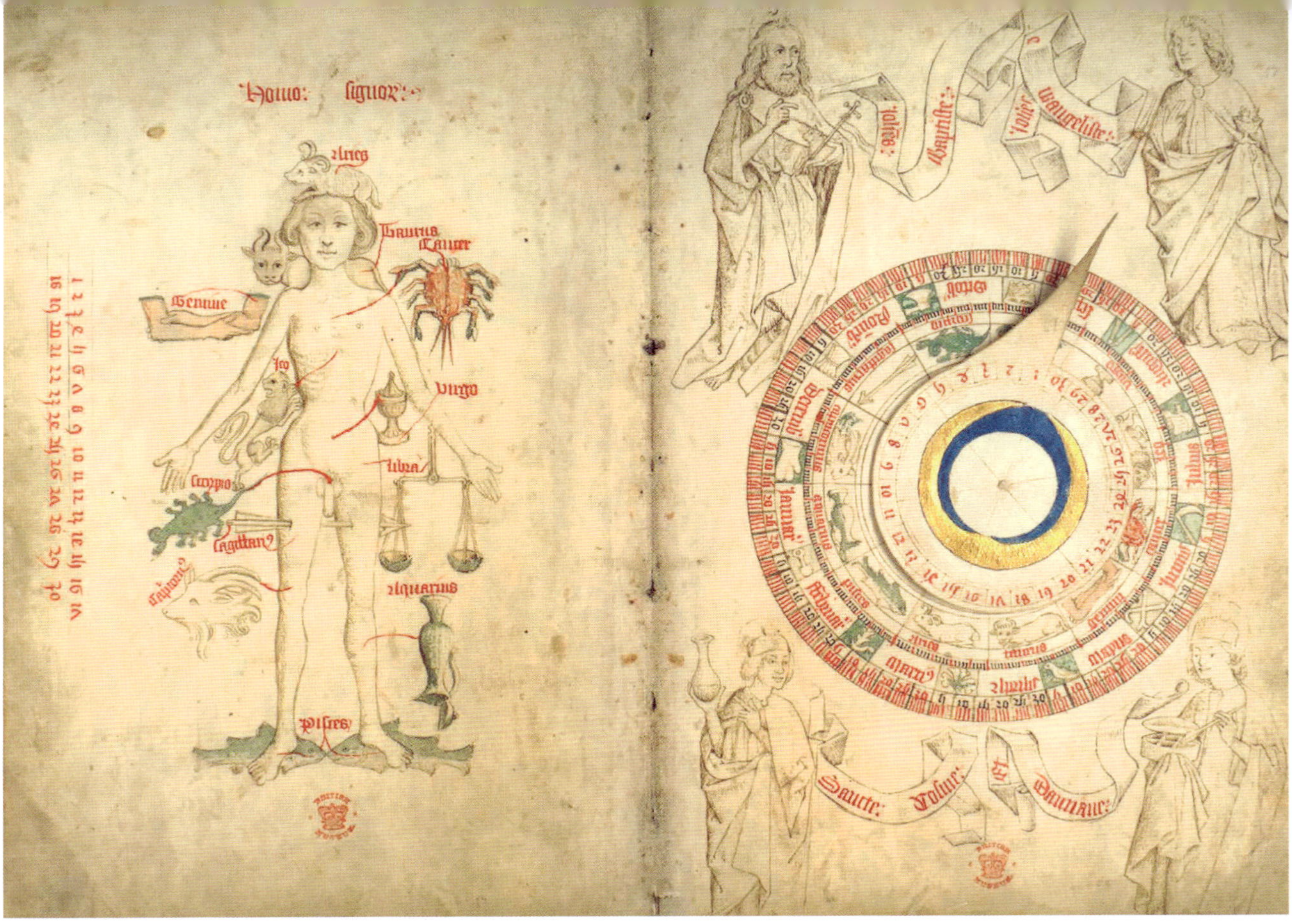
aries
Taurus
Cancer
Gemini
leo
virgo
libra
Scorpio
aquarius
pisces

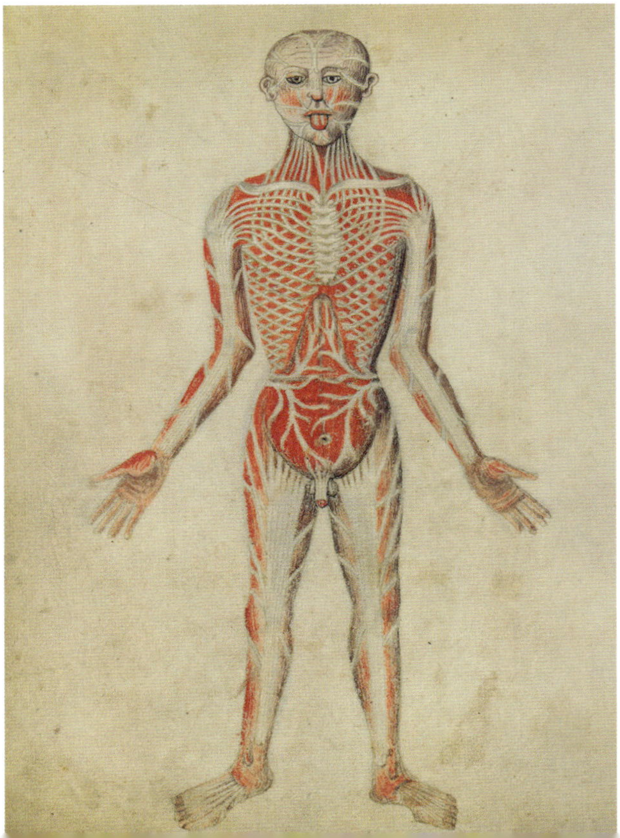

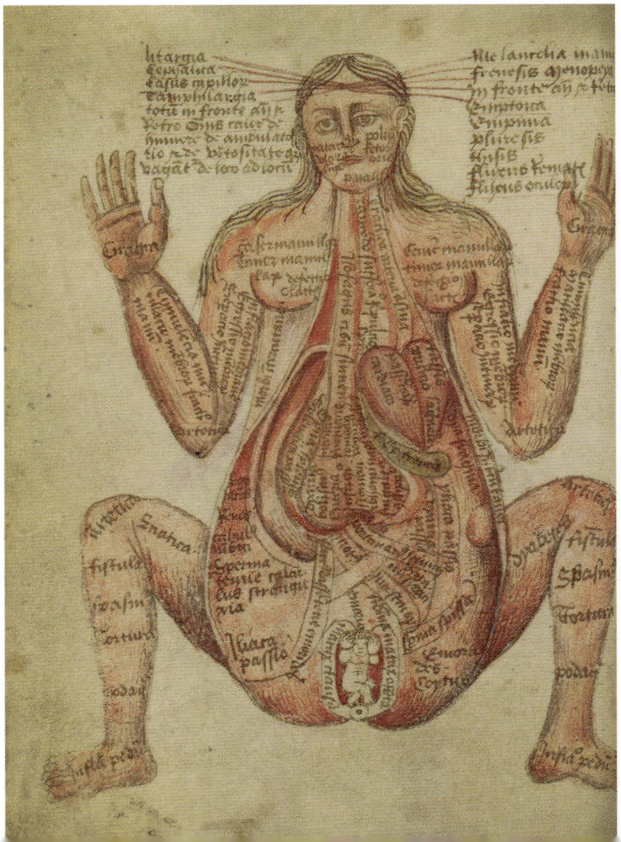

炼金术手稿

本页：壮观的《里普利卷轴》（*Ripley Scroll*）是一部炼金术士手稿，其中包含制作"贤者之石"的说明，这种石头能转变物质属性，尤其是能将铅等低贵金属转化为黄金等贵金属。卷轴长约6米，覆盖着神秘符号。该卷轴得名于英国炼金术士乔治·里普利（约1415—1490），一些著名人物，如约翰·迪伊、罗伯特·波义耳和艾萨克·牛顿等，都曾对此进行过深入研究。

对页左上角：一位拿着烧瓶的炼金术士，出自《璀璨太阳》（*Splendor solis*，1532—1535）的1582年德语版，这是有史以来最精美的炼金术士手稿之一。从烧瓶中溢出的拉丁文卷轴上写着："让我们询问自然的四元素。"

对页上中图：出自《七地之书》（*Book of the Seven Climes*）的一本18世纪副本，作者是阿布-卡西姆·艾尔-伊拉克·艾尔-西玛威，一位巴格达的穆斯林炼金术士。他在13世纪留下了许多炼金术和魔法的著作，其作品是最早的专门研究炼金术插图的资料。

对页右上角：一幅出自中国的《外科图说》（1856）的插画，描绘了制作含有水银的灵药所需的炼金熔炉和工具。中国古代十分推崇服用贵金属，以期获得它们代表的永生不灭。嘉靖皇帝（1507-1567）很可能就是死于道士给他服用的"长生不老药"。

炭盛罩鐵用上

上图和左图：《金轮艺术集锦》（*Clavis Artis*）是一部德国的炼金术手稿，包含两位画家创作于17世纪末至18世纪初精彩纷呈的水彩画。作者署名琐罗亚斯德，并声称原文是"作者在龙皮上书写的"。关于这部作品的来源目前尚无定论。

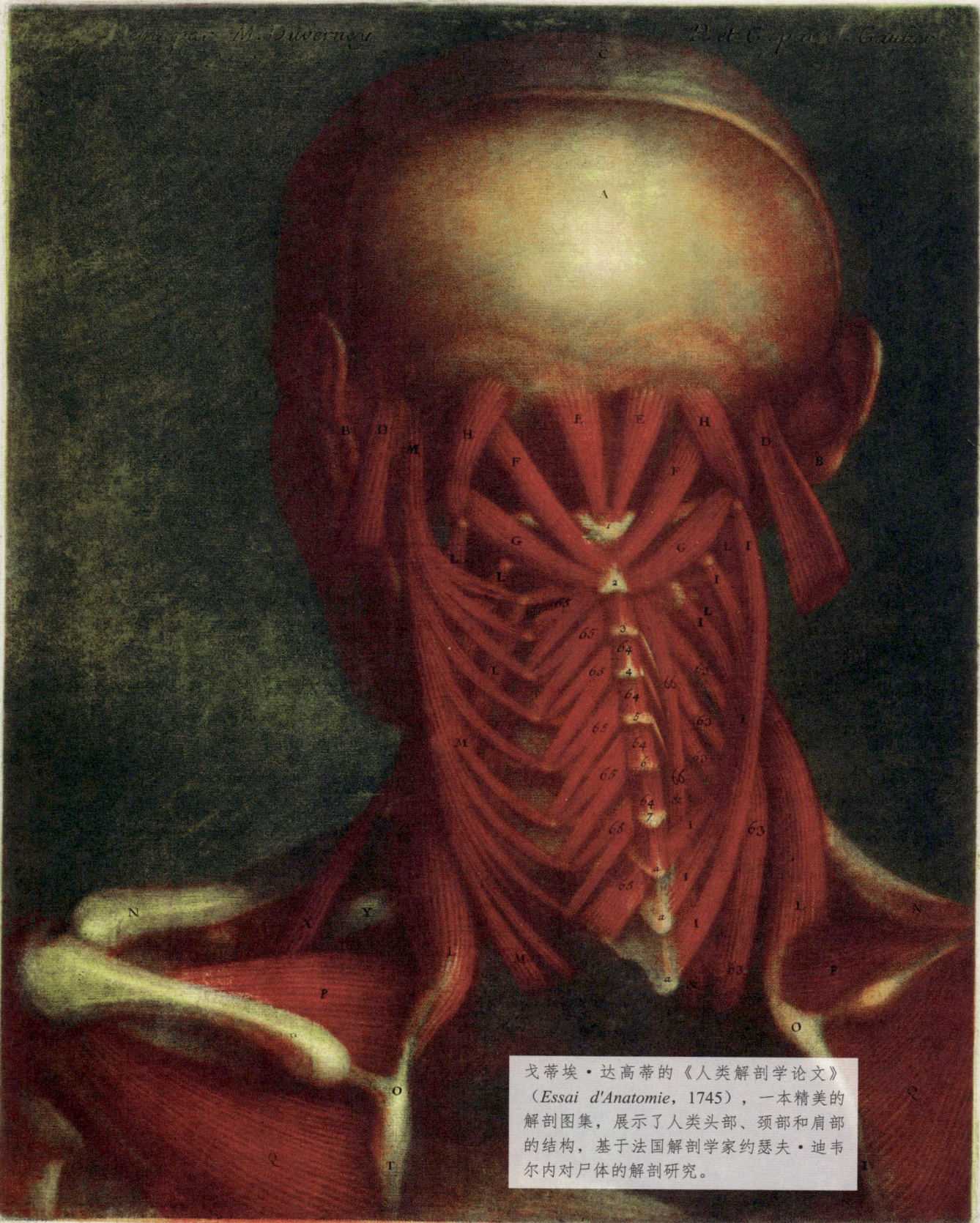

戈蒂埃·达高蒂的《人类解剖学论文》（*Essai d'Anatomie*，1745），一本精美的解剖图集，展示了人类头部、颈部和肩部的结构，基于法国解剖学家约瑟夫·迪韦尔内对尸体的解剖研究。

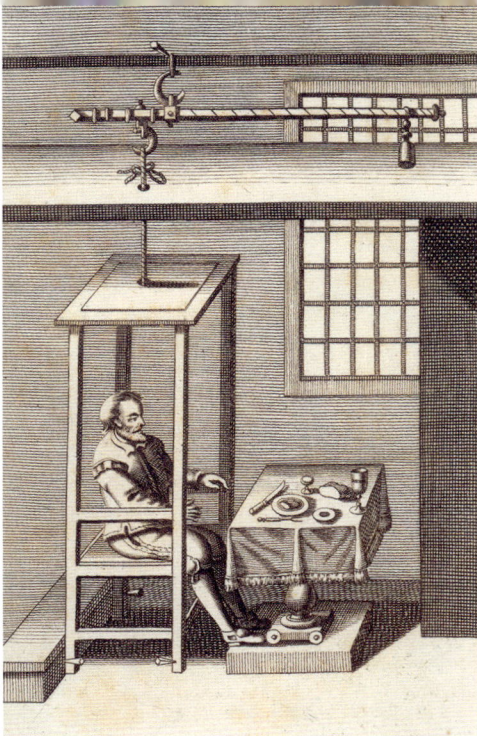

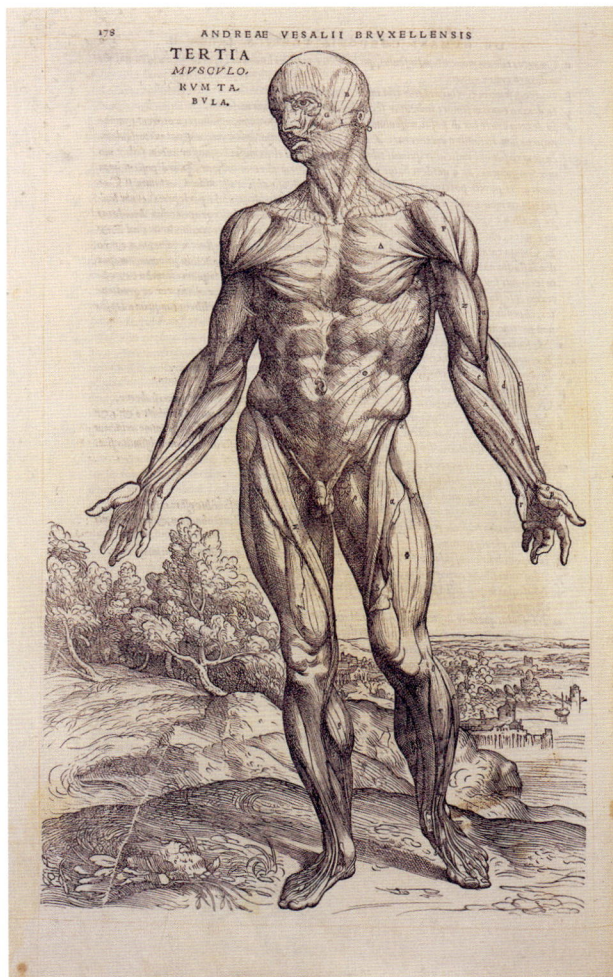

上图：桑托里奥·桑托里奥1614年《医学静态学》（*De statica medicina*，1614）的扉页插画，描绘了这位威尼斯生理学家坐在称重椅平衡装置中。30年来，桑托里奥每天都在巨大的家具秤上吃饭、工作和睡觉，以记录自己的每一次进食和排泄，以研究体重与固液体排泄物之间的关系，可以算是研究新陈代谢的先驱。

右图：维萨留斯的"人体肌肉（三）"。

基于直接观察的解剖学书籍在16世纪出现，推翻了古典作家的理论，揭示出壮观的人体内部之谜。第一位拉开解剖学帷幕的是安德烈亚斯·维萨留斯，一位帕多瓦大学的佛兰德斯医生。他的七卷本《人体的构造》（*De humani corporis fabrica*，1543）便是一部里程碑式的作品，书中配有大量精美的解剖插图。[1]维萨留斯还受益于文艺复兴时期木刻版画技术的改良，因此能够在插图中呈现出前所未有的细节。《人体的构造》是基于他在帕多瓦的讲座内容，他亲自在学生面前进行现场解剖辅助讲解。由于当时人们普遍认为解剖这种体力活学者不必亲自动手，他也因此而闻名。

他的插图之所以如此令人震撼，部

---

1 有一个长久以来广为流传的误解，认为中世纪教会禁止解剖尸体，维萨留斯、达·芬奇，以及其他解剖学家都因进行解剖而冒着巨大的风险。对此，哈佛大学的凯瑟琳·帕克教授指出："我从没有听说过任何解剖学家被起诉，也没有听说过教会拒绝解剖许可。"

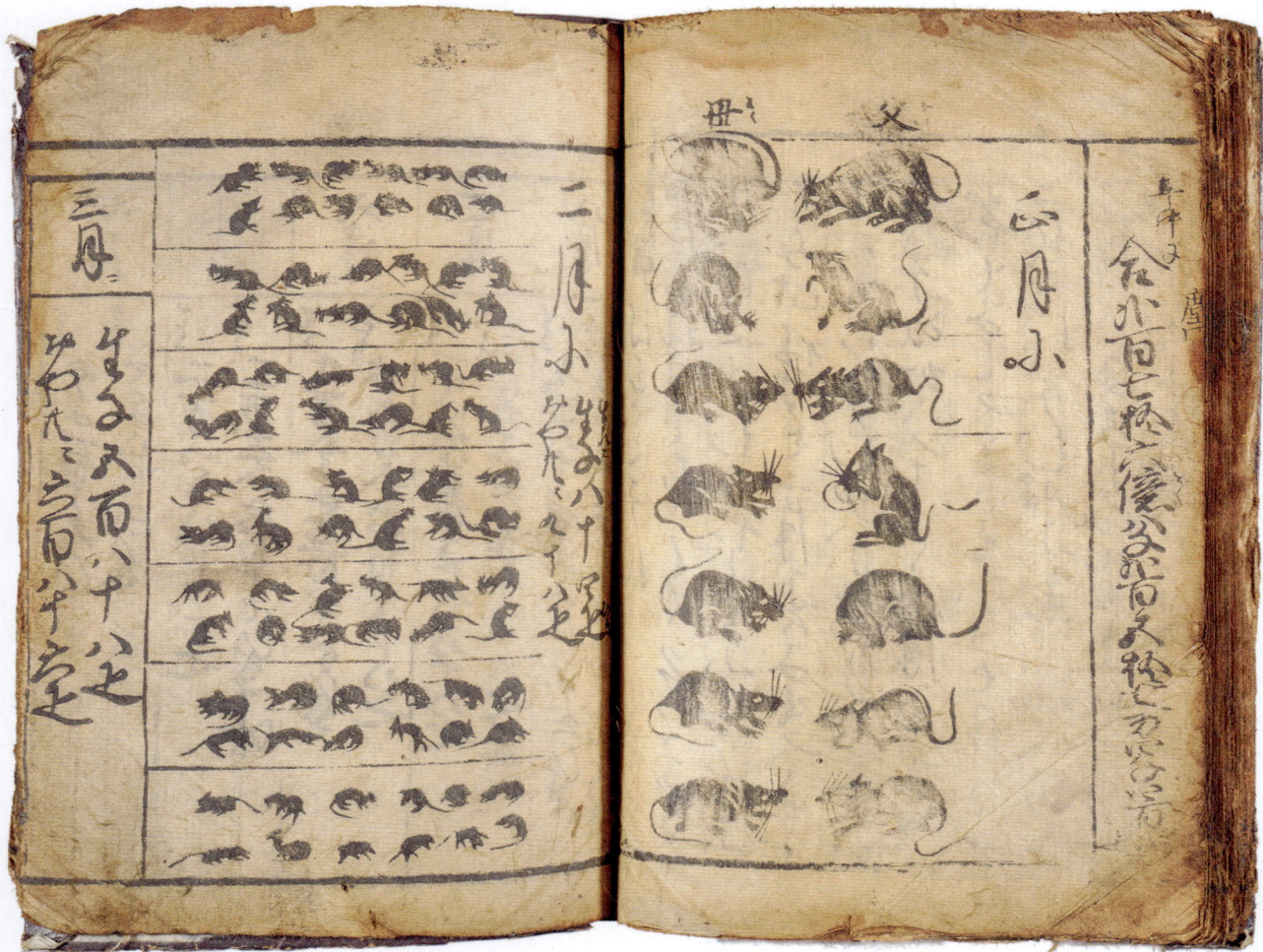

上图：《尘劫记》是一本17世纪初的日本数学著作，作者不详。与传统的线条图示不同，这位作者用老鼠来解释较为复杂的等比数列和容积计算。

最左边："拉文纳怪物"是1512年诞生于意大利拉文纳地区的一个怪异婴儿，据说是即将发生的战争的预兆。法国在这场战争中击退了西班牙-教皇联军。插图出自安布鲁瓦兹·帕雷的《怪物与异象》（Des monstres et prodigies，1585），最著名的奇异事件录之一。

左图：双头人，同样出自《怪物与异象》。

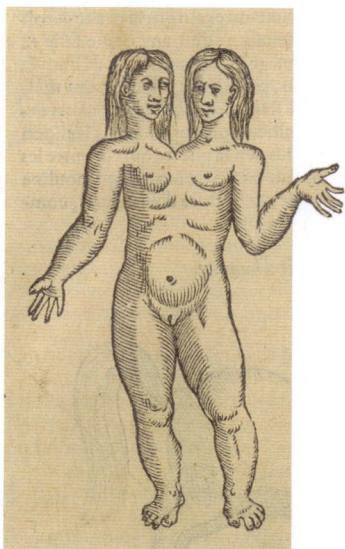

这幅插图来自福尔图尼奥·利切蒂的《怪物的起源、本质和差别》（*De monstruorum causis, natura et differentiis*），1616年在帕多瓦出版，后在1634年配以精美的插图再版。

分原因在于维萨留斯通过象征性的姿态描绘他所解剖的模特，这些模特大多是被处决的囚犯尸体。（这也正是被支持盖伦理论的批评者利用的一点，他们认为罪犯的本性就是"非正常"的，因此不能以他们为证据推翻从前的理论。）这些不死的身影站在田园背景中，栩栩如生，姿态各异，幽灵般持续地提醒着人们生命的脆弱和死亡的必然。

到了16世纪，科学界对"异象"的兴趣引发了大量这一主题通俗文学的诞生。"异象之书"便是对各种异象事件和医学案例的研究，包括"怪物"婴儿、自然缺陷、侏儒、人鱼，以及其他自然界的奇异事件。法国外科医生安布罗斯·帕雷的病例档案中就充满了各种各样的奇怪案例，例如有关双头人的报告，以及1512年意大利出生的"拉文纳怪物"，如对页图所示。

扎库图斯·卢西塔努斯在《医学奇谈》（*Praxis medica admiranda*, 1637）中，记录了一名诞下一只蝾螈的妇女，和一位试图小便时排出一堆苍蝇的男子。在格奥尔格·亚伯拉罕·默克林1715年出版的论文《咒语学》（*De incantamentis*）的扉页插图中，详细描绘着1694年德国的一个案例——一个名叫特奥多鲁斯·杜德莱因的12岁小男孩突然开始呕吐昆虫。几周时间里，他总共吐出了162只木虱、32只毛虫、4只千足虫、2

上图：奥多鲁斯·杜德莱因吐出一大堆动物。

只蠕虫、2只蝴蝶、2只蚂蚁和1只甲虫。

接着他开始吐两栖动物：21只蝾螈、4只青蛙，偶尔还有蟾蜍。这名牧师的儿子显然是被魔鬼附身了，没有任何办法能够帮助他，连祈祷都完全没有效果，直到男孩的医生们尝试了一种古老的治疗方法来清除他胃里的魔法生物：马尿。一桶又一桶臭气熏天的马尿被灌进了可怜男孩的喉咙里，直到他奇迹般地宣布自己痊愈了。"大家干得好，非常感谢，马尿确实起到了作用，不需要进一步治疗了。"

1726年，英国也出现了自己著名的异象事件。小册子《关于分娩兔子的奇特事件之简短叙述，外科医生约翰·霍华德在吉尔福德的记录》（*A Short Narrative...*, 1727）是英国乔治一世的宫廷解剖学家纳撒尼尔·圣·安德烈所撰写，描述

其目睹的所谓"戈达尔明奇迹"。9月27日晚上，吉尔福德的助产医生约翰·霍华德先生为他的病人玛丽·托夫特接生，没想到托夫特竟然分娩出了猪的部分躯体。10月，托夫特又分娩出一只长着猫爪和猫头的兔子，后来又陆续分娩了一大窝兔子。国王命令他的秘书塞缪尔·莫利纽克斯和圣·安德烈前去调查。

他们两人及时赶到，目睹了托夫特分娩出第15只兔子，那是一只大约4个月大的无皮雌兔。随后在当天晚上，她又分娩出了一团皮毛和此生物的头。国王的手下检查了这些兔子和托夫特本人后得出结论，这些动物在她的卵巢中生长发育，然后跳到了输卵管里。圣·安德烈出版了他的小册子以证实这一事件，随即大卖。"萨里产兔女"成了伦敦街头巷尾的热门话题：有些人宣称托夫特是女巫，有些人认为托夫特是化为人形的恶魔兔子，又或许她可能只是和雄兔子相爱了。玛丽被带到伦敦，著名的产科医生理查德·曼

下图：玛丽·托夫特生下一窝兔子的版画，W. 霍格斯绘于1726年。

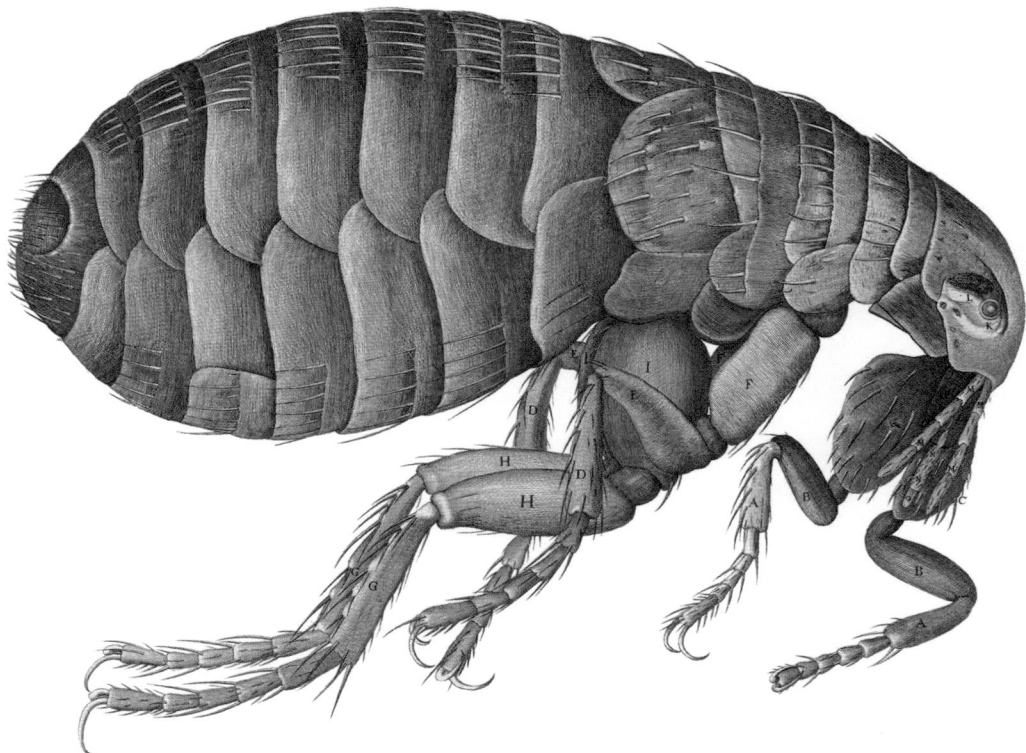

罗伯特·胡克的巨型跳蚤特写图，出自《显微图谱》。胡克分别观察跳蚤的不同部位，最终拼凑出了完整的昆虫形象。在接下来的两个世纪里，这幅画不断被人盗用。

宁厄姆爵士被请来给她做检查。他立即注意到其中的一个兔子胎盘其实是猪膀胱，而托夫特在听到这一结论后立刻泪如雨下（略显可疑）。她最终承认是自己将兔子的器官藏在事先准备好的衣服暗袋里。如今，我们可以在格拉斯哥的亨特图书馆找到托夫特承认行骗的供词。

托夫特事件的确相当古怪，尤其是考虑到科学观测技术在前几十年里有了突破性的发展。这期间出现了两项划时代的发明，分别是1620年左右出现在欧洲的复合显微镜，以及早几年出现的望远镜。1665年，两本科学著作几乎同时问世，一本在德国，一本在英国，它们构成了珍奇收藏家目录中精彩的双簧秀，尽管它们所研究的事物尺寸可说是天壤之别。

寥寥数笔又怎么能够彰显罗伯特·胡克《显微图谱：或以放大镜观察微小物体

的生理学描述》（Micrographia...）一书的重要性呢？这本书打开了新世界的大门，将其秘密倾注在细致的描述和30多幅精美的插图中。胡克是第一个绘出显微镜目镜下观察到的昆虫、植物和日常物品样貌的人，在这之前，我们裸眼能观察到最小的物体尺寸是人类头发的宽度。借助《显微图谱》，读者尽情地遨游在日常事物之中的奇妙微观世界："大肚蚊子"精致的翅膀、"灰苍蝇复眼"错综复杂的结构，还有胡克最著名的插画，描绘多产的害虫——跳蚤。这幅图被精美地复制在了一张半米宽的折页上（见上图）。

在观察软木塞薄片的时候，胡克创

造了"细胞"这一术语，形容在显微镜中看到的微小结构，因为它们让他联想到修士们空荡荡的房间。浏览《显微图谱》的目录时，可以感受到胡克在探索这个未被看见的世界时的兴奋："小针的尖端；剃刀的边缘；打火石或钢铁撞击产生的炽热火花；一粒微沙中观察到的图形……"阅读着这些文字，读者的脑海中不自觉浮现出一个陶醉于喜悦中的男人形象。他抓住身边的每样东西，植物或昆虫，放在镜片下去寻找那些意想不到的细节。"木炭或烧焦的蔬菜；苔藓；海草的奇异质地；荨麻的刺和汁液，以及其他有毒植物；罂粟种子；苍蝇脚和其他几种昆虫；蜜蜂的毒刺；蜗牛的牙齿……"这种无穷无尽的发现所带来的快乐让读者们也不禁感到欣羡。

同年，读者们还能读到德国耶稣会学者阿塔纳修斯·基歇尔所著的插图版《地下世界》(*Mundus Subterraneus*, 1665)中壮丽的宏观事物。作者决意为人们呈现他对地球地质秘密的精妙理解，书中却实则是一个充满了奇思妙想的喧闹动物园。例如，他在书中指出了失落的亚特兰蒂斯岛的位置，甚至提供了一张地图，按照柏拉图的描述将其定位在大西洋的中心；他也在书中解答了一个长期困扰着人们的问题，指出尼罗河的源头是"月亮山"；分析他认为是巨型人类遗骸的化石；考察了穴居社会，并对包括龙在内的地下世界的生物进行了理论层面的分析。

《地下世界》中一个引人注目的亮点，是如对页所示的这张插图，名为《火山的理想化系统》(*Systema Ideale Pyrophylaciorum*)，呈现了对地球火山系统的研究。地球在作者看来"并非实心，到处都是裂缝，内部充满着各种空间和隐藏的洞穴"，可怕的火山"只是大自然的排气孔或呼吸管"。后来，在维苏威火山喷发仅仅七年之后，基歇尔的好奇心促使他登上这座火山，他检查了火山口，并坐在边缘休息。他在书中这样写道："我觉得我看到了地狱之所在，除了没有可怕的幻象和魔鬼的身影。"

就在胡克沉迷于微观世界，基歇尔醉心于宇宙剧场时，探索人心灵深处内在宇宙的科学研究却进展十分缓慢，即便如此，还是有一些书籍值得我们关注。精神病学史上最引人注目的著作当属约翰·哈斯拉姆的《疯子插画集：展示一个精神错乱案例》(*Illustrations of Madness: Exhibiting a singular case of insanity*, 1810)，这是首部针对单一精神病个案所进行的研究，讲述了詹姆斯·蒂莉·马修斯动人心魄的故事。这位马修斯在1797年1月下议院的一场辩论中，因为从旁听席对着霍克斯伯里勋爵（后来成为利物浦伯爵）大喊"叛国贼"，而被逮捕并送进伦敦臭名昭著的贝特莱

对页上图：阿塔纳修斯·基歇尔在《地下世界》中描绘的"火焰通道"，即火山系统。

对页下图：人们根据阿塔纳修斯·基歇尔在《音乐艺术的普世价值》(*Musurgia Universalis*, 1650)中所描述的"猫钢琴"而创作的插画。基歇尔在第6卷第4部分的第1章中提到："为了振奋意大利王子的精神……有个音乐家为他制作了一架猫钢琴。音乐家将猫装在并排排列的笼子里，当按下钢琴上的一个键时，机械装置会将尖刺刺进相应位置某只猫的尾巴里，由此演奏一首由猫叫声组成的协奏曲，并且随着它们愈加绝望，音乐的旋律也会随之变得愈加高昂。"

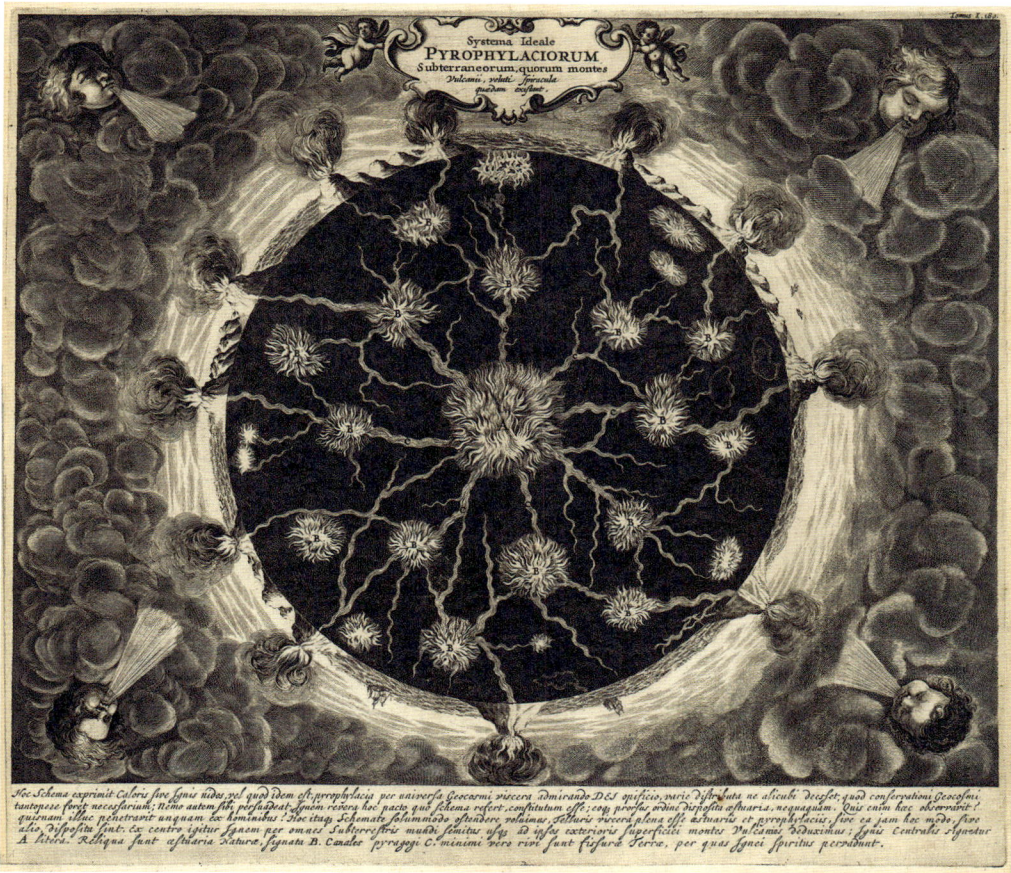

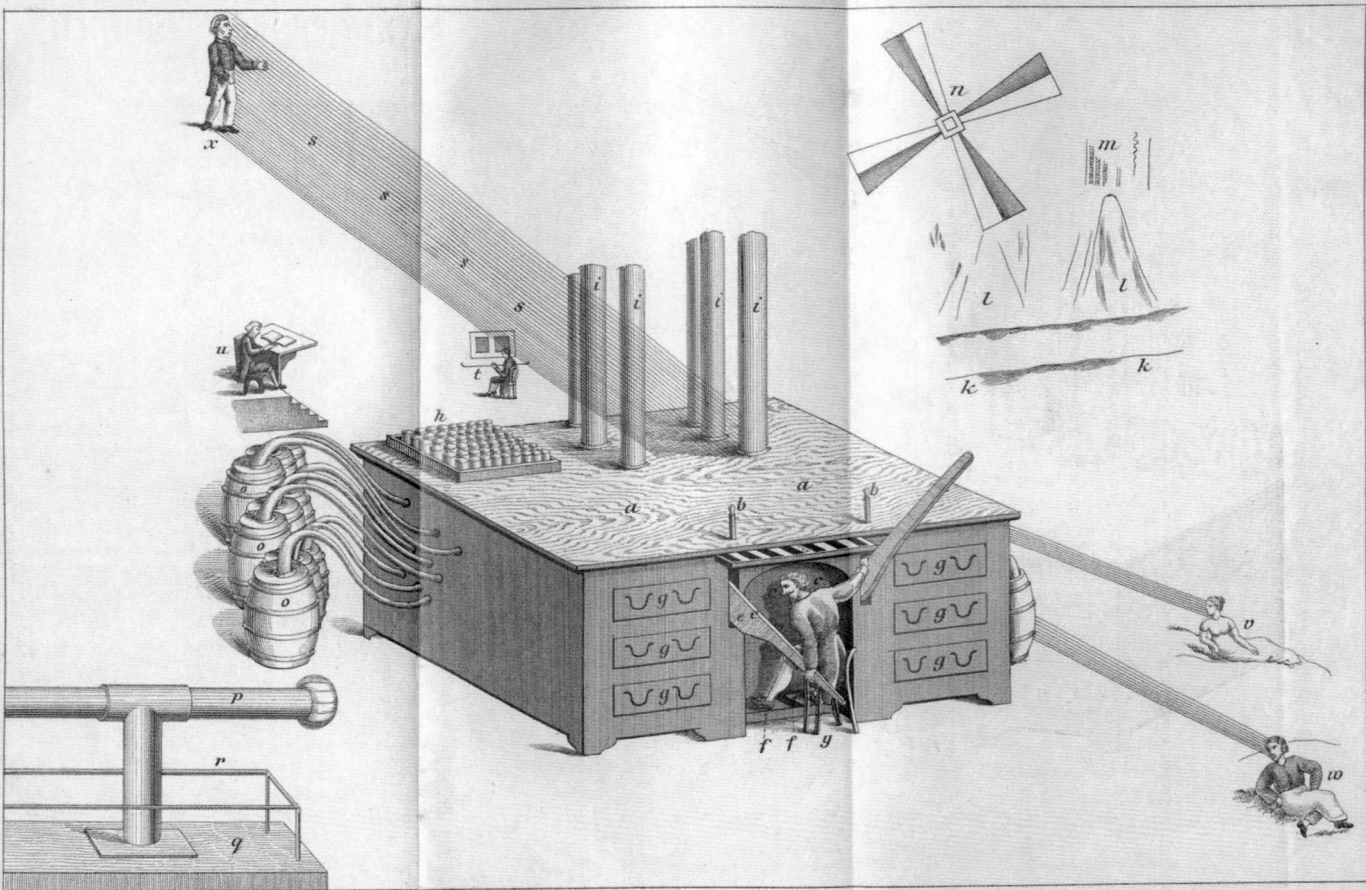

詹姆斯·蒂莉·马修斯构想的巨型精神控制装置"空气织机"。

姆精神病院（通常被称为"疯人院"）。1809年，马修斯的家人开始向政府申请释放他，为此哈斯拉姆出版了《疯子插画集》一书，以此支持继续治疗的主张。

马修斯的妄想主要围绕着一个他称为"空气织机"的阴险装置上。他坚信，一个擅长气动化学（研究气体和化学反应）的邪恶团伙在贝特莱姆附近安装了这种气体电荷发生器，每天都用有害的射线折磨他。他说这些射线足以"射穿龙虾""烧穿胃"或是引发"像用肉豆蔻擦丝器刮擦般的中风折磨"。"空气织机

帮"的成员包括机器的主要操作员、中间人、凯瑟琳、"校长"杰克和阿奇爵士，他们由一个名叫比尔（或"国王"）的人领导。马修斯声称，这个间谍团伙掌控了现代政治，在伦敦周围还有无数装备有空气织机的小组，每个小组都有"气体专家"，通过用"挥发性的磁流体"对目标进行"预磁化"，为洗脑做准备。英国政府关键人物，包括首相威廉·皮特都受到了影响，他们的思想都被该团伙读取并操纵。

这个想法被哈斯拉姆详细地记录了下来，但仍不如他本人绘制的空气织机插图来得让人一目了然。这幅插图也被收入

书中，成为首个由精神病院病患出版的艺术作品（如对页图所示）。插图中，中间人坐着操作这台巨型机器，射线击中受害者（左上角），"校长"杰克位于左边的气体桶上方，阿奇爵士和凯瑟琳则在右下角。1814年，马修斯被转移到位于哈克尼的私人机构"福克斯伦敦之家"。一旦远离了贝特莱姆，他几乎立即停止了妄想，并成为一个受欢迎且值得信赖的病人，帮助机构管理账务和花园，直到1815年去世。

在我们迈向20世纪之际，还有什么可以被添加到科学珍奇的书架中呢？在各种以荒谬理论挑战科学共识的书籍中，有一本《肚脐学：解开地质之谜的尝试》（*Omphalosan: an Attempt to Untie the Geological Knot*, 1857），其作者是受人尊敬的动物学家菲利普·戈斯（海水水族箱的发明者和世界一流的蝴蝶生殖器研究专家）。该书出版于达尔文《物种起源》的两年之前。

作为虔诚的基督徒，戈斯提出的中心假设是，维多利亚时代地质学家提出

左下图：《大脑蓝图》（*Plan of the Brain*），《生命之书：人类的精神与身体结构》（*The Book of Life: The Spiritual and Physical Constitution of Man*，1898）中众多涉及另类科学和神秘主义的"大脑地图"之一。其作者"艾利沙·西瓦沙医生"似乎是美国堪萨斯州的医生亚瑟·E.默顿的笔名。

下图：《手掌设计图》（*Chart of the Hand*），同样出自《生命之书》。

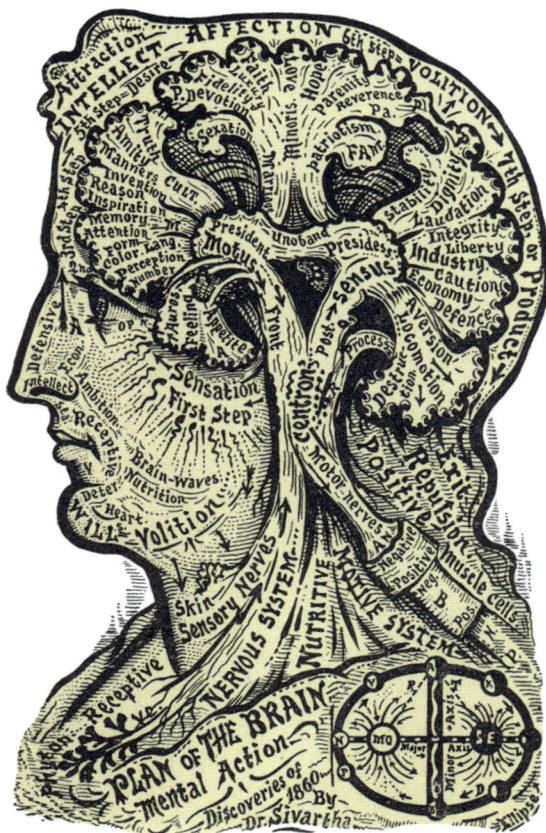

的地球古老年龄与《圣经》中提到较为近期的创世时间之间的冲突，可以通过他的"肚脐学"假说来轻松解决。他的观点如下：第一个人类亚当必定有肚脐（我们正是从他那里继承了这个肚脐），尽管实际上他并不需要，因为他是直接由上帝创造的。因此，一定是上帝赋予他这样的特征，来制造其作为人类祖先的假象。同样的道理也适用于看似古老的化石，它们也可能是上帝造物的证据，是上帝为了再次制造一种悠久历史感的假象而放置的，从而考验我们的信仰。这本书的销量十分惨淡，《威斯敏斯特评论》(*Westminster Review*)代表了大众的态度，称戈斯的理论"荒谬到令人难以置信"。

在20世纪的荒谬科学中，人类心灵的特异功能这一主题收获颇丰，其中有两本著作格外突出。在俄罗斯，一位名叫伯纳德·贝尔纳多维奇·卡辛斯基的心灵感应研究者，邀请著名的马戏团艺术家兼驯兽师弗拉基米尔·L.杜罗夫参与实验。杜罗夫似乎拥有通过"精神暗示"控制动物的能力。卡辛斯基将这种精神控制法称为"生物无线电通信"，这也成为他在1963年出版的奇书的书名。在书中，他记录了与杜罗夫在20个月的时间里进行的1278次实验，实验内容是这位前马戏团演员连续数小时盯着狗看，尝试进行心灵感应交流。

如果植物也有这种超感官知觉(ESP)的能力呢？大约在同一时期，美国中央情报局催眠和药物审讯专家小格罗弗·克利夫兰·克里夫·巴克斯特提出了这个问题。1966年2月2日凌晨，巴克斯特突

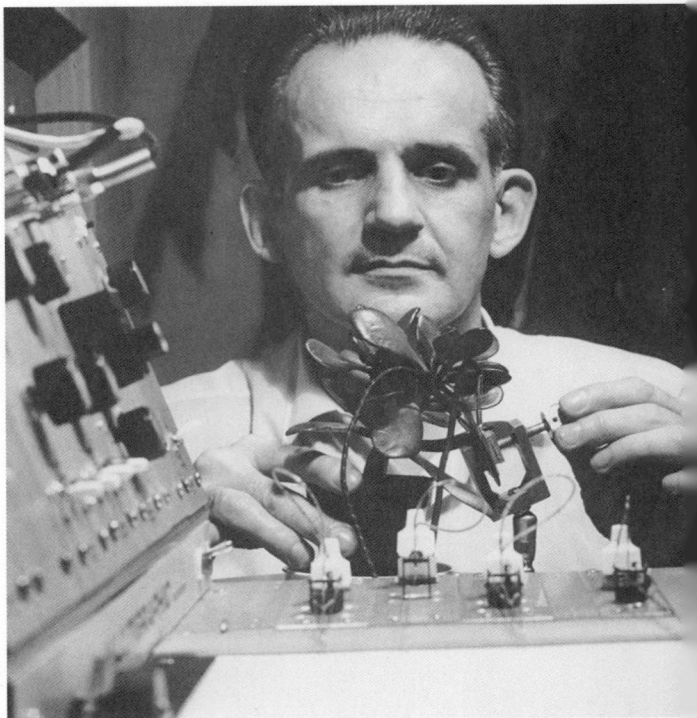

克里夫·巴克斯特给室内的植物连上测谎仪。

发奇想，为一株香龙血树连上测谎仪，想知道是否可以通过燃烧树叶来引起其应激反应。他声称，当他划火柴时，那株植物真的做出了反应。对巴克斯特而言，这意味着植物不仅表现出了恐惧，而且读懂了他的心思。

彼得·汤普金斯和克里斯托弗·伯德在合著的《植物的秘密生活》(*The Secret Life of Plants*, 1973)中报道了巴克斯特的发现，即植物具有前人未曾发现的"原始感知"，可以感知人类的思想。巴克斯特一夜成名，受邀参加多个对谈节目，接受约翰尼·卡森、大卫·弗罗斯特等人采访；派拉蒙影业公司还发行了一部与该书同名的纪录片，配乐由史蒂夫·旺德制作。但是事实上，所有一切，包括巴克斯特的研究和那本书，都被科学界嘲为伪科学的胡说

八道。[3]

最后，让我们来看看美国专利律师帕特·凯利的作品，他从1977年起便"开始考虑是否可能让一颗被砍下的人头保持存活"。1988年，他以"切特·弗莱明"为笔名出版了461页的《如果我们能让一颗断头继续活着……解体与美国第4 666 425号专利》(*If We Can Keep A Severed Head Alive…Discorporation and U.S. Patent 4 666 425*)，书中写道："我的背景和医学毫不相干，仅与生物化学略有联系。我从没研究过与断头相关的主题……这个想法就突然出现在我的脑海中，出乎意料，不请自来，后边跟着一连串难以解决的问题。"

《如果我们能让一颗断头继续活着》可以说是他对"预言性专利"（即尚不存在的专利）近乎痴迷的宣言。1987年5月19日，他以"密苏里州圣路易斯市，Dis公司"的名义注册了美国第4 666 425号专利。他将改发明称为"柜子"，可以为已经"离体"（与身体分离）的头部提供物理和生化支持。凯利将书中的章节划分为"科学和历史""法律问题""如果……？""宗教议题"和"技术与伦理"几大部分。

凯利写道："我不是试图提倡或鼓励这种技术，而是试图减缓它的发展，以便国会和公众能够控制它。我将非常感谢所有帮助我传播这一信息的人。"在《英国医

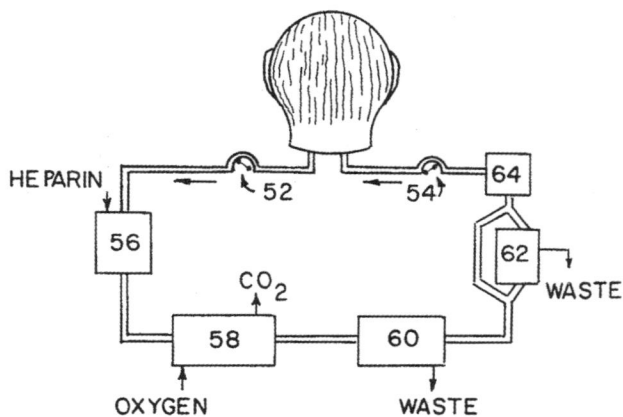

切特·弗莱明（帕特·凯利）设计的"柜子"，能够让一颗被割下的人头继续存活。

学杂志》的一篇评论中，免疫血液学家特伦斯·汉布林察觉到了这件事的价值，他写道："弗莱明先生引起我们对这个问题的关注是帮了我们一个大忙，他推迟这项技术进一步发展的巧妙方法相当有趣。"

此书总共只印了88本，自从有幸获得了初版以来，我就深深着迷于里面的内容。这是凯利发起他的"分离头部"活动后送出去的第一本，他在书上签了名，送给前化工公司的高管——"我所认识的最好的科学家/经理"蒙特·C.思罗达尔。当然，这本书不太适合经常从书架上拿下来作为睡前读物，但如果说还有哪本书比它最快地吓到人，并且提供讲述一个奇妙古怪故事的机会，那我还没有遇到过。

---

3 尽管同样缺乏科学训练，瑞典作家奥古斯特·斯特林堡（1849–1912）也根据自己的科学理论进行了相关实验，其中比较重要的是他认为植物拥有神经系统的观点。他曾因为向一颗长得比较低的苹果注射吗啡而被警察抓住，但他解释了他的理论，警察也认定他并不是在给水果下毒，随后就释放了他。

尺寸惊人

让我们从小物开始。毫无疑问,书写简洁方面最令人印象深刻的成就是这个"mɪ"。世界上最短的诗歌就是这个四条腿的"m",由亚美尼亚裔美国诗人阿拉姆·萨罗扬在20世纪60年代创作,它的确切含义尚不清楚。由于m和n看起来好像正在分裂的细胞,已故数学家、诗人、评论家鲍勃·格鲁曼称之为"字母诞生的特写"。萨罗扬在这一领域造诣卓越,他在1965年创作的单字诗*Lighght*,后来被称为"历史上最昂贵的单词"。这首诗为萨罗扬赢得了美国国家艺术基金会500美元的现金奖励,引发了美国关于浪费公共资源的全国性辩论。一位国会议员说:"如果我的孩子放学回家后拼写成那样,我一定会让他戴着傻瓜帽去墙角给我罚站!"25年后,里根总统讽刺地提到这首诗,而萨罗扬则耸耸肩说:"我对每个单词的外形都很感兴趣,比如 'guarantee' 这个词,在我看来有点像南美的昆虫。"

不管萨罗扬本人是否知道,他其实是在追随荷兰诗人、剧作家约斯特·范·登·冯德尔(1587—1679)的脚步。据说,后者的作品曾启发了约翰·弥尔顿等人。1620年,范·登·冯德尔以一首回文诗赢得了一场比赛,该诗一度被认为是史上最短的诗。它的全部内容是:"U   nu!",意思是"该你了!"。4个世纪后,美国诗人斯特里克兰·吉利兰创作了《古老微生物诗行》(*Lines on the Antiquity of Miracles*),一首别名《跳蚤》(*Fleas*)的双韵诗。这首诗是这样写的:"Adam / Had 'em.'"(亚当家/就有它)。1975年6月4日,拳王阿里在哈佛大学演讲,结束后在台上和乔治·普林顿讨论诗歌时,普林顿就背诵了这首《跳蚤》。阿里听完后则回应道:"那我也有一首:*Me? Whee!*。"[1]

而历史上最短的剧作则是法国剧作家特里斯坦·伯纳德(1866—1947)的《流亡者》(*The Exile*)。帷幕拉开后,舞台上出现的是一座位于边境附近的山间小屋。山民坐在火堆旁,敲门声响起,流亡者进入房间。整部剧的台词如下:

流亡者:不管您是谁,请可怜可怜我这个被追捕的人。有人出钱要取我的脑袋。

山民:多少钱?

落幕

接下来,我们来看看那些具有非凡尺寸的书籍。就像格列佛在他的航行记中所描绘的那样,要收集世界上尺寸惊人的珍奇,需要在两个尺度完全相反的地方寻

---

1 根据詹姆斯·博斯韦尔的说法,塞缪尔·约翰逊也喜欢使用这种简洁的方式达到幽默的效果,他曾吹嘘自己学识渊博到可以背诵出尼尔斯·霍雷博《冰岛自然史》(*The Natural History of Iceland*, 1758)的整个章节. 然而, 那一章内容如下:"第七十二章:关于蛇。整个岛上都没有一条蛇。"(第42章则更短, 提到了岛上没有猫头鹰。)

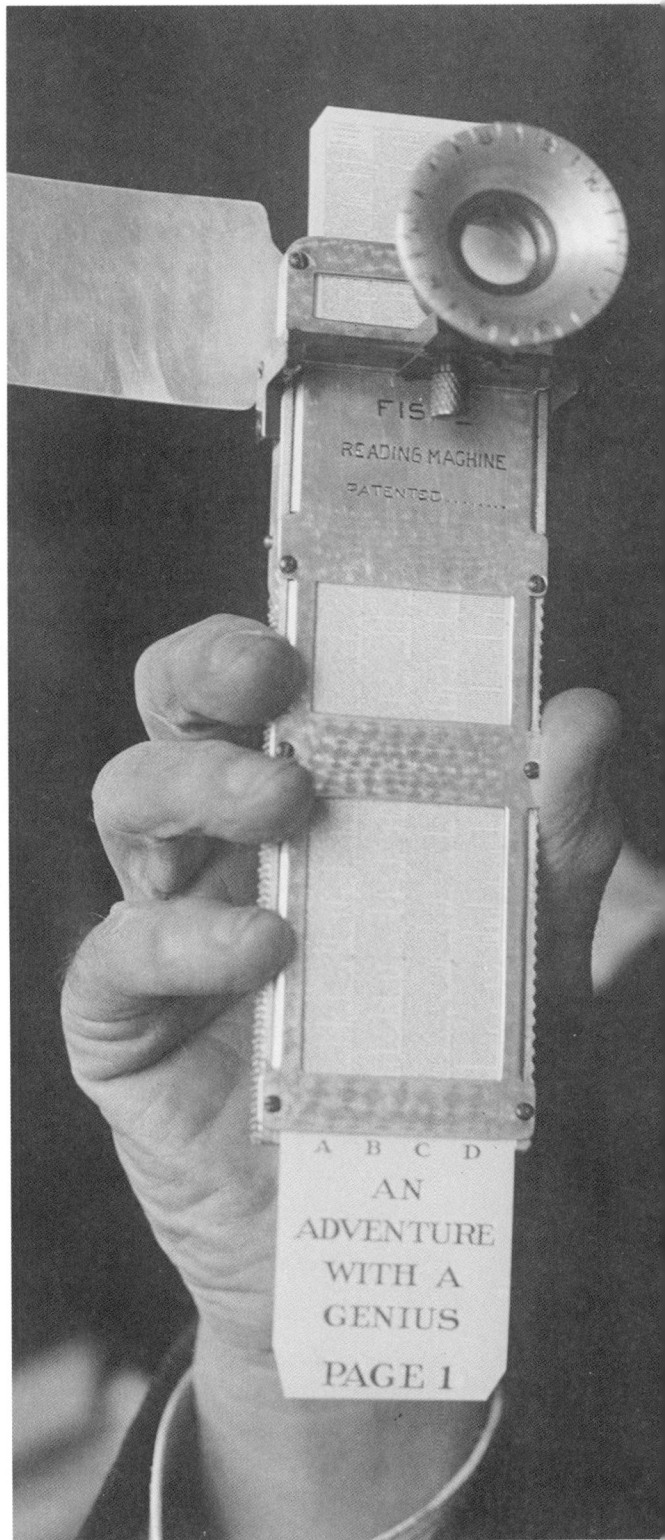

找："小人国书籍"，有时被亲切地称为微型书籍；以及"巨人国书籍"，适合巨人的巨型书。不过，在浏览"巨人国"像摩天大楼一样的书架前，我们最好先擦亮眼镜，准备好镊子，因为我们即将挤进微型书籍收藏家的世界。

上图和右图：在Kindle等电子阅读器发明之前，布拉德利·菲斯克在1922年就发明了手持阅读机。这款金属设备配有放大镜，用来阅读微小紧凑到肉眼无法识别的文字，整本书的内容都被印刷在这些15.24厘米高的卡片上。菲斯克向记者展示的是马克·吐温《傻子出国记》的第一卷（93 000个单词左右），缩印在13张小卡片上。

小人国书籍

　　1626年，在白金汉公爵为查理一世的妻子亨丽埃塔·玛利亚王后举办的一场寻常宴会上，从一块冷鹿肉馅饼中突然跳出了身高仅45厘米小矮人杰弗里·赫德森，只见他身穿一套迷你盔甲，手中挥舞着剑。王后非常喜欢这个身材迷你的7岁小孩，赫德森很快就搬进丹麦宫，成为"迷你爵士，王后的小矮人"，加入其他"宠物"——包括一只名叫帕格的猴子，还有一位叫威廉·埃文斯的威尔士巨人——的行列。威廉喜欢从口袋里掏出面包，把赫德森夹在里边当作三明治。但是，赫德森在长大后拒绝接受任何关于他身材矮小的玩笑。因此，当皇宫御马总管的兄弟查尔斯·克罗夫茨跟他开了一个小玩笑后，赫德森便要求和他决斗。克罗夫茨嬉皮笑脸地来赴约，手里拿着一个灭火用的"喷射器"（也就是一种装满水的大注射器，曾用作灭火器）作为武器，逗乐了围观的人群。然而，身高1.06米的"迷你爵士"则拔出手枪，射中了对方的头部。赫德森活到了63岁——人们可以在牛津的阿什莫林博物馆找到他的蓝色缎面小马甲、马裤和袜子。

　　在《帕维拉夫人在宫廷赠予迷你爵士，通称小杰弗里的新年礼物》（*The New Yeres Gift presented at Court from the Lady Parvula to the Lord Minimus*

安东尼·范·戴克为亨丽埃塔·玛丽亚女王、杰弗里·赫德森爵士和宠物猴子帕格绘制的肖像。

commonly called Little Jefferie, 1636）一书中能够找到有关这位"迷你爵士"的逸事，作者署名"喜欢小家伙的人"。[2]这是一本只有几英寸高的袖珍书，专为"小杰弗里"所写，以抗议威廉·戴夫南特爵士和他的讽刺诗《杰弗里仔》（*Jeffreidos*）。诗中详细描述了赫德森与一只绑着尖刺的火鸡进行的一场假想的决斗。不过，其实从写作诞生之初，袖珍书就已经成了一种流行

---

2 1740年至1743年间，出版商托马斯·博尔曼出版了儿童袖珍书《巨物历史》（*The Gigantick Histories*），其主题与书的大小形成了鲜明的对比。他选择描绘巨型的事物，例如伦敦纪念碑等，而书的高度却只有6厘米左右，分为上下两卷，以便让孩子们在两边口袋里各装一本，所以"不用担心这本书的巨大内容会导致孩子发育不平衡"。

的书籍形式。

人们一直都对迷你事物颇为着迷，工匠们也乐于展示他们制作微型作品的技艺。同样，袖珍书也具有广泛的吸引力，例如在美国总统小罗斯福的藏书中，就有大约750本的袖珍书。

世界上最大的袖珍书主题博物馆在一个大多数人意料之外的地方，那就是阿塞拜疆的巴库袖珍书博物馆，收藏着从64个不同国家收集的6500多本袖珍书。在日本"豆本"（又称"豆子大小的书"），兴盛于17世纪70年代到19世纪后期，至今仍然受到公众的喜爱。（要是去东京的话，可以特别关注一下"豆本扭蛋机"，这种自动售卖机贩卖装在塑料蛋中的袖珍书，每本100日元。）甚至还曾有袖珍书离开过地球：在1969年的首次载人登月任务中，巴兹·奥尔德林就携带了《太空时代之父罗伯特·哈钦斯·戈达德的自传：从早年到1927年》（*The Autobiography of Robert Hutchings Goddard, Father of the Space Age: Early Years to 1927*, 1966）的袖珍书，以纪念戈达德发明液体火箭40周年。

那么，"袖珍"到底是多小呢？在袖珍书的世界中，普遍接受的标准是不应超过76毫米。这就是"邦迪准则"——以袖珍书商兼收藏家路易斯·邦迪的名字命名。袖珍书的正式名称为"64mo"，表示一张纸双面共打印64页，按照正确的页面顺序折叠并装订。当问及袖珍为何有着经久不衰的魅力之时，伦敦邦瀚斯拍卖行图书及手稿部主管马修·黑利回答："我认为人类大脑中存在着某种神经元，面对尺寸惊人的事物时便会被激活。"他指着右图展示的

一部1598年的袖珍忏悔诗篇，配有令人惊叹的银质封面和手绘岩水晶，描绘了圣弗朗西斯接受圣痕的场景。

上图：圣米迦勒与恶魔们搏斗，出自荷兰艺术家西蒙·贝宁1530至1535年间创作的《时祷书》（*Book of Hours*）。这本微型手稿用于每3小时进行一次的祈祷，整本书高度不到7.6厘米，宽度不到5厘米。

上图：许多古代美索不达米亚的楔形文字泥板只有几厘米高和宽，却刻着重要的信息，从商人的货物清单到信使传递的消息。

左图：早在欧洲引入木版印刷的几个世纪前，伊斯兰世界就已经开始掌握制作袖珍书的技术了。例如图中的这种护身符卷轴，写有祷文、咒语和《古兰经》经文，被保存在护符专盒中，制作于11世纪的埃及。

右图：配有锁链和读经台的"拇指《圣经》"，大卫·布赖斯父子出版社1901年出版。

右图：15世纪上半叶的法国袖珍书箱，由玳瑁和象牙雕刻而成，略高于10厘米。

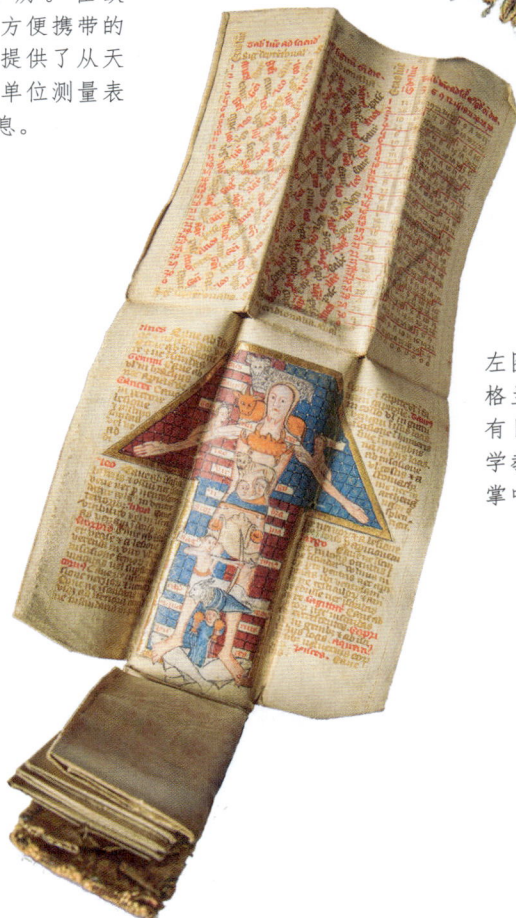

左图：可展开的1513年农民年历。在欧洲，这种方便携带的袖珍年历提供了从天气预报到单位测量表等各种信息。

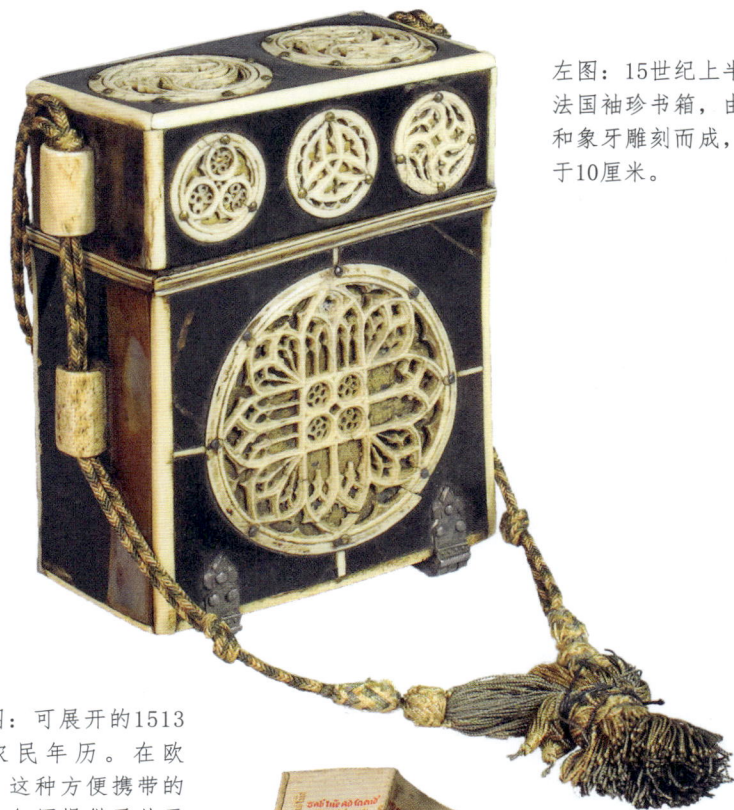

右图：15世纪初期英格兰的袖珍年鉴，附有日历、星象图和医学教科书，可放在手掌中阅读。

左图：1659年的《大卫诗篇》（Psalms of David），高度为7厘米，以贵重的玳瑁装帧而成。

右图：16世纪袖珍版意大利祈祷书，为女士而写，方便其佩戴在腰带或玫瑰念珠上。

尺寸仅为58毫米×40毫米的袖珍忏悔诗集说道："这是真正的珍宝。"这部诗篇在后来拍出了25 200英镑的天价。

的确，虽然后来的袖珍书基本涵盖了标准尺寸书籍的主题，但最早的一批"微型早期印刷书籍"（指1501年之前印刷的作品），通常是像忏悔诗篇这样的宗教作品。

这些袖珍书旨在模仿如克劳德·德·法兰西大师那般的最后一代伟大的书籍彩绘大师所创作的手抄本珍品，纽约摩根图书馆的策展人多年来痴迷于收集他的作品。其中最珍贵的是《献给克劳德·德·法兰西的祈祷书》（Prayer Book of Claude de France），这是1517年为庆祝法兰西国王弗朗索瓦一世的第一任妻子克劳德王后加冕，所绘制的两本珍贵的手抄本之一。虽然它只有7厘米×5厘米大，却奇迹般地包含了132幅

精细的插图，主题从《圣经》中的场景到王后的私密心事，比如她担心无法生育出健康的皇子。这些隐私曾经只有王后自己知道，但是今天，摩根图书馆的访客可以使用iPad进行浏览。

对人们的视力提出更大挑战的还有17世纪初期出现的"拇指《圣经》"，现存300多个版本，都装饰着插图，通常是供儿童阅读的，它们也是美国制作的第一批袖珍书。约翰·维弗在1601年将其放置在金银匣中，戴在手臂上作为护身符。

另一方面，"拇指《古兰经》"首次出现于19世纪后期，随着光刻技术的发明而问世。当时流行最广的版本1896年由英国格拉斯哥的大卫·布赖斯印制，装在其标志性的金属挂坠盒中，内嵌放大镜，曾被为英国作战的穆斯林士兵佩戴。但实际

右图：一部拇指大小的基督教祈祷书，采用银丝镶嵌工艺，制作于17世纪。

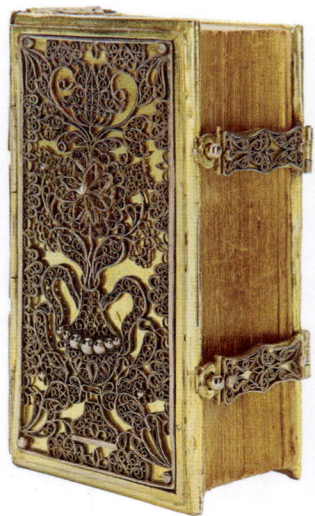

下图：美丽的16世纪波斯风格袖珍版《古兰经》，共338页，尺寸为4厘米×4厘米。

上，微型《古兰经》以手稿形式作为护符佩戴的历史可以追溯到几个世纪前。在奥斯曼帝国时期，袖珍版手抄《古兰经》被称为"战旗"，由"旗手"佩戴，他们会在出战时将袖珍书固定在战旗上以求保佑；有些士兵则会将其放置在金银匣中，戴在手臂上作为护身符。

对于工匠和收藏家来说，袖珍书的主要魅力在于要制作出当时技术允许的最小书籍，需要极其精湛的工艺，并且几乎不容许任何失误。因此，袖珍书的发展史也是一次次刷新纪录的努力，它们那令人难以置信的精确度，光是想一想制作中涉及的工作量，就足以让人头痛得想

上图：1878年版的袖珍《神曲》，超小的字体几乎摧毁了制作者的视力。

要服用阿司匹林。以25页的诗集《小花园》（*Bloem-Hofje Door*）为例，年仅23岁的贝内迪克特·斯米特于1673年在阿姆斯特丹出版，就是为了炫耀自己的技术。

下图：19世纪流行的趋势之一是将书籍放进坚果壳，例如这本托马斯·杰斐逊的袖珍传记。

左图：极为罕见的《世界上最小的食谱》（*Das Klein-ste Kochbuch Der Welt*），1900年出版于维也纳，尺寸大约为23毫米×21毫米。

Old King Cole

No 56 of 85

The Smallest Printed Book
In The World 1985

THE GLENIFFER PRESS

Made in Scotland

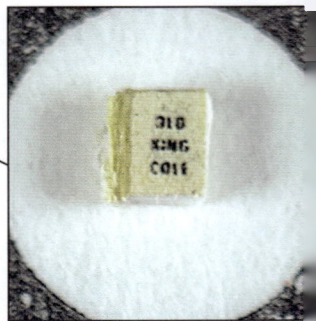

苏格兰格兰尼弗出版社出版的《老国王科尔》（*Old King Cole*，1985），全书12页，尺寸仅为1毫米×1毫米，只能用针翻页。

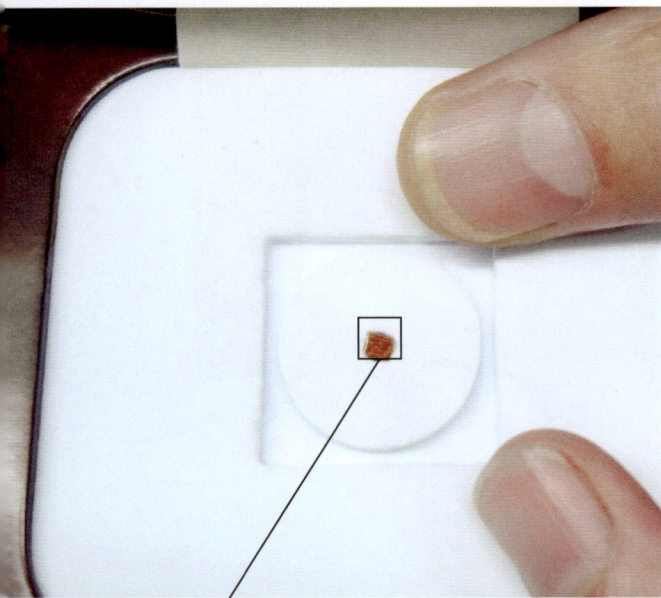

《世界上最小的书》，2002年由德国印刷匠约书亚·赖克特于德国莱比锡印制。

这本书的文字版面尺寸仅为7毫米×13毫米，200多年间它一直是世界上最小的书。不过，这一纪录在1819年被打破。当时，法国印刷商亨利·迪多创造了迄今为止最小的字体——2.5磅字体（效果如此所示），也正因为它实在太小了，迪多不得不配合发明了一种全新的铸字技术（Polyamatype）。

50多年后，令当地的配镜验光师高兴的是，意大利帕多瓦的萨尔明兄弟和一群专业的技师合作，发明了一种至今依然恶名昭著的超小字体"蝇眼体"。这种字体最初被用于印制《神曲》的1878年袖珍版《丹蒂诺》（*Dantino*）。然而，作品本身的光芒却被另一件事盖过——"蝇眼体"实在太小了，使得排版工朱塞佩·格切和其他参与印刷的人视力受损。每排版32页需要整整一个月的细致工作，而这本仅有4.5厘米高的书长达500页，总计收录着14 323行诗句，堪称一项庞大且危险的工作。阅读这本书时必须使用放大镜，即便如此，阅读体验也会相当不舒服。

在20世纪中，袖珍书的尺寸越来越小，到了令人难以置信的地步。最早可追溯到1900年，美国克利夫兰的查尔斯·H.梅格斯私人发行的《奥马尔·海亚姆》，其大小只有邮票的四分之一，内容小到肉眼难以辨认。其中一本被镶进了印章戒指的底座。而现代的微型图书馆若没有这本被贴心地取名为《世界上最小的书》（*The Smallest Book in the World*, 2002）的世界上最小的书便不算完整。此书由排版师约书亚·赖克特在德国莱比锡印制，旨在纪念约翰内斯·古登堡的成就。

这本书尺寸为2.4毫米×2.9毫米，是世界上最小的已出版书籍，每一页都印有一个特殊设计的字母，总共卖出了300本，每本约100英镑。但就算你有幸买到了一本，也请务必小心。几年前，我在书展上从一位德国商人那里买了一本，他跟我讲述了一个颇具警示意义的故事：他的同事在查看她自己那本时没有屏住呼吸，于是只能花费整整一个下午跪在地上用放大镜寻找那本胡椒粒大小的书。

从这里开始，事情变得越来越荒诞。2007年，加拿大不列颠哥伦比亚省温哥华市西蒙弗雷泽大学（SFU）的纳米成像实验室，将马尔科姆·道格拉斯·查普林的原创故事《芜菁镇的小泰迪》（Teeny Ted from Turnip Town）——关于小泰迪在年度集市的芜菁比赛中获胜的寓言——蚀刻在30个尺寸仅为0.07毫米×0.1毫米的微型硅晶体片上。使用的是聚焦镓离子束蚀技术，花费了大约15 000美元。出版商罗伯特·查普林是在SFU的科学家杨丽（音译）和凯伦·卡瓦纳的协助下，制作了这本"纳米书"。《小泰迪》甚至拥有了自己的ISBN编号。不过，读者得借助扫描电子显微镜才能阅读它。俄罗斯物理学家弗拉基米尔·阿尼斯金2016年的一次努力尝试也令人钦佩。他使用平版印刷模板，通过喷涂金属字母来刻写3个人物的名字，每个字母的高度为15微米。这3个名字出自1881年尼古拉·列斯科夫的《图拉来的斗鸡眼左撇子和铁跳蚤的故事》（The Tale of Cross-eyed Lefty from Tula and the Steel Flea），讲述3位俄罗斯雕刻大师通过为发条跳蚤制作微小的鞋子，战胜了英国的竞争对手。而通过在这本比跳蚤鞋还小的微型书中写下3位大师的名字，阿尼斯金巧妙地战胜了所有人。

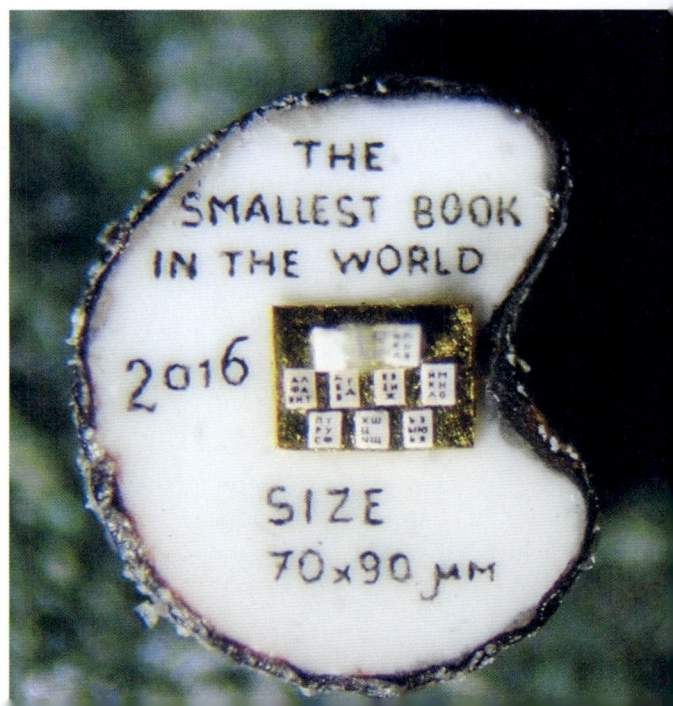

右上图：西蒙弗雷泽大学的凯伦·卡瓦纳和杨丽（音译），屏幕上展示的就是2007年制作的纳米书《芜菁镇的小泰迪》。

右下图：物理学家弗拉基米尔·阿尼斯金的袖珍书《左撇子》（Levsha）。

巨人国书籍

在尺度的另一端的是巨人国书籍，书籍历史学家沃尔特·哈特·布卢门撒尔称之为"书籍界的歌利亚"。为了公正、完整地呈现这个主题，我认为值得将两类书籍都归入这一类别：一类是那些过度书写的作者创作的超长作品，另一类是那些体积庞大，甚至威胁到了图书馆结构安全的超大型书籍。

那些试图写下世界上最长的书的人背后有何动机？1968年至1974年间，生活在美国爱荷华州滑铁卢的51岁玛瓦·德鲁夫人兴高采烈地在她的打字机上打出1到100万的每一个数字，总共使用了2473张纸。当被问及为什么要这样做时，她回答："我喜欢打字。"根据亚美尼亚作家阿芒·舍科扬的说法，他正试图创作世界上最长的小说："如果你按照通常的标准写一本书，可能有人喜欢，有人不喜欢。但是当你写出10册后，没有人会说这套书只有8册。"

对于永乐帝朱棣来说，下令编纂一部历史上最长的类书，则纯粹是为了自己的方便。《永乐大典》是一部几乎已经全数佚失的中国百科全书，它包含了所有能够收集到的知识，目的是给皇帝提供参考。这项浩大的工程始于1403年，最初由100名学者负责，后来不断扩充到2169人，他们走遍中国各地收集书籍和文献，为这个包罗万象的工程提供资料。《永乐大典》汇集了包含农业、宗教、文学等众多主题的古今图书近8000种，在5年后的1408年完工。这部百科全书共有22 877卷，约3.7亿字，涵盖了历史、哲学、艺术、科学和儒家经典的所有已知知识；占地体积约40立方米，相当于现在的一辆11米长的拖挂卡车的容积。历史上没有任何印刷品能与《永乐大典》相媲美，直到2007年9月9日，也就是它制作完成的将近600年后，其文本

一例1637年的"背靠背"装订方式（左开本），两本书共享一块背板作为封底。图中展示的是装订在一起的《新约》和《诗篇》。

约1835年绘制的《八犬传》木刻版画，出自伟大的日本艺术家歌川国芳，描绘了日本史诗小说系列《八犬传》中的一个场景。主人公之一的犬田小文吾用脚制住一名对手，同时用手抵挡住另一名，背上背着还是婴儿的犬江亲兵卫。

规模和内容范畴才被维基百科所超越,但维基百科只有线上版本。

理论上来说,世界上最长的作品可以通过打印《写出古戈尔普勒克斯数》(*Googolplex Written Out*)来获得,它由沃尔夫冈·H.尼切于2013年以多个PDF文档的形式在线发表,文档中完整地写下了古戈尔普勒克斯数(1后面跟着10^{100}个0)。不过,在点击"立即购买"纸质版之前,你最好仔细考虑一下,这样做可能会毁灭整个宇宙。因为要打印出古戈尔普勒克斯数中所有的零,需要10^{94}本书,如果按照每本书重100克来算,这套书的总质量就是10^{93}千克。要知道地球的质量约为$5.972×10^{24}$千克,银河系的质量也大概总计$2.5×10^{42}$千克,和这个数字比起来显得微不足道。终极警告:不要印刷这本书。

在日本,说到长篇作品时,最常被提及的名字是曲亭马琴。他在1814年至1842年这28年的时间里,完成了史诗巨作《南总里见八犬传》,全书共有106卷,写完时他已是75岁高龄。尽管在创作结束之时他已接近失明,但曲亭马琴仍然通过口述的方式在儿媳的帮助下完成了这部书的最后部分,全书则长达3800万字。小说的灵感来自中国四大名著之一的《水浒传》,讲述了一群绿林好汉的故事。《八犬传》的主角是八位同父异母的武士兄弟,他们都经历了相当曲折的成长过程,而他

对页:歌川国芳描绘的中国古典文学四大名著之一《水浒传》中的"锦豹子"杨林,该书对《八犬传》的创作有着重要的启发作用。

们的父亲是一条狗。这部小说共181章,其中的大部分内容讲述了"八犬兄弟"在动荡的战国时期(比马琴本人的时代早350年)的冒险经历。

在西方,截至目前,出版作品最多的作者是山达基教的创始人L.罗恩·哈伯德,他还写了"这个"世界上最长的小说之一,《地球使命》(*Mission Earth*)。这部十卷本的创作始于1985年,共120万字,3992页。他自称这是一部"设定在遥远未来的讽刺科幻冒险"。不过,批评者们对其评价不高,甚至在美国佐治亚州道尔顿等地遭禁,谴责其"反社会、变态且反对一切"。

哈伯德一生出版的作品数量令人震惊,总计1084部。他以各种各样的笔名写作,包括伯纳德·哈贝尔、14 830号军团士兵、雷内·拉斐特、乔·布利茨,还有我本人最喜欢的温切斯特·雷明顿·科尔特。不过,他最奇特的作品则是《湖中剑》(*Excalibur*),据说灵感来自他在1938年的一次牙科手术中使用笑气时产生的身体反应。他本人坚称这本书"比《圣经》更重要,将对人类产生更大的影响"。不过它从未出版过,哈伯德只在1957年短暂地以每本1500美元的价格限量销售,还警告说"前15名阅读它的人中有4人发疯了"。他告诉自己的文学经纪人福里斯特·J.阿克曼,他曾将这本书的手稿送给纽约的一家出版社,读了这本书的人当场从摩天大楼的窗户跳了出去。这本书也正是他臭名昭著的作品《戴尼提》(*Dianetics*, 1950)的前身。

亨利·达格(1892—1973)是一位同样古怪且更为孤僻的美国作家,他曾在伊利诺伊州芝加哥市的医院当清洁工。达格

亨利·达格15145页的巨著《薇薇安女孩的故事》中的插图。

去世后，他的房东在他租住了40年之久的杂乱公寓里，发现了13本长达15 145页，字数超过900万字的手稿（埋在齐肩高的毛线收藏和药瓶堆中）。该作品配有300多幅素描和水彩画插画，最后的几幅画作甚至画在3米宽的纸上。这部名为《薇薇安女孩的故事，发生在所谓的虚幻王国中，由儿童奴隶反抗所引起的格兰德科-安杰林战争风暴》（*The Story of the Vivian Girls, in What Is Known as the Realms of the Unreal, of the Glandeco-Angelinian War Storm, Caused by the Child Slave*

Rebellion）的作品，讲述了7位纯洁的女英雄——薇薇安女孩们，领导了一场反抗绑架儿童的邪恶格兰德林成年人的叛乱。至今，人们尚不清楚达格究竟花费了多长时间创作这部作品，至少有几十年。今天，达格的作品已成为"边缘艺术"的经典代表作之一，其作品集价值数百万美元。

另一位多产的隐士是波士顿诗人亚瑟·克鲁·英曼，对于他出版的1700万字、155卷长的日记，《时代》杂志在书评中说他是一个"自大偏执，有厌女症、忧郁症的偷窥狂"。英曼长期受妄想症折磨，他住在黑暗且加装了隔音设备的公寓里，只能在日记中不断地发泄自己烦躁的情绪。日记中的典型片段是："有个立陶宛人来给我读书。我瞬间就对她产生了厌恶。她很普通。她的声音就像没有上油的车轴。"英曼的日记是世界上最长的英语作品之一。他曾说："我相信我能用巴尔扎克写小说的方式创作非虚构文学。"从1919年开始，他用日记记录了生命中的每一刻，直到1963年的一天，由于不堪忍受附近保德信大厦的施工噪音，他选择用左轮手枪结束了自己的生命。

　　与此同时，在美国的华盛顿，曾在代顿市任牧师兼高中英语老师的罗伯特·希尔兹（1918—2007）一如往常在日记中写下了："早上7点：我清理完浴缸，并用指甲刮掉脚上的死皮。"从1972年到1997年，希尔兹每天都要花4个小时写日记，每5分钟记录一次，尤其关注自己的排便情况。这些日记积累起来达到了惊人的3750万字，充满了这样的内容："下午6：30至6：35：我在烤箱里放了两份斯托弗的奶酪通心粉，温度350度。下午6：50至7：30：我吃了一份斯托弗奶酪通心粉，克妮莉娅吃了另一份。格蕾丝说她不想吃。"希尔兹将停止写日记的想法比作"关掉我的生活"，他还认为自己的日记可能对未来的研究者有帮助："也许通过每天每分钟深入检视某个人的生活，他们会发现一些有关所有人的事情。"你可以在华盛顿州立大学的藏书中找到希尔兹成堆的日记，它们是在他2007年去世后被捐赠的，还有一根他特意留下的鼻毛，希望能对"进一步研究"有所帮助。

　　这些冗长的作品和书中"巨兽"相比，着实是小巫见大巫。首先要提到的就是欧洲现存最大的中世纪手稿，据说是在魔鬼的协助下完成的。根据传说，在13世纪初期波希米亚地区波德拉日采的本笃会修道院中，有一位名叫"隐士赫尔曼"的抄写员因违背誓言而被判处活埋（活着封进墙里）。在他的苦苦哀求之下，修道院院长宽恕了他，不过有一个不公平的条件，要他在一个晚上的时间里写下人类所有的知识。赫尔曼疯狂地写啊写，却在午

左图：缅甸曼德勒的固都陶佛塔，在敏东国王的命令下于1868年建成，藏着730块石碑，每块石碑宽1米，高1.5米，用金墨抄写着《巴利三藏》和其他佛教经典。每块石碑厚12.7厘米，被放置在专属的丘状结构佛塔中。

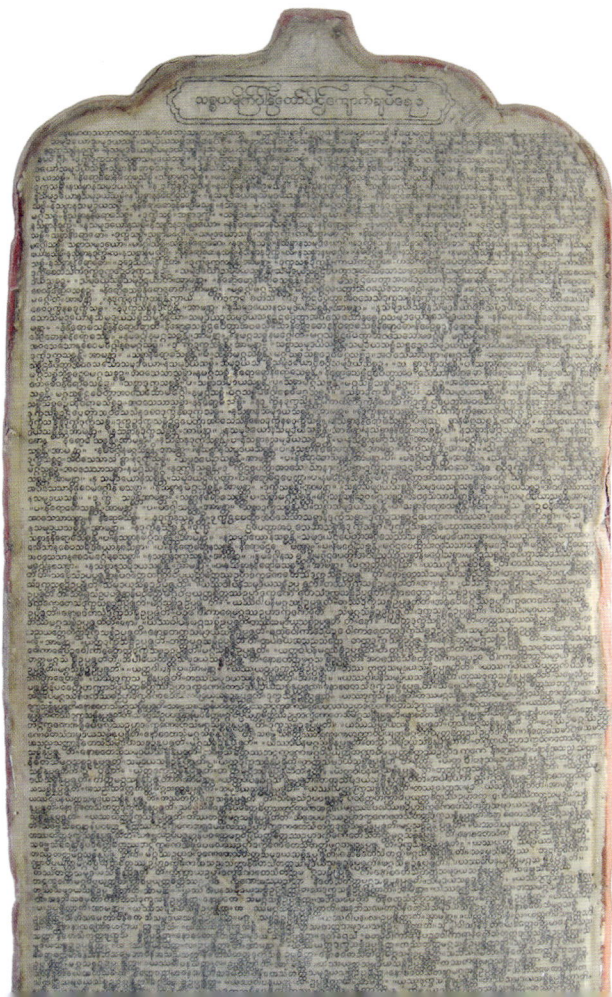

上图、右图和对页：现存体积最大的中世纪手稿《吉加斯法典》，据说是由一位拥有恶魔力量的修士在一夜之间完成的，他还在书中加入了一张魔鬼的肖像以示感谢。

夜来临之际认命放弃，绝望的他转而祈求魔鬼的帮助。到了早上，路西法真的帮他完成了这本精美的彩绘手稿。为了表示感谢，赫尔曼在书中用一整页描绘了魔王的全身像（如对页图所示）。

　　《吉加斯法典》(Codex Gigas)的作者无疑为这本庞大的"魔鬼《圣经》"做了充足的准备工作，全书总计309张书页，每张书页高达1码（约91.4厘米），需要100张驴皮。除了完整的拉丁文版《圣经》(Vulgate Bible)，书中还收录了其他颇受欢迎的作品，包括西班牙塞维利亚的以西多尔编纂的《词源》，各种医学文献合集，以及

《阿米提努斯抄本》（Codex Amiatinus）是一部巨型《圣经》，同时也是现存最早的完整的拉丁文《圣经》。8世纪初在英格兰的韦尔茅斯的贾罗修道院中制作完成，书中包含三幅精致的画作。

两本阿非利加的康斯坦丁所写的书籍。根据现代收藏家估计，这部庞大的著作可能是耗费了20年到30年的心血之作。

该书现藏于斯德哥尔摩的瑞典国家图书馆，此前曾被保存在斯德哥尔摩王宫。当时发生了一场火灾，有人从四楼的窗户把这本书扔了出去。"幸运"的是，这本重达74.8千克的书不偏不倚地砸在了一名路人身上，从而缓解了其摔落受到的冲击。尽管书籍得以幸存，仅有几页松动，但那位"人形安全垫"的情况并未被记录下来。[3]巨型《圣经》的尺寸直接彰显着其内容的重要性，它们的重量（至少需要两个人才能搬动）是神圣话语"庄重性"的最好体现。从实用方面来说，这种《圣经》的巨大体积也允许多位读者同时阅读。这对修道院中常常使用的另一种书籍来说更是实用，那就是巨大的对唱圣歌集。它们如此厚重，所以只能永远被安置在坚固的讲坛上。对唱的部分（简短的赞美诗）画有大量方形和菱形的符号，供礼拜唱诗班参考，常见于安布罗圣歌和格里高利圣歌中。唱诗班的成员围绕对唱圣歌集站立，其大小可供大家一起阅读。

倘若对唱圣歌集已经让人印象深刻，那么《撒马尔罕古兰经》（*Great*

---

3 致命的书籍砸落事件有其悠久的历史——1731年2月3日晚上，布鲁塞尔王宫发生火灾，图书馆员开始疯狂地将书籍丢出窗外以拯救它们。据报道，一名围观者被飞出的一本特别重的对开本巨书砸死。

Qur'an of Samarkand)一定会让人叹为观止。故事发生在1399年，当时帖木儿的皇后暨原配夫人萨拉伊·穆尔克·哈努姆在她的丈夫外出征战时，下令建造一座有史以来最美的清真寺。经过最杰出的建筑师和工匠们日以继夜地工作，最终在1404年完成了比比哈努姆清真寺（最年长妻子的清真寺）的修建。直到今天，人们还可以在它的庭院中央看到一个令人望而生畏的巨大讲经台，面积为2.29米×1.98米，上面曾摆放着世界上最古老的《古兰经》之一，用黄金装帧，重约300千克。这本书原本属于穆罕默德的女婿奥斯曼（579—656），然

打开一本巨大的中世纪对唱圣歌集，通常需要一大片地面来承受其重量。

而他在阅读经书时遭到刺杀，血溅到书页上，使其成了圣物。一名圣徒将这部古老的作品运到撒马尔罕，它就被安放在这个讲坛上几个世纪之久，受到当地人和朝圣者的膜拜。求子的女性会绕着讲台转三圈，以祈求能够顺利怀孕。1868年俄国人占领撒马尔罕时，这部伟大的《古兰经》被作为战利品带回圣彼得堡，直到1924年苏联才将其归还给乌兹别克人民。如今，这本经书藏于塔什干的穆伊·穆巴拉克博物馆，包裹它的鹿皮十分脆弱，需要保存在严格

管控的环境中。

当然，有些巨型书籍纯粹是为了博人眼球。在这一类别中，没有什么比美国文学的利维坦《南方的故事》（*The Story of the South*）更令人印象深刻。这本书是为1925年在纽约大中央宫举办的博览会定制的，南方的各个产业以其向世人展示了最令人赞叹的成果。（这本书后来也曾在巴尔的摩市政厅展出，但随后便从记录中

上图：撒马尔罕比比哈努姆清真寺巨大的石制讲经台。这是伊斯兰世界最壮丽的清真寺之一。

下图：高耸的《克伦克地图集》（*Klencke Atlas*），由荷兰学者兼商人约翰内斯·克伦克为英国国王查理二世制作，以庆祝其复辟。这本书高1.76米，翻开时宽2.3米，读者站在它旁边看起来像小矮人一样。

消失了，很可能是因为它的巨大尺寸带来诸多不便而被拆解了。）

《南方的故事》之大，足以让地面为之震动。其高2.08米，摊开时宽2.79米，需要借助电机才能翻页。它屹立在一个巨大的机器架子上呈现给观者，这样一来总高度就达到了3.7米，和一头成年非洲象一样高，总重量超过半吨。在两台12匹马力的发动机的帮助下，19页像床单一般大小的书页才能被翻动，书中详细介绍了南方各州在美国建国过程中做出的贡献。然而，对于这本书的创作者来说，主要的挑战却是装订。究竟什么动物的皮革大到能够包裹住这本巨书呢？经过一番寻找，人们终于在得克萨斯州采购到了长达3.66米的牛皮。（虽然这个长度听起来荒诞，但如果说有什么地方能够产出这么大的巨牛，那只能是得克萨斯了。）

90年后，在2014年的巴西，一位名叫维尼修斯·莱昂西奥的税务律师也完成了自己的文学怪物。只不过，他的创作动机截然不同，是为了抗议。这本《挚爱的祖国》（*Pátria Amada*），历时23年完成，重达7.5吨，其中详尽揭露了巴西荒谬庞杂的税法。莱昂西奥是首位将巴西所有税法汇集成一本书的人。（不过这本书的完整性只维持了很短的时间，因为立法机构每天都要新增35条税法。）这本书有41 000页，足足厚2.1米，几乎高过所有想要阅读它的潜在读者。

莱昂西奥自掏腰包，花了100万雷亚尔（约合20.5万英镑），在康塔格姆市的一个棚子里，用一台专门印刷广告海报的进

巴西律师维尼修斯·莱昂西奥坐在他巨大的作品上，以抗议巴西繁杂的税法。

后四页：美国博物学家约翰·詹姆斯·奥杜邦的《美国鸟类》（*The Birds of America*），以巨大的"双象对开本"（高99厘米，宽66厘米）出版，收录出现在北美洲的每一种鸟类。值得注意的是，书中的鸟类都按照实际大小绘制。2010年，该书完整的初版在伦敦苏富比拍卖行以7 321 250英镑的价格售出，成为拍卖史上最昂贵的书籍之一。

口中国打印机，完成了这本书的印制。23年来，莱昂西奥平均每天花费5个小时来收集和研究法条，团队最终增至37人。三次心脏病发作、一次离婚和一段新的婚姻都没能阻止他完成这项任务，他希望让所有人都看到巴西税制混乱给人带来的"超现实并且令人痛苦的经历"。他说："我只是觉得，必须为我们在这个国家缴税时承受屈辱做些什么。"

尽管莱昂西奥本人听说他的故事将会被收录进本书的时候表示很高兴，还好心地为我提供了本页中的照片，但他更高兴终于能够将这个项目抛在脑后了。针对我提出的最后一个问题，他的回答是："不，没有计划出第二版。"

Drawn from Nature by J.J. Audubon, F. R. S. F. L. S.

Great White Heron, ARD

PLATE CCLXXXI.

A. OCCIDENTALIS, *Male adult spring plumage. View Key-west.*

Engraved. Printed & Coloured by R. Havell 1836.

PLATE CCCCXXXI

Drawn from Nature by J. J. Audubon. F.R.S. F.L.S.

Engraved, Printed and Coloured by Rob! Havell. 1838.

1. Profile view of Bill at its greatest extension.
2. Superior front view of upper Mandible.
3. Interior front view of upper Mandible.
4. Inferior front view of lower Mandible.
5. Interior front view of lower Mandible with the Tongue in.

American Flamingo.
PHOENICOPTERUS RUBER. Linn.
Old Male.

6. Profile view of Tongue.
7. Superior front view of Tongue.
8. Inferior front view of Tongue.
9. Perpendicular front view of the feet fully expanded.

PLATE. CCCXI

American White Pelican

PELICANUS AMERICANUS, *Aud.*

Male Adult.

古怪书名

莎士比亚在《罗密欧与朱丽叶》中叩问："名字有什么意义？"该书于1597年首次出版时名为《罗密欧与朱丽叶的构思巧妙的悲剧》(*An Excellent Conceited Tragedie of Romeo and Juliet*)。如果他听说F.斯科特·菲茨杰拉德的《了不起的盖茨比》曾一度被命名为《西卵的特里马乔》(*Trimalchio in West Egg*)，或者布拉姆·斯托克曾差点把《德古拉》取名为《已死的不死人》(*The Dead Un-Dead*)，他还会这么问吗？显然，取一个好书名是一门艺术，已故的英国幽默大师艾伦·科伦就是一个极好的例子。1975年，他为自己的一本散文集起名时，注意到当时英国最受欢迎的书都是与猫、高尔夫和纳粹有关，于是索性把它命名为《为猫打高尔夫》(*Golfing for Cats*)，并在封面上印了一个纳粹标志。

此外，我们还学到，一定不要试图讽刺命运。2014年《狂欢节：如何在潘普洛纳斗牛中生存》(*Fiesta: How to Survive the Bulls of Pamplona*)一书的作者比尔·希尔曼，就在该书出版的同年被潘普洛纳的公牛刺伤，并在第二年遭遇了同样的经历。而在2017年的英国大选中，《如何赢得边缘选区》(*How to Win a Marginal Seat*)的作者、保守派政治家加文·巴韦尔，也失去了他的边缘选区。

名为"书商/Diagram出版公司奖"的幽默文学奖，自1978年起开始颁发，旨在表彰年度最具奇特书名。获奖作品包括格伦·C.埃伦博根的《口欲施虐和素食人格》(*Oral Sadism and the Vegetarian Personality*, 1986)、艾奇塞·弗拉格的《沸水的快乐》(*The Joy of Waterboiling*, 2018)和查尔斯·L.多宾斯的《泥坑及其变种》(*The Dirt Hole and its Variations*, 2019)。然而，如果追溯到几个世纪以前，我们便能找到这些古怪书名的"祖先"。以下是潜伏在各个图书馆目录角落里的一些诡怪有趣的书名：

《秃头牧歌》（*Ecloga de Calvis*），法国修士胡克巴尔德著，约910年。

《第一声号角：反抗怪异女性统治》（*The First Blast of The Trumpet Against the Monstrous Regiment of Women*），约翰·诺克斯著，1558年。

《长发之可憎：古今神学家的一致反对，附论化妆、斑点、裸露胸膛等罪恶》（*The Loathsomenesse of Long Haire ... with the Concurrent Judgement of Divines both Old and New Against It. With an Appendix Against Painting, Spots, Naked Breasts, etc.*），托马斯·霍尔牧师著，1654年。

《论安抚幽灵：如何与鬼魂交好》（*On the Conciliation of Spirits, or: How to Get Acquainted With Ghosts*），H.A.马切克和G.E.汉伯格著，1716年。

《臀乐，或女士后庭报告……》（*Arse Musica; or, The Lady's Back Report...*），噗噗伯爵夫人（乔纳森·斯威夫特）著，1722年。

《撒旦的丰收之家：卖春、通奸、私通、拉皮条、皮条客、鸡奸和倒错性行为的现状（以真实且引人入胜的故事为例证），以及其他撒旦之举在这善良的新教王国中的日益传播》（*Satan's Harvest Home: or the Present State of Whorecraft, Adultery, Fornication, Procuring, Pimping, Sodomy, And the Game of Flatts (Illustrated by an Authentick and Entertaining Story) And other Satanic Works, daily propagated in this good Protestant Kingdom*），作者不详，1749年。

《巧妙折磨艺术的论文；兼论此愉悦技艺的适当规则》（*An Essay on the Art of Ingeniously Tormenting; with Proper Rules for the Exercise of that Pleasant Art*），简·科利尔著，1753年。

《蛋：或格里高利·轻浮先生的回忆录，附弗朗西斯·脆弱、弗雷德里克·华丽与本·夸张先生的沉思录；兼附帕蒂·噘嘴、露西·甘美与普莉西拉·积极的私密见解；另有某尊贵小狗的回忆录，由一位著名母鸡构思，且由一位知名养公鸡者呈献于公众》（*The Egg, Or The Memoirs Of Gregory Giddy, Esq: With The Lucubrations Of Messrs. Francis Flimsy, Frederick Florid, And Ben Bombast. To Which Are Added, The Private Opinions Of Patty Pout, Lucy Luscious, And Priscilla Positive. Also The Memoirs Of A Right Honourable Puppy. Conceived By A Celebrated Hen, And Laid Before The Public By A Famous Cock-Feeder*），作者不详，1772年。

《一件爱尔兰衬裙的冒险，夹杂着一条南京色短裤的逸事》（*The Adventures Of An Irish Smock, Interspersed With Whimsical Anecdotes Of A Nankeen Pair Of Breeches*），乔治·李斯特著，1783年。

《风的论文，附知名响屁的趣事》（*An Essay upon Wind, with Curious Anecdotes of Eminent Peteurs*），查尔斯·詹姆斯·福克斯著，1787年。

《一根大头针的大冒险，由他或她或它自述》（*The Adventures of a Pin, Supposed to be Related by Himself, Herself, or Itself*），J. 李著，1790年。

《黄瓜可以榨出阳光，只是过程很烦琐》（*Sun-beams May Be Extracted From Cucumbers, But the Process is Tedious*），戴维·达格特著，1799年。

《一根上流鸵鸟羽毛的大冒险》（*The Adventures of an Ostrich Feather of Quality*），舍伍德、尼利、琼斯著，1812年。

《老假发回忆录》（*Memoirs of an Old Wig*），里查德·芬顿著，1815年。

《与妖怪共度假期》（*Holidays with Hobgoblins*），达德利·科斯特洛（*Dudley Costello*）著，1861年。

《如何骑乘两轮车：跨上坐垫，踩踏板并迅速离开》（*How to Ride a Velocipede: Straddle a Saddle, Then Paddle and Skedaddle*），约瑟夫·弗思·博顿利著，1869年。

《天堂：它在哪里、居民是谁，以及如何抵达》（*Heaven: Where It Is, Its Inhabitants, And How To Get There*），德怀特·L. 穆迪著，1881年。

《鸭子，以及如何让它们付出代价》（*Ducks; and How to Make Them Pay*），威廉·库克著，1890年。

《我遇到过的鬼，以及其他》（*Ghosts I Have Met, and Some Others*），约翰·肯德里克·班斯著，1890年。

《如何烹饪丈夫》（*How to Cook Husbands*），伊丽莎白·斯特朗·沃辛顿著，1898年。

《关于鞭打在医疗及性交中应用的论文》（*A Treatise on the Use of Flogging in Medicine and Venery*），约翰·海因里希·迈博姆著，1898年。

《我认识的鱼》（*Fishes I Have Known*），亚瑟·A.亨利·贝文著，1905年。

《不在场疗法对疾病的治疗，特别参考心电感应》（*The Absent Treatment of Disease, With Particular Reference to Telepathy*），谢尔顿·莱维特医生著，1906年。

《痣与它们的意义：一本现代化且简易的指南，讲解人类身体痣相占卜的古老科学》（*Moles and their Meaning... Being a Modernised and Easy Guide to the Ancient Science of Divination by the Moles of the Human Body*），哈利·德·温特著，1907年。

《一位爱尔兰人学荷兰语时的困难》（*An Irishman's Difficulties with the Dutch Language*），居-纳-盖尔著，1912年。

《年老：成因与预防》（*Old Age, Its Cause and Prevention*），桑福德·本内特著，1912年。

《猪：如何让他们付出代价》（*Pigs: How to Make Them Pay*），C.亚瑟·皮尔逊著，1918年，限量发行。

《地球在自转吗？没有！》（*Does the Earth Rotate? No!*），威廉·韦斯特菲尔德著，1919年。

《辐射食谱》（*The Radiation Cookery Book*），伯明翰辐射有限公司出版，1927年。

《绞刑指南》（*A Handbook on Hanging*），查尔斯·达夫著，1928年。

《基督会拿梅毒怎么办？》（*What Would Christ Do About Syphilis?*），艾拉·D.卡迪夫医生著，约1930年。

《心灵自卫：识别心灵攻击与防御的实用指南》（*Psychic Self-Defense: Practical Instructions for the Detection of Psychic Attacks & Defence Against Them*），迪恩·福琼著，1930年。

《鸟类间的思想传递（还是其他什么？）》（*Thought Transference (Or What?) in Birds*），埃德蒙·塞卢斯著，1931年。

《你对侵犯的回应——柔术》（*Your Answer to Invasion – Ju-Jitsu*），詹姆斯·希普克斯著，1941年。

《可卡犬名犬录》（*Who's Who in Cocker Spaniels*），玛丽昂·弗朗西丝·鲁滨孙著，1944年。

《卷心菜与犯罪》（*Cabbages and Crime*），安妮·纳什著，1945年。

《弹力带的历史和浪漫》（*The History and Romance of Elastic Webbing*），克利福德·A.里士满著，1946年。

《拉斯马森夫人的单臂食谱》（*Mrs. Rasmussen's Book of One-Arm Cookery*），玛丽·拉斯韦尔著，1946 年。

《培育蚯蚓》（*Harnessing the Earthworm*），托马斯·J.巴雷特著，1949年。

《与驯鹿亲密接触》（*Shag the Caribou*），C.伯纳德·拉德利著，1949年。

《快乐生财的养蛙术》（*Frog Raising for Pleasure and Profit*），艾伯特·布勒尔医生著，1950年。

《煤矿工人的实用技巧》（*Practical Kinks for Coal Mining Men*），作者不详，1950年。

《你的脚正在杀死你》（*Your Feet Are Killing You*），西蒙·J.惠克勒医生著，1953年【也可参见《你的脚真的在杀死你》（*Your Feet Are Literally Killing You*），T.O."踮脚"伯格著，1979年】。

《袭击南卡罗来纳州牡蛎的钻孔海绵》（*The Boring Sponges Which Attack South Carolina Oysters*），贝尔斯峭壁实验室出版，1956年。

《我的肉库里有只黄鼠狼》（*A Weasel in My Meatsafe*），菲尔·德拉布尔著，1957年。

《普通人也能做的辐射园艺》（*Atomic Gardening for the Layman*），缪里尔·豪沃思著，1960年。

《多毛耳缘的遗传》（*The Inheritance of Hairy Ear Rims*），雷金纳德·拉格尔斯·盖茨和P.N.巴杜里著，1961年。

《洋葱和其盟友》（*Onions and Their Allies*），亨利·艾伯特·琼斯和路易斯·金博尔·曼恩著，1963年。

《洗脑很简单！》（*Brainwashing is a Cinch!*），詹姆斯·玛拉塔著，1966年。

《倒钩，尖刺，针刺，刺和钩刺:古董带刺铁丝的完整目录》（*Barbs, Prongs, Points, Prickers and Stickers: A Complete Catalogue of Antique Barbed Wire*），罗伯特·T.克利夫顿著，1970年。

《大胆尝试香蕉》（*Be Bold with Bananas*），新月图书出版社编，1972年。

《犹太裔日本人的性爱与烹饪之书，以及如何饲养狼》（*The Jewish-Japanese Sex and Cook Book and How to Raise Wolves*），杰克·道格拉斯著，1972年。

《愉快的神秘烹饪指南食谱》（*Gleeful Guide to Occult Cookery*），威尔·艾斯纳著，1974年。

《第二次裸鼠国际研讨会论文集》（*Proceedings of the Second International Workshop on Nude Mice*），野村达次等编，1977年。

《作为企业家的老鸨：妓院管理中的职业规划》（*The Madam as Entrepreneur: Career Management in House Prostitution*），芭芭拉·舍曼·海尔著，1978年。

《混凝土历史中的高亮时刻》（*Highlights in the History of Concrete*），C.C.斯坦利著，1979年。

《那神奇的配料，蛋黄酱！》（*That Amazing Ingredient, Mayonnaise!*），帕特·莫里森著，1979年。

《引力是一种推力》（*Gravity is a Push*），沃特·C.怀特著，1979年。

《鸡的快乐》（*The Joy of Chickens*），丹尼斯·诺兰著，1981年。

《纵向轧制理论》（*The Theory of Lengthwise Rolling*），G.S.尼基京、亚历山大·采利柯夫、S.E.罗科强著，1981年。

《中世纪及文艺复兴时代的长号手》（*The Trombone in the Middle Ages and the Renaissance*），乔治·B.莱恩著，1982年。

《核战争：你能从中得到什么？》（*Nuclear War: What's in it for You?*），原爆点基金会编，1982年。

《执法机构的神秘学基础指南》（*A Basic Guide to the Occult for Law Enforcement Agencies*），玛丽·安·赫罗尔德著，1986年。

《多重使命：发动机烹饪的唯一！终极！指南！》（*Manifold Destiny: The One! The Only! Guide to Cooking on Your Car En-*

gine!* ），克里斯·梅纳德、比尔·舍勒著，1989年。

《如何远离巨轮》（*How to Avoid Huge Ships*），约翰·W.特里默著，1993年。

《如何用一美金约会：301种方法》（*Dating for Under a Dollar: 301 Ideas*），布莱尔·托尔曼著，1999年。

《如何告别抑郁：每天收缩肛门100次，是胡说八道？还是真的有效？》（*How to Good-bye Depression: If You Constrict Anus 100 Times Everyday. Malarkey? or Effective Way?*），西垣弘之著，2000年。

《肠易激综合征的〈圣经〉疗法》（*The Bible Cure for Irritable Bowel Syndrome*），唐·科尔伯特医生著，2002年。

《我知道的关于女人的一切知识，都是从我的拖拉机上学到的》（*Everything I Know about Women I Learned from My Tractor*），罗伯特·韦尔施著，2002年。

《不知道自己已经死掉的人：他们如何附身于毫无防备的路人，以及该如何应对》（*People Who Don't Know They're Dead: How They Attach Themselves to Unsuspecting Bystanders and What to Do About It*），加里·里昂·希尔著，2005年。

《上帝会通过猫说话吗？》（*Does God Ever Speak through Cats?*），戴维·埃文斯著，2006年。

《鬼魂：明尼苏达的另一种自然资源》（*Ghosts: Minnesota's Other Natural Resource*），布莱恩·莱费尔著，2007年。

《第三帝国的勺子收藏》（*Collectible Spoons of the Third Reich*），詹姆斯·A.扬尼斯著，2009年。

《开枪后：你的枪还是热的，犯人不是。接下来怎么办？》（*After You Shoot: Your Gun's Hot. The Perp's Not. Now What?*），艾伦·科尔温著，2010年。

《粪便的起源》（*The Origin of Feces*），戴维·沃尔特纳-特夫斯著，2013年。

《如何鉴定建筑物的年份：简易参考指南》（*How to Date Buildings: An Easy Reference Guide*），特雷弗·约克著，2017年。

《为英俊的剑齿虎牙医大张开嘴，他还是个幽灵》（*Open Wide for the Handsome Sabertooth Dentist Who Is Also a Ghost*），查克·廷格尔著，2017年。

The BENEFIT of

FARTING

EXPLAIN'D:

OR, THE

FUNDAMENT-all CAUSE

OF THE

Distempers incident to the Fair Sex

Enquir'd into:

Proving *a posteriori* most of the *Disordures* in-*tail'd* on 'em, are owing to *Flatulencies* not *seasonably* vented.

Wrote in *Spanish*, by Don *Fart-in-hand-o Puff-in dorst*, Professor of Bum-bast in the University of *Craccow*.

AND

Translated into *English*, at the Request, and for the Use of the Lady *Damp-Fart*, of *Her-sart-shire*.

By *Obadiah Fizzle*, Groom of the Stool to the Princess of *Arse-Mini*, in *Sardinia*.

A FART, though wholesome, does not fail,
If barr'd of Passage by the Tail,
To fly back to the Head again,
And by its Fume disturb the Brain:
  Thus Gun-powder confin'd, you know, Sir,
  Grows stronger, as 'tis ramm'd the closer;
  But, if in open Air it fires,
  In harmless Smoke its Force expires.

The TWELETH EDITION, *revised by a College of* Fizz-icians.

LONDON, Printed for *A. P.*

(Price ONE-PENNY.)

POLE ✡ STAR

35 Illustrations Proving The Earth's Fixture

Viewing the POLE STAR

DOES THE EARTH ROTATE ? NO!

Illustrated by
WILLIAM WESTFIELD
(Copyright)

《聪明人的难题，或穿着家常衣裳的朴实真相》(*A Pickle for the Knowing Ones or Plain Truth in a Homespun Dress*, 1802)中满是标点符号的内页，这是一本与作者蒂莫西·德克斯特一样古怪的书。德克斯特是一位缺乏常识的马萨诸塞州商人，但凭借惊人的运气致富。他曾把一批暖床器送去热带的西印度群岛，但是他颇有生意头脑的船长却设法将它们作为长柄勺卖给了当地的糖蜜工厂；他在另一次航行中运往亚洲的羊毛手套被当地的商人买下，并出口到西伯利亚；他运送往东印度群岛的《圣经》被传教士购下，运往加勒比群岛的流浪猫则被当地人视为对抗鼠疫的良方。有一次，他被竞争对手所欺，将一船煤炭运往纽卡斯尔（这就像将原油出口到沙特阿拉伯），但他的船恰好在当地矿工罢工期间抵达，于是他又狠狠地发了一笔财。德克斯特在50岁时自行出版了《聪明人的难题》，这是一篇长达8847字的长篇大论，抨击的对象包括政客、神职人员，还有他的妻子。书中充满着看似随意的大写字母，并且毫无缘由地没有使用任何标点符号。后来，为了回应人们对这本书的批评，他在第二版的最后加上了一整张标点符号，供读者在正文中自行分配。我希望他能喜欢这份致敬。

, , , , , , , , , , , , , , , , , ,
, , , , , , , , , , , , , , , , , ,
, , , , , , , , , , , , , , , , , ,
, , , , , , , , , , , , , , , , , ,

: : : : : : : : : : : : : : : : : :
: : : : : : : : : : : : : : : : : :
: : : : : : : : : : : : : : : : : :
: : : : : : : : : : : : : : : : : :

? ? ? ? ? ? ? ? ? ? ? ? ? ? ? ? ? ?
? ? ? ? ? ? ? ? ? ? ? ? ? ? ? ? ? ?
? ? ? ? ? ? ? ? ? ? ? ? ? ? ? ? ? ?
? ? ? ! ? ? ? ? ? ? ? ? ? ? ? ? ? ?

! ! ! ! ! ! ! ! ! ! ! ! ! ! ! ! ! !
! ! ! ! ! ! ! ! ! ! ! ! ! ! ! ! ! !
! ! ! ! ! ! ! ! ! ! ! ! ! ! ! ! ! !
! ! ! ! ! ! ! ! ! ! ! ! ! ! ! ! ! !

参考书目

Ash, R. & Lake, B. (1998) *Bizarre Books*, London: Pavilion Books

Basbanes, N. A. (1995) *A Gentle Madness: Bibliophiles, Bibliomanes and the Eternal Passion for Books*, New York: Henry Holt & Co.

Basbanes, N. A. (2001) *Patience & Fortitude*, New York: HarperCollins Publishers

Bauer, M.S. (2009) *A Mind Apart: Poems of Melancholy, Madness, and Addiction*, Oxford: Oxford University Press

Bishop, T. (2017) *Ink: Culture, Wonder, and Our Relationship with the Written Word*, Toronto: Penguin Canada

Bloch, I. (1909) *The Sexual Life of Our Time in its Relations to Modern Civilization*, London: Rebman Ltd

Bondeson, J. (1997) *A Cabinet of Medical Curiosities*, London: I. B. Tauris Publishers

Bondy, L. (1981) *Miniature Books*, London: Sheppard Press

Bromer, A. C. & Edison, J. I. (2007) *Miniature Books: 4000 Years of Tiny Treasures*, New York: Abrams Books

Copp, P. (2014) *The Body Incantatory: Spells and the Ritual Imagination in Medieval Chinese Buddhism*, New York: Columbia University Press

Darnton, R. (2009) *The Case for Books: Past, Present and Future*, New York: Public Affairs Books

Davenport, C. (1929*) Beautiful Books*, London: Methuen & Co. Ltd

Davenport, C. (1927) *Byways Among English Books*, London: Methuen & Co. Ltd

Davenport, C. (1907) *The Book: Its History and Development*, London: Archibald Constable & Co. Ltd

Davies, O. (2009) *Grimoires: A History of Magic Books*, Oxford: Oxford University Press

Dibdin, T.F. (1809) *The Bibliomania; or Book Madness*, London: W. Savage

Disraeli, I. (1791) *Curiosities of Literature*, London: J. Murray

Ditchfield, P. H. (1895) *Books Fatal to their Authors*, London: Elliot Stock

Duncan, D. & Smyth, A. (eds.) (2019) *Book Parts*, Oxford: Oxford University Press

Eisen, E. X. (2018) https://www.theparisreview.org/blog/2018/10/31/writing-in-blood/

Eliot, S. & Rose, J. (eds.) (2009) *A Companion to the History of the Book*, Oxford: Blackwell Publishing

Febvre, L. & Martin, H-J. (1976) *The Coming of the Book: The Impact of Printing, 1450–1800*, London: New Left Book Club

Finkelstein, D. & McCleery, A. (2005) *An Introduction to Book History*, New York/London: Routledge

Fishburn, M. (2008) *Burning Books*, Basingstoke: Palgrave Macmillan

Ford, B.J. (1992) *Images of Science: A History of Scientific Illustration*, London: British Library

Fowler, C. (2012) *Invisible Ink*, London: Strange Attractor

Garfield, S. (2018) *In Miniature: How Small Things Illuminate the World*, Edinburgh: Canongate Books

xxGekowski, R. (2013) *Lost, Stolen or Shredded: Stories of Missing Works of Art and Literature*, London: Profile

Gilbar, S. (1981) *The Book Book*, New York: Bell Publishing Company

Gillett, C. R. (1932) *Burned Books*, Norwood: Plimpton Press

Gordon, Stuart (1995) *The Book of Hoaxes*,

London: Headline Book Publishing

Grafton, A. (1997) *The Footnote: A Curious History*, London: Faber and Faber

Haggard, H. W. (1913) *Devils, Drugs and Doctors*, London: Harper & Brothers

Haight, A. (1978) *Banned Books*, New York: R. R. Bowker LLC

Houston, K. (2016) The Book: *A Cover-to-Cover Exploration of the Most Powerful Object of our Time*, New York: W. W. Norton

Jackson, H.J. (2001) *Marginalia: Readers Writing in Books*, London: Yale University Press

Jackson, Holbrook (1930) *Anatomy of Bibliomania*, London: Soncino

Jackson, K. (1999) *Invisible Forms*, London: Picador

Johns, A. (1998) *The Nature of the Book: Print and Knowledge in the Making*, Chicago: Chicago University Press

Kahn, D. (1974) *The Codebreakers*, London: Weidenfeld and Nicolson

Katsoulis, M. (2009) *Literary Hoaxes*, New York: Skyhorse Publishing

Kells, S. (2017) *The Library: A Catalogue of Wonders*, Melbourne: The Text Publishing Company

Kelly, S. (2005) *The Book of Lost Books*, New York: Viking

Kelly, T. F. (2019) *The Role of the Scroll*, New York: W. W. Norton & Company

Kwakkel, E. (2018) *Books Before Print*, Leeds: Arc Humanities Press

Láng, B. (2008) *Unlocked Books*, University Park, PA: Pennsylvania State University

Lyons, M. (2011) *Books: A Living History*, Los Angeles: Getty Publications

Maggs Bros. (1932) *Curiouser and Curiouser: A Catalogue of Strange Books and Curious Titles*, London

Olmert, M. (1992) *The Smithsonian Book of Books*, Washington D.C.: Smithsonian Books

Page, N. (2001) *Lord Minimus: The Extraordinary Life of Britain's Smallest Man*, London: HarperCollins Publishers

Pearson, D. (2008) Books as History: *The Importance of Books Beyond Their Texts*, London: British Library

Petroski, H. (1999) *The Book on the Bookshelf*, New York: Alfred A. Knopf

Pietsch, T. W. (ed.) (1995) *Fishes, Crayfishes, and Crabs: Louis Renard's Natural History of the Rarest Curiosities of the Seas of the Indies*, Baltimore/London: John Hopkins University Press

Robinson, A. (2009) *Lost Languages*, New York: Thames & Hudson Inc.

Rubenhold, H. (2005) *Harris's List of Covent-Garden Ladies*, Stroud: Tempus Publishing

Singh, S. (1999) *The Code Book*, London: 4th Estate

Sutherland, J. (2009) *Curiosities of Literature*, London: Arrow

Tucker, S. D. (2016) *Forgotten Science*, Stroud: Amberley Publishing

Van Straten, G. (2017) *In Search of Lost Books: The Forgotten Stories of Eight Mythical Volumes*, London: Pushkin Press

Welsh, D. V. (1987) *The History of Miniature Books*, Albany: Fort Orange Press

Witkowski, G-J. (1898) *Tetoniana: Curiosités Médicales, Littéraires et Artistiques sur les Seins Et L'allaitement*, Paris: Imprimerie Lemale et Cie, Havre

Wootton, D. (2006) *Bad Medicine: Doctors Doing Harm Since Hippocrates*, Oxford: Oxford University Press

Yu, J. (2012) *Sanctity and Self-Inflicted Violence in Chinese Religions, 1500–1700*, Oxford: Oxford University Press

致谢

我要向所有为本书的创作提供重要帮助的人表达诚挚的谢意：感谢金斯福德-坎贝尔公司的查理·坎贝尔（Charlie Campbell），西蒙与舒斯特出版社的伊恩·马歇尔（Ian Marshall），以及劳拉·尼科尔（Laura Nickoll）和基思·威廉姆斯（Keith Williams），感谢他们为制作这本精美图书所付出的努力；感谢富兰克林·布鲁克-希钦（Franklin Brooke-Hitching）多年来一直耐心解答我提出的各种问题；感谢我的家人给予的支持；还要感谢亚历克斯（Alex）和阿莱克西·安斯蒂（Alexi Anstey）、黛西·拉拉米-宾克斯（Daisy Laramy-Binks）、梅根·罗森布卢姆（Megan Rosenbloom）、林赛·菲茨哈里斯（Lindsey Fitzharris）、马特（Matt）、杰玛（Gemma）、查理·特劳顿（Charlie Troughton）、乔吉·哈利特（Georgie Hallett）和西娅·利斯（Thea Lees），以及我在"QI"节目中的朋友们：约翰（John）、莎拉（Sarah）、可可·劳埃德（Coco Lloyd）、皮尔斯·弗莱彻（Piers Fletcher）、詹姆斯·哈金（James Harkin）、亚历克斯·贝尔（Alex Bell）、爱丽丝·坎贝尔·戴维斯（Alice Campbell Davies）、杰克·钱伯斯（Jack Chambers）、安妮·米勒（Anne Miller）、安德鲁·亨特·穆雷（Andrew Hunter Murray）、安娜·普塔申斯基（Anna Ptaszynski）、詹姆斯·罗森（James Rawson）、丹·施赖伯（Dan Schreiber）、迈克·特纳（Mike Turner）和桑迪·托克斯维格（Sandi Toksvig）。

此外，我也要特别感谢那些慷慨接受我的采访、为我提供专业知识并允许我使用本书中收录的精美图像的专家，尤其是：丹尼尔·克劳奇珍本图书与地图局的丹尼尔·克劳奇（Daniel Crouch）和尼克·特里明（Nick Trimming）、理查德·法托里尼（Richard Fattorini）、菲利普·埃灵顿（Philip Errington）、苏富比的基亚拉·德尼科莱斯（Chiara De Nicolais）、邦瀚斯的马修·黑利（Matthew Haley）、彼得·哈林顿书店的乔·詹姆森（Joe Jameson）、托比亚斯·施罗德尔（Tobias Schrödel）、尼尔·威尔逊博士（Dr. Neil Wilson）、大卫·内森-迈斯特（David Nathan-Maister）、弗拉基米尔·阿尼斯金（Vladimir Aniskin）、维尼修斯·莱昂西奥（Vinicius Leôncio）和菲利普·马丁斯（Philipe Martins）。还要感谢大英图书馆、大都会艺术博物馆、美国国会图书馆、纽约公共图书馆、美国国家医学图书馆与威康收藏馆、普林茨霍恩收藏馆、拜内克珍本与手稿图书馆、耶鲁大学、美国国立博物馆、英国韦尔科姆图书馆与博物馆、巴伐利亚国家图书馆、约翰·卡特·布朗图书馆、比利时皇家图书馆以及檀香山艺术博物馆理查德·莱恩收藏中心的优秀工作人员。

图片来源

The Arnamagnæan Institute, University of Copenhagen P. 020;

The Arnamagnæan Institute, University of Copenhagen, Copenhagen, Denmark. AM 377 fol., 455v–456r. Photograph: Suzanne Reitz P. 111;

Auction Team Breker Cologne Germany © 2019 P. 131 (下图);

BabelStone, Wikipedia P. 137 (上图);

Bayerische Staatsbibliothek M ü nchen, Cgm 48, fol. 37r P. 175;

Beinecke Library, Yale University 献辞页, P. 011 (上图),032,062 – 065, 138, 160;

Ben Denzer P.033;

BiblioArchives / LibraryArchives P. 081;

Biblioteca Civica Hortis, Trieste P. 195 (三幅下图);

Biblioth è que Royale de Belgique P. 189;

Bonhams P. 184 – 185, 211 , 218;

Boston Public Library P. 077;

Bristol Archives P. 043;

British Library P. 015 (上左图), 021 (下图), 039 (上图), 050, 052 – 053, 066 (上图), 104 (上图), 106, 108, 110, 122, 141, 147 (上图), 161, 168 – 169 , 171, 191, 193 (上图), 195 (上左图, 上中图);

The British Library Board/Bridgeman Images P. 228 (下图);

California Digital Library P. 205;

Center for the History of Medicine, Countway Library P. 204;

CEphoto, Uwe Aranas P. 130 (最下图);

Cristian Chirita P. 082 (上图);

Daderot P. 015 (右图);

Courtesy of Dr Neil Wilson P. 030;
Daniel Crouch Rare Books and Maps P. 25 (下右图);

David Nathan–Maister P. 036 ;

Dorotheum, Wikipedia P. 089 (上图);

dpa picture alliance / Alamy P. 099;

Etan J. Tal P. 170;

Francis A. Countway Library of Medicine, Medical Heritage Library P. 126 – 1127;

Getty Research Institute P. 071, 199;

Haeferl/Wikimedia P. 027 (下图);

Ghent University Library P. 112 – 113;

Heidelberg University P. 136;

Henry Groskinsky / The LIFE Picture Collection via Getty Images P. 206;

Houghton Library, Harvard University P. 046;

Houston Museum of Natural Science P. 027 (上图);

Institute of Slavonic Studies P. 135;

INTERFOTO / Alamy P. 33 (下左图);

The J. Paul Getty Museum, Los Angeles P. 106;

The J. Paul Getty Museum, Villa Collection, Malibu, California, gift of Lenore Barozzi P. 018;

John Carter Brown Library P. 172 – 173;

Kevin Knight, Be á ta Megyesi, Christiane Schaefer P. 070;

Keystone Press / Alamy P. 076;

Lawrence J. Schoenberg Collection of Manuscripts, Kislak Center for Special Collections, Rare Books and Manuscripts, University of Pennsylvania P. 067;

Leofstan P. 215 (下右图);

Library of Congress P. 008, 024 (上左图), 091, 098, 155 (下图), 156, 179, 203 (上图), 209, 216 (上右图), 220;

Mac Armstrong, Wikipedia P. 074;

Mamma Haidara Library, Timbuktu P. 035 (上图);

Marcin Wichary P. 131 (上图);

Marie-Lan Nguyen P. 016, 025 (上图);

McGill University P. 038;

Metropolitan Museum of Art P. 019 (上图), 57 (下图), 134, 163, 212 (上左图和下左图), 213 (右上图);

Nicholas Herman P. 024 (下图);

Museums Victoria P. 136 (上左图和下左图);

Music Library, University of California, Berkeley P. 177;

Nara National Museum P. 174;

National Archives of the Netherlands P. 034, 114 - 115;

National Gallery of Art P. 210;

National Library of Medicine, Maryland P. 056 (左图), 128 - 129, 192, 298 (两幅下图);

National Library of New Zealand P. 212 (下右图);

Division of Cultural and Community Life, National Museum of American History, Smithsonian Institution P. 028;

National Museum of Warsaw P. 019 (下图);

NATT-at-NKM/Flickr P. 029;

N P Holmes P. 105 (右图);

Per B. Adolphson, National Library of Sweden P. 224 - 225;

Peter Harrington Rare Books P. 121;

Petrus Agricola/Flickr.com P. 166;

Philipe Martins P. 229;

Princeton University Library P. 035 (下图);
Newberry Library P. 037;

Prinzhorn Collection, University Hospital Heidelberg, Inv. Nr. 743 P. 012 - 013;

Punishar, Wikipedia P. 130 (右上图);

Rare Book and Manuscript Library, Pennsylvania University P. 140;

Richard Lane Collection, Honolulu Museum of Art P. 198 (上图);

Rijksmuseum P. 147 (下图), 196;

Royal Danish Library P. 22, 104 (下图);

Royal Library, Copenhagen P. 213 (左图);

Scott Peterson via Getty Images P. 55;

Simon Fraser University P. 217 (上图);

Skokloster Castle / Erik Lernestål / CC BY-SA P. 214 (上左图和下右图);

Smithsonian Libraries P. 003 (下图), 021 (上图), 048, 086 - 087;

Sotheby's P. 165, 214 (下左图);

Staatsbibliothek Bamberg P. 039 (下图);

Stadtbibliothek im Bildungscampus Nürnberg, Amb. 317.2°, f. 34r P. 042;

Reproduced with the Kind Permission of the Surgeons' Hall Museums, The Royal College of Surgeons of Edinburgh P. 045;

Swarthmore College P. 137 (下图);

Courtesy of Tobias Schrödel P. 078 - 079;
Trey Jones P. 057 (上图);

University of California Libraries P. 157;

Uploadalt, Wikipedia P. 066 (下图);

Vladimir Aniskin P. 217 (下图);

Wagaung, Wikipedia P. 223;

Walters Art Museum P. 214 (右上图);

Waseda University Library P. 004 - 005;
University of Pittsburgh P. 230 - 233;

Wellcome Collection书名页，目录背面，P. 003 (上图)，015 (下左图)，040，041，044，049，133，146 (上右图和下图)，148 - 152，153，154，176，1178，188，193 (两幅下图)，194，195 (上右图)，197，200，201，213 右下图);

Wellspring/Courtesy Everett Collection/ Alamy P. 222;

Yorck Project P. 58, 164, 190, 226;

Ziegler175, Wikipedia P. 228 (上图);

ウィキ太郎 (Wiki Taro) P. 183.

飞机盒: Wellcome Collection

书名页背面和目录页: Cincinnati public library, 1954

所有其他图片均为作者所有或属于公有领域。

一本书打开一个世界

欢迎订购、合作

订购电话：0571-85153371

服务热线：0571-85152727

KEY- 可以文化　　浙江文艺出版社　　京东自营店

关注 KEY- 可以文化、浙江文艺出版社公众号，
及浙江文艺出版社京东自营店，随时获取最新图书资讯，
享受最优购书福利以及意想不到的作家惊喜

240. *Monstre semblable à une* Sirenne *pris à la côte de l'isle de* Bo
Il étoit long de 39. pouces gros à proportion comme une Anguille. Il a
jours et sept heures. Il poussoit de temps en temps des petits cris comme
quoy qu'on luy offrit des petits poissons, des coquillages, des Crabes, Ecr.
fut mort quelques excrements semblables à des crottes de chat .

241. Ecrevisse *extraordinaire qui étoit longue de 39. pouces depuis*
jusques à la queuë. Voyez la Planche XLV. *N:* 187.

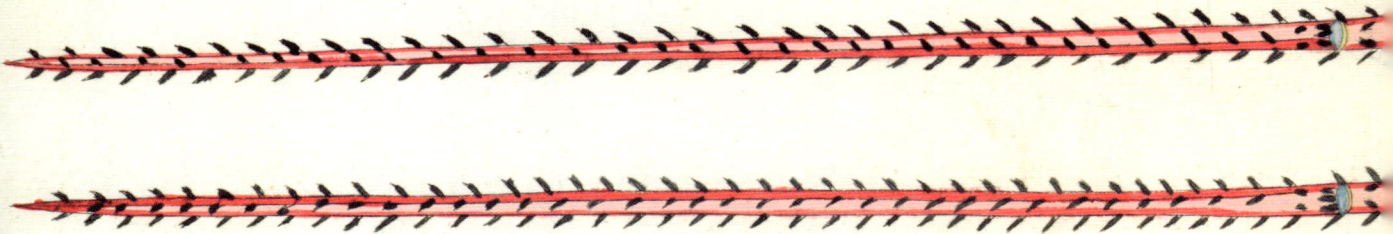

F